研究阐释党的十九届六中全会精神国家社科基金重大项目（22ZDA035）的阶段性研究成果

一体推进不敢腐、不能腐、不想腐研究

YITI TUIJIN BUGANFU BUNENGFU
BUXIANGFU YANJIU

■ 杜治洲 著

人民出版社

序　言

　　社会科学研究特别是国家治理领域的研究，通常是现实世界的运作在理论上的反映。进入 21 世纪以来，随着我们党越来越重视反腐败问题，中国学术界的反腐败研究也呈现出日趋兴旺之势，研究成果的质与量双双增长。尤其是党的十八大以来的高压反腐，更是激发了学术界对腐败与反腐败问题的研究兴趣，中国学者在国际上的发声愈来愈响亮，影响力愈来愈大。

　　反腐败实践的发展，在不断对理论研究提出新需求的同时，其实也会给理论研究者带来创作灵感。党的十八大以后，党中央的反腐败力度和反腐败思路与以往相比有了非常大的变化。突出体现在：中央领导率先垂范，以身作则，以实际行动显示了反腐败的坚定意志，不断推动反腐败制度创新，并强化科技尤其是现代信息网络科技在预防和惩治腐败中的应用。在结合国际学者的反腐败共识和中国的反腐败经验的基础上，笔者提出了"廉政领导力"的概念，并形成了"反腐铁三角"理论，认为廉政领导力、制度、科技是反腐败的三个必备要素。当"大老虎"被批量清除以后，"小苍蝇"扰民的现象逐步显现出巨大的危害，严重啃噬了民众的获得感，于是笔者开始探究民众与腐败和反腐败的关系，在《民众与反腐》一书中提出了"反腐民本主义"。随着反腐败工作的不断推进，无禁区、全覆盖、零容忍的反腐理念逐渐强化，家风家训、廉洁文化受到前所未有的重视。在此启发下，笔者提出了强调"时间上的延展、空间上的周全、内容上的关联"的系统反腐模式，而且这一研究也得到了北京市社会科学基金的支持。系统反腐实际上就是一体推进不敢腐、不能腐、不想腐的另一种表达，它与一体推进不敢腐、不能腐、不想腐体制机制在反腐理念和核心原则上是完全一致的。在一体推进不敢腐、不能腐、不想腐战略明确提出以后，笔者又围绕"新时代一体推进不敢腐、不能腐、不想腐"展开研究，并获批北京市社会科学基金重点项目，本书就是该基金项目的研究成果。可见，理论与实践常常在互动中不断进步和升华。

一体推进不敢腐、不能腐、不想腐，是党中央在深刻把握反腐败斗争基本规律和准确研判国内外反腐败斗争形势的基础上作出的及时的战略决策。一体推进不敢腐、不能腐、不想腐是我国反腐败工作的重要部署，如果能在理论上取得重大研究成果，也将是对世界反腐败理论的重大贡献，必将大大提升我国反腐败的理论自信。平心而论，尽管构建一体推进不敢腐、不能腐、不想腐体制机制的基本原则和理念已初步形成，但实践尚处于尝试和探路的阶段，理论研究也才刚刚起步，还有很多问题需要回答。比如：一体推进不敢腐、不能腐、不想腐背后的逻辑是什么？如何对一体推进不敢腐、不能腐、不想腐体制机制进行顶层设计？承担相应职能的反腐败机构在实施过程中如何平衡分工与协作？各地一体推进不敢腐、不能腐、不想腐的实践取得了哪些成效？还存在的问题与不足如何克服？等等。本书尝试对这些问题作出回答。

支撑一体推进不敢腐、不能腐、不想腐战略的是系统科学尤其是协同理论。反腐败是一项综合性、复杂性、特殊性很高的系统工程，非一个主体、一种方式、一段时间所能完成的。单纯的事后惩治，单纯的制度预防，单纯的廉洁教育，或者三者的简单组合，均不能达到理想的反腐效果。只强调惩治腐败的重要性，忽略制度建设和廉洁教育，就像在肥沃的土壤里割腐败之草，结果就是疲于应付，无法治本；只强调制度预防，忽视打击腐败和廉洁教育，最终的结果就会是制度失去权威，丧失执行力，成为稻草人；只强调教育的反腐功能，忽视打击腐败和制度建设，反腐效果的稳定性就得不到保证。只有不敢腐的震慑、不能腐的笼子、不想腐的自觉三位一体，发生"你中有我，我中有你"的化学反应，朝着同一方向协同发力，才能实现反腐败效能的提升，达到"1+1+1>3"的效果。

特别需要指出的是，廉洁文化的培育应在一体推进不敢腐、不能腐、不想腐的反腐败战略中发挥更重要的基础性作用。大多数反腐学者的观点是，廉洁教育属于"软"措施，不可能对官员的动机和行为产生多大的影响。廉政领域的学术成果也大多集中于惩治腐败和制度预防腐败，廉洁教育方面的研究要少得多，有创新性和影响力的成果更为鲜见。而事实上，文化在一个国家的反腐败过程中发挥着不可替代的基础性、根本性和统领性作用。中国传统文化中的仁、义、礼、智、信等观念在中华民族的发展中发挥了积极的作用，应该继承和发扬，但官本位、规则意识淡薄等不良文化现象依然存在，民众对腐败的容忍度过高，与当前的高压反腐态势和廉政治理现代化的要求极不协调。这极大地阻碍了廉洁文化的传播，导致公民不能从幼小的时候就开始培养廉洁意识和规则意识，而且弱化了腐败官员的羞耻感、愧疚感，可以说在很大程度上刺激了官员的腐败动机。如果还不从娃娃抓起、还不开始进行全民的系统的廉洁文化教育，我们已经取得的反腐成效将付诸东流。这并非危言耸听，现实已经给了我们强烈的警示。安徽某小学一位副班长兼语文课代表，滥用检查作业和监督背书的权力，收受其他学生"贿赂"高达几万元。广东某大学学生干部配级别、要官威、搞贿选。此类怪象时有发生，令人不寒而栗。

不论是从现实需要，还是逻辑分析，抑或是国际趋势来看，廉洁文化建设的重要性无论怎么强调都不过分。打击的必要性毋庸置疑，尽管打击有助于弱化官员的腐败动机进而有助于预防腐败，但主要还是对腐败行为的事后负激励，发挥不了治本的作用。而预防腐败制度建设需耗费包括经济成本在内的一定成本，因为对权力的制约可能引起一系列连锁反应。同时制度建设的反腐效果也无法确保，现实中数量庞大的廉政法规与严峻的腐败形势并存的局面就是一个有力的例证。而且，在制度环境不断变化的情况下，如果制度更新不及时，制度漏洞也会引发腐败。而一旦廉洁文化建设取得稳定的成效后，廉洁理念就会深入人心，民众从心理上厌恶腐败并从行动上抵制腐败，官方的惩治腐败行动就会产生巨大的震慑，预防腐败的制度就会产生强大的约束力和执行力。事实上，廉洁文化建设已经取得了国际共识。《联合国反腐败公约》第二章第十三条第一款明确要求："各缔约国均应当……开展有助于不容忍腐败的公众宣传活动，以及包括中小学和大学课程在内的公共教育方案……"在当前中小学实施"双减"政策、学生课业负担大幅减少的有利形势下，建议教育部门制定政策，要求各类学校为学生开设一些形式多样的廉洁教育的课程，培养学生诚实守信、廉洁自律的优秀品格。进而在全社会全方位地开展终身廉洁文化宣传，实施有效的政策引导和政策激励，这恐怕是收益最高的反腐败投资了。

　　研究一体推进不敢腐、不能腐、不想腐，还需要跳出来看问题，需要把反腐败纳入国家治理体系和治理能力现代化的大视野之中进行审视。推进政府管理改革，构建公正公平的制度体系，减少权力对社会的不必要干预，为民众提供高质量、均等化、规范化的公共服务，缩小居民收入差距等，都将有力促进一体推进不敢腐、不能腐、不想腐体制机制的完善和落实，早日实现海晏河清。

杜治洲

2022 年 3 月 19 日

目　录

第一章　研究背景与文献梳理

一体推进不敢腐、不能腐、不想腐（简称"一体推进'三不'"），是中国共产党反腐败斗争经验的升华，也是国际反腐败的大势所趋。研究一体推进"三不"，必须从整体上把握其产生的背景与意义，需要对已有的研究成果进行归纳总结，同时离不开科学的研究方法。

第一节　研究背景与意义

一、研究背景

一体推进不敢腐、不能腐、不想腐的反腐败战略，并非空穴来风，而是我国反腐败实践发展到一定阶段的必然产物，既是我国反腐败斗争前景和蓝图的充分展现，又是对国际反腐败趋势的主动适应。总的来看，对一体推进"三不"的研究是在两大背景下展开的。

（一）反腐败从"单兵作战"到"系统推进"的转变

新中国成立以后我国反腐模式经历了从运动反腐模式、制度反腐模式、权利反腐模式到系统反腐模式的发展变迁。

1. 运动反腐模式

新中国成立到改革开放以前，这期间我国的反腐败基本上是通过发动群众运动来实现的，这种反腐败模式可称为运动反腐模式。针对党内出现的腐败问题，毛泽东同志领导全党通过群众运动的方式来解决。这种通过群众运动来开展反腐败斗争的模式也可称为阶级斗争反腐模式。这种反腐模式，是以政治思想教育、道德品质自律为主，以整风等形式加强对广大党员的思想教育，同时通过群众性政治运动的形式发动群众起来揭露腐败分子，以党纪法规制裁为辅的一种防止党员干部腐化堕落的模式。[①] "三反五反" 运动就是一个典型的反腐败政治运动。运动反腐模式具有三个重要特征：第一，纪检监察机关缺乏真正的独立性，总体上发挥的作用很小。第二，发动群众检举揭发。第三，杀鸡儆猴。尽管第一代中央领导集体的反腐思路和行动取得了显著的成效，但在一定程度上是非理性的。如 "三反五反" 时期的反腐运动主要是依靠党的领导、群众运动，甚至对腐败没有一个明确的界定。[②] 这种缺乏明确的规范、忽略腐败产生的具体制度和体制的原因、不注重制度建设，仅仅依靠群众性阶级斗争的办法治理腐败，是不可持续的。

2. 制度反腐模式

改革开放以后，党中央改变了过去靠群众运动来反腐的理念和做法，开始注重法制和制度建设，依靠建立和完善制度来预防和惩治腐败，这种反腐模式可以称作制度反腐模式。

---

① 汪松明：《制度反腐：历史的回顾与理论分析》，《理论探索》2006 年第 5 期。

② Melanie Manion, *Corruption by Design*, Harvard University Press, Cambridge, Massachusetts, and London, England，2004，p.157.

邓小平同志认为反腐败"要从制度方面解决问题"①"在整个改革开放过程中都要反对腐败。对干部和共产党员来说，廉政建设要作为大事来抓。还是要靠法制，搞法制靠得住些"②。1980 年 8 月 18 日，邓小平同志在《党和国家领导制度的改革》一文中指出："我们过去所发生的各种错误，固然与某些领导人的思想、作风有关，但是组织制度、工作制度方面的问题更重要。这些方面的制度好可以使坏人无法任意横行，制度不好可以使好人无法充分做好事，甚至会走向反面。"③党的十一届三中全会以后，党中央总结历史经验和教训，明确指出执政党的党风关系党的生死存亡，在整个改革开放过程中都要反对腐败，并规划和实施了依靠制度和法制反腐败的战略。江泽民同志、胡锦涛同志也高度重视反腐败制度建设，依靠制度建设根治腐败逐步变成全党的共识。

3. 权利反腐模式

新中国成立以来，我国反腐败斗争走过了运动反腐模式、制度反腐模式、权利反腐模式的轨迹，每一种反腐模式都有其特定的历史背景。在解放斗争刚刚结束不久后，面对严重的贪腐现象，毛泽东同志延续了革命运动的思维，运用运动反腐模式打击腐败。邓小平同志和江泽民同志思考了第一代中央领导集体反腐模式存在的问题，在改革开放和发展经济的背景下，开始转向以制度和法制来治理腐败，而以胡锦涛同志为总书记的党中央，在以人为本的科学发展观的指导下，注重保障民生、爱护干部、预防为主。在信息技术

① 《邓小平文选》第三卷，人民出版社 1993 年版，第 110 页。
② 《邓小平文选》第三卷，人民出版社 1993 年版，第 379 页。
③ 《邓小平文选》第二卷，人民出版社 1994 年版，第 333 页。

迅猛发展的今天，网络推动了信息的飞速传递，公众的民主意识和权利意识不断觉醒，国家越来越重视公众的民主权利，创造公众监督的软硬件环境，以此推动反腐倡廉工作，这种反腐模式可称为权利反腐模式。

2008 年被称为"网络反腐年"，网民行使自己的监督权利在反腐败方面发挥了巨大的积极作用。南京市江宁区房产局原局长周久耕因抽天价烟被免职，并判处有期徒刑 11 年，江西新余、浙江温州官员"出国考察"等被曝光和查处，都是民众通过网络行使监督权的典型表现。

2009 年 9 月 18 日党的十七届四中全会通过的《中共中央关于加强和改进新形势下党的建设若干重大问题的决定》指出，要加强网络舆情分析，健全反腐倡廉网络举报和受理机制、网络信息收集和处置机制。坚持依纪依法办案，完善举报人和证人保护制度，保障被调查人合法权益，依法追究诬告陷害行为。坚持党内监督与党外监督、专门机关监督与群众监督相结合，发挥好舆论监督作用，增强监督合力。这些表述明显反映出中央以权利制约权力，推行权利反腐模式的动向。

4. 系统反腐模式

党的十八大以来，我国所采取的反腐措施不再是孤立的，而是互相配合、互为支撑、互相联系的，呈现出明显的整体性、有序性和普遍性。我国正逐步形成系统反腐模式。其中，"零容忍"的反腐理念贯穿于系统反腐模式的每一个要素，是系统反腐模式的核心思想。对腐败的"零容忍"主要是指对腐败行为和现象，即使非常轻微，也完全地不宽容、不接受。这一理念要求反腐不留死角、不设禁区，它推动了全方位、立体化的系统反腐模式的形成。系统反腐模式由三个方面的要素构成：时间上的延展、空间上的周全和内容上的关联。

第一，时间上的延展。这主要表现在以下四个方面：（1）视线延伸到退休之后的官员。将退休官员纳入反腐视野一方面有利于实现对于官员们的"终身追责"，从而倒逼其"终身清廉"。另一方面将退休官员纳入反腐视野，有利于推动相关制度的建立以更好地防止或发现退休官员的腐败行为，由此带动系统反腐模式在内容上的全面化。（2）"全日制"的不间断治理。党的十八大后，我国惩治腐败力度加大，执纪监督几乎没有休息日。（3）制定反腐败工作规划。党中央已经深刻认识到反腐败工作的长期性，并制定了一系列反腐败工作规划。（4）借鉴历史经验。党的十八大以来形成的系统反腐模式吸收了大量宝贵的历史经验，这是时间上的延展的又一表现。

第二，空间上的周全。党的十八大后，我国的反腐败在空间上呈现出了周全的特征，即不留死角，这主要表现在地域上的全覆盖和行业上的全覆盖。我国已完成了除港、澳、台以外的31个省、市、区的巡视，并积极开展追逃追赃工作，形成了从国内到国外的、全方位的反腐架构。此外，各行业的腐败惩治与预防工作也已全面展开，形成了反腐的行业全覆盖。

第三，内容上的关联。系统反腐模式在内容上主要包括制度预防、强力惩治、作风建设、廉政文化建设四大方面。（1）制度预防——减少腐败机会。党的十八大以来我国多项反腐制度或者得到了补充和完善，或者得到了进一步的落实，减少了公职人员的腐败机会，更体现了我国反腐工作在制度层面的"零容忍"理念。（2）强力惩治——惩处腐败行为。党中央以壮士断腕的决心，严厉查处腐败行为，大大减少了腐败存量，而且产生了极大的震慑作用，维护了公平与正义，赢得了民心。（3）作风建设——遏制腐败苗头。作风建设的制度告诉人们"不要做"什么，而各类教育活动则告诉人们"要怎样做"，二者之间相互配合，有力地刹住了"四风"，不良的风气得以遏制。（4）廉政文化建设——弱化腐败动机。崇廉文化的推广，纠正了公众不正常的"羡腐"心理，将舆论导向和社会心理引向正确的方向，重新唤起民众对腐败的憎恶，大大降低了全社会对腐败的容忍度。

系统反腐模式的构成要素与核心特征，就是时间上的延展、空间上的周全、内容上的关联，这三个维度保证了反腐败在时间、空间和内容上的全面性和系统性，对改善当前的政治生态有着重要的作用。而这也恰恰是系统反腐模式的总目标，即重新构建干部清正、政府清廉、政治清明的政治生态，见图1-1。

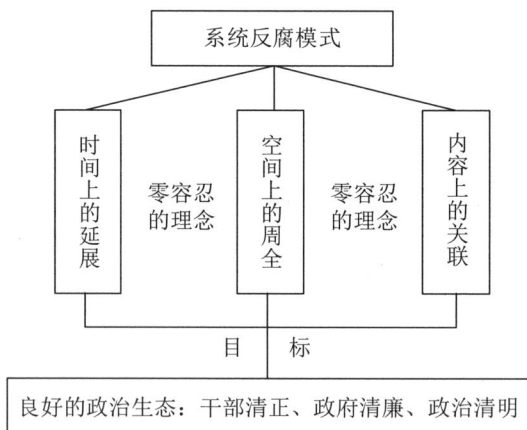

图1-1　系统反腐模式的结构

历届中央领导人关于反腐败的理论，体现了我国反腐败指导思想的发展演变过程，见表1-1。

表1-1　历届领导人的反腐败理论

领导人	观　点	思想	影响
毛泽东	反腐败工作最重要的就是要从思想上进行改造，用马克思主义理论进行思想上的武装，必须通过思想教育、严厉打击和民众监督的方式推进反腐败	教育反腐	奠定理论基础
邓小平	在反腐倡廉方面社会主义制度具有无比的优越性，必须围绕以经济建设为中心开展反腐败，加强制度建设和法治建设来制约权力	制度反腐	将反腐败理论推向新的高度
江泽民	反腐败斗争是关系党心、民心、关系党和国家前途命运的严重政治斗争；坚决反对和防止腐败，是全党一项重大的政治任务	标本兼治	对反腐败理论进行了新的探索
胡锦涛	提出"反腐倡廉建设"的新概念，以及推进惩治和预防腐败体系建设	惩防反腐	对反腐败理论的进一步探索
习近平	把全面从严治党纳入"四个全面"战略体系中；坚持"无禁区、全覆盖、零容忍""打虎拍蝇猎狐"，巡视全覆盖，推进国家监察体制改革	系统反腐	形成了习近平新时代中国特色社会主义反腐败理论

可以说，党的十八大以前的反腐败以"单兵作战"为主，或者依靠教育，或者依靠制度，或者依靠惩治，而党的十八大以后，多管齐下的系统反腐模式逐步形成。时间上的延展、空间上的周全和内容上的关联，这三者作为系统反腐模式的构成要素关系密切、互为支撑，其共同理念是对腐败的"零容忍"，其最终目标是构建清明的政治生态。

事实上，一体推进"三不"就是对系统反腐模式的进一步阐释和升华，是系统反腐模式的进一步明确化和聚焦化，是系统反腐模式在新时代的必然要求和典型形式。

（二）一体推进"三不"顺应了反腐败的国际大趋势

系统化、科学化与精细化是当今世界各国反腐败的大趋势。世界上廉洁度较高的国家和地区，除了在特殊时期采取特别的策略外，常态化的腐败治理方式的通常是惩治、预防和教育全面出击，多位一体，相互补充，协同发力。

从反腐败理论来看，当今西方国家热衷的、最典型的是透明国际（Transparency International）提出的"国家廉政体系框架"（National Integrity System）。在该框架中，生活质量、可持续发展、法治是目标，廉洁文化处于基础性位置，是国家廉政体系大厦的基座，在此之上是制度支柱，包括立法机关、行政机关、司法系统、公务员系统、新闻媒体、社会大众等。

从反腐败实践来看，世界上廉洁度较高的国家或地区都非常重视腐败惩治（不敢腐）、制度建设（不能腐）和廉洁教育（不想腐）的相互促进和全面推进。不论是北欧五国（丹麦、挪威、瑞典、芬兰和冰岛），还是亚洲的新加坡和中国香港，都非常重视和发展不敢腐、不能腐、不想腐之间的内在联系，将惩治、制度和教育看作一个紧密联系的整体，从各个方面采用各种方式系统推进，进而取得了举世瞩目的反腐败成就。可以说，一个国家或地区越重视深度挖掘不敢腐、不能腐和不想腐之间的关系，越重视系统推进不敢腐、不能腐和不想腐，就越容易取得反腐的成功。

在此背景下，党的十八届四中全会正式提出"形成不敢腐、不能腐、不想腐的有效机制"。2018年两会期间，赵乐际同志指出，必须把反腐败作为一项系统工程，多措并举、标本兼治，在严厉惩治形成震慑的同时，加强制度建设和党性教育，加大改革创新力度，一体推进不敢腐、不能腐、不想腐，加快构建长效机制。这是中央首次明确提出一体推进"三不"，标志着我国反腐败战略从治标为治本赢得时间转向标本兼治。十九届中央纪委三次全会上习近平总书记强调，不敢腐、不能腐、不想腐是一个有机整体，不是三个阶段的划分，也不是三个环节的割裂，要打通三者的内在联系。这是最高领导人对一体推进"三不"作出的明确要求，为巩固发展反腐败斗争压倒性胜利指明了方向。党的十九届四中全会再次提出要"构建一体推进不敢腐、不能腐、不想腐体制机制"。当前反腐败形势依然严峻复杂，努力实现高压惩治、制度预防、廉洁教育三位一体，协同发力，夺取反腐败斗争的最终胜利，是新时代的重大使命。

二、研究意义

（一）理论意义

目前，学术界对一体推进"三不"的体系化深入研究并不多见，学者们对一体推进"三不"的看法各不相同，甚至对该概念的理解还存在一些误区，难以顺利开展高效的学术对话。因此，尽管学术界对一体推进"三不"的热情高涨，举办了众多研讨会和论坛，开展了大量的研究和对话，但很少产出高质量的学术成果。本书对一体推进"三不"的时代背景、生成逻辑、制度设计、技术支撑、未来展望等主要内容进行较为充分、系统的分析，为一体推进"三不"的理论研究提供必要的参考，可以在一定程度上推动新时代反腐败理论创新。

（二）实践意义

本书不仅作出了一定的理论创新，而且还展现了实践对理论的检验和完善。尽管党中央已经高高举起了一体推进"三不"的指挥棒，而且提出了落实的基本精神，但并未明确实施的具体方法和步骤，加之各地各单位的实际情况各异，因此，一体推进"三不"只是在摸索中前进，许多地方和单位使出了浑身解数，不断创新手段，可谓"八仙过海，各显神通"。然而，许多实践创新尚未取得共识，学术界和实践部门也没有提炼出普遍适用的做法，这是落实和深化一体推进"三不"必须解决的重大问题。本书在对一体推进"三不"进行制度设计和对国内典型案例进行深入分析的基础上，提出完善一体推进"三不"体制机制的策略和方案，为各级各地方一体推进不敢腐、不能腐、不想腐的实践提供有价值的决策参考，从而推动反腐败斗争效果的提升。

第二节　文献梳理与评述

国内关于一体推进不敢腐、不能腐、不想腐的研究取得了一定的成果，主要体现在内涵界定、实践研究和成效分析三个方面。国外虽然没有明确以"一体推进不敢腐、不能腐、不想腐"为主题的研究，但许多国家特别是那些廉洁度较高的国家反腐败实践在很大程度上都体现了一体推进不敢腐、不能腐、不想腐的理念，相关研究成果较为丰富。

一、国内文献综述

国内学术界对一体推进不敢腐、不能腐、不想腐进行了广泛的研究，主要涉及一体推进不敢腐、不能腐、不想腐的内涵、实践以及成效三个方面。

（一）"一体推进不敢腐、不能腐、不想腐"的内涵

一体推进"三不"是提升反腐败工作效能的有效途径，也是我国反腐败工作的一项重要内容。国内关于"三不"的研究经历了一个由分到合的变化，2019年1月召开的十九届中央纪委三次全会便是节点，在2019年1月以前，关于"不想腐、不敢腐和不能腐"的研究则集中于"三不"的内容、作用和机制形成等方面，而关于"一体"的研究较少；2019年1月以后的文献研究集中于"一体推进三不"以及三者的关系等方面，将三者作为一个整体进行研究。可以看出，"三不"的研究随着国内反腐实践的变化而变化，经历了由分到合、由原先的关注三者各自的研究转变为将三者作为一个整体进行研究。

关于"三不"的描述最早见于2010年，李延英提出让干部"不想腐"就要提高他们的思想素质和道德修养，形成"不想腐"的思想道德防线；让领导干部"不能腐"，就是要从源头抓起，从改革体制、机制入手，形成一整套"不能腐"的严格制度体系；"不敢腐"就是要强化惩治机制，加大执法力度，形成"不敢腐"的政治机制和社会氛围。[1]2013年8月27日，中央政治局召开会议，提出强化对权力运行的制约和监督，形成不敢腐的惩戒机制、不能腐的防范机制、不易腐的保障机制，并有研究者对不敢腐、不能腐、不易腐进行了研究。例如，侯远长等人对"不敢腐、不能腐、不易腐"的概念进行了阐释。[2]余志涛提出要形成不敢腐的惩戒机制、不能腐的防范机制和不易腐的

---

[1]　李延英：《让干部不想腐、不能腐、不敢腐》，《实践（思想理论版）》2010年第2期。
[2]　侯远长、姚巧华、刘晖：《让权力行使者不敢腐不能腐不易腐》，《光明日报》2013年4月2日。

保障机制。①2014 年 1 月，十八届中央纪委三次全会提出：加强理想信念教育，增强宗旨意识，使领导干部"不想腐"；加强体制机制创新和制度建设，强化监督管理，严肃纪律，使领导干部"不能腐"；坚持有腐必惩、有贪必肃，使领导干部"不敢腐"。②2019 年 1 月十九届中央纪委三次全会公报中提出，巩固发展反腐败压倒性胜利，一体推进"不敢腐、不能腐和不想腐"。③2020 年 1 月，赵乐际在十九届中央纪委四次全会上的工作报告中提出"三不"一体推进综合效应充分显现，要正确把握"不敢""不能""不想"之间的内在联系，持续深化标本兼治，并就如何一体推进"三不"提出具体措施。④ 可以看出，关于"三不"的表述经历了一个不断变化的过程，从最初的"不敢腐、不能腐、不易腐"到"构建不敢腐、不能腐、不想腐体制机制"再到"一体推进不敢腐、不能腐、不想腐体制机制"，既是对过去反腐实践的深刻总结，也是对未来反腐工作的预判。

　　总的来看，学者们从不同角度对一体推进"三不"进行了研究，从界定概念、探索关系到提出措施，一系列研究成果为创新反腐理论体系奠定了理论基础。

　　首先，学界对"不敢腐""不能腐"和"不想腐"内涵的理解基本达成了一致。苗庆旺认为"不敢腐"是纪律、法治、威慑，解决的

---

① 余志涛：《反腐败要形成"不敢腐、不能腐、不易腐"机制》，《人才资源开发》2014 年第 24 期。

② 《中国共产党第十八届中央纪律检查委员会第三次全体会议公报》，2014 年 1 月 15，见 http://www.ccdi.gov.cn/xxgk/hyzl/201401/t20140116_114168.html。

③ 《中国共产党第十九届中央纪律检查委员会第三次全体会议公报》，2019 年 1 月 13 日，见 http://www.ccdi.gov.cn/toutiao/201901/t20190113_187014.html。

④ 赵乐际：《中国共产党第十九届中央纪律检查委员会第四次全体会议上的工作报告》，2020 年 1 月 13 日，见 http://www.ccdi.gov.cn/xxgk/hyzl/202002/t20200224_212152.html。

是腐败成本问题；"不能腐"是制度、监督、约束，解决的是腐败机会问题；"不想腐"是认知、觉悟、文化，解决的是腐败动机问题。^①胡洪彬认为"不敢腐"是不断强化惩治力度来打压腐败气焰；"不能腐"是强化对权力运行的制约和监督；"不想腐"是政治主体实现对廉政价值认知的升华。^②刘诗林认为"不敢腐"是惩治和高压，解决的是做事底线问题；"不能腐"是制约和监督，解决的是权力约束问题；"不想腐"是觉悟和文化，解决的是思想问题。^③祝福恩等人提出新时代强化"三不机制"重点是由解决贪腐存量转向遏制增量，要义是突出体制机制监督，主责是强化"不想"凸显"德行"。^④

其次，学者们从系统论和辨证的观点出发对"三不"之间的逻辑关系进行了讨论。邓联繁指出"一体推进"贯通了主观与客观、内因与外因、自律与他律、治标与治本等多层关系。^⑤同样，苗庆旺认为"三不"是密不可分的有机整体，任何一方面滞后，都会影响反腐败整体进程和综合效果，必须同向发力，实现效应叠加。^⑥胡洪彬认为从"不敢腐"到"不能腐"再到"不想腐"的"三不腐"逻辑过程本质上是一个不断递进和完善化的过程。^⑦祝福恩等人提出"三不机制"

---

① 苗庆旺：《构建一体推进不敢腐、不能腐、不想腐体制机制》，《党建研究》2019年第11期。

② 胡洪彬：《"三不腐"机制下廉政问责程序的全面嵌入性运作——一个走向反腐败"治本"目标的分析理路》，《宁夏社会科学》2016年第3期。

③ 刘诗林：《"不敢腐、不能腐、不想腐"视角下的腐败治理成效与对策建议》，《学校党建与思想教育》2020年第9期。

④ 祝福恩、石银、杨恩泽：《一体推进"三不机制"巩固发展反腐败斗争压倒性胜利的对策》，《理论探讨》2019年第3期。

⑤ 邓联繁：《一体推进不敢腐不能腐不想腐的深刻内涵》，《人民论坛》2020年第Z2期。

⑥ 苗庆旺：《构建一体推进不敢腐、不能腐、不想腐体制机制》，《党建研究》2019年第11期。

⑦ 胡洪彬：《"三不腐"机制下廉政问责程序的全面嵌入性运作——一个走向反腐败"治本"目标的分析理路》，《宁夏社会科学》2016年第3期。

是相互补充、相互作用的体系，不是平行并列的，在不同时期、不同单位、不同党情下各有侧重，有硬有软，有先有后，有战术有战略。[①]

最后，一体推进"三不"的对策是学界研究的重点，但学者们在这方面的观点存在较大的差异。苗庆旺提出要持续强化"不敢腐"的震慑，切实扎实"不能腐"的笼子，不断增强"不想腐"的自觉；要强化一体推进"三不"的协同性，[②]强调三者协同推进的重要性。蒋卓庆认为要严肃查处群众身边腐败问题，健全重点领域体制机制，构建立体化的监督体系，发挥反面典型的警示作用。[③]吕永祥等提出要充分发挥问责机制的惩戒与威慑功能来形成"不敢腐"的高压态势，以健全问责体系及其配套制度来扎紧"不能腐"的制度笼子，以问责文化的价值引导来构筑"不想腐"的精神堤坝。[④]任建明、张劲提出要一体推进"不敢腐、不能腐、不想腐"，必须从价值导向的渐进转换、监督对象的渐进调整、制度内容的渐进完善、制度体系的渐进健全等方面入手。[⑤]中国香港廉政公署通过执法、预防及教育三管齐下的方法打击贪污。[⑥]

综上所述，学术界对"三不"的内涵、"三不"之间的关系、"三不"的推进对策的研究由浅入深，在如何实现"三不"一体推进这个关键

[①] 祝福恩、石银、杨恩泽：《一体推进"三不机制"巩固发展反腐败斗争压倒性胜利的对策》，《理论探讨》2019 年第 3 期。

[②] 苗庆旺：《构建一体推进不敢腐、不能腐、不想腐体制机制》，《党建研究》2019 年第 11 期。

[③] 蒋卓庆：《深化标本兼治　一体推进不敢腐不能腐不想腐》，《党建研究》2019 年第 5 期。

[④] 吕永祥、王立峰：《以问责机制推动"三不腐"建设：作用机理、现实梗阻与发展进路》，《求实》2018 年第 6 期。

[⑤] 任建明、张劲：《渐进逻辑下推进"不能腐"的问题与对策》，《北京航空航天大学学报》（社会科学版）2019 年第 3 期。

[⑥] 任建明、杜治洲：《腐败与反腐败理论、模型和方法》，清华大学出版社 2009 年版，第 96—97 页。

问题和核心问题上，学者们从不同角度各抒己见，为本书的写作提供了重要的参考，也为这一主题的研究留下了较大的空间。

（二）"一体推进不敢腐、不能腐、不想腐"的实践研究

一体推进"三不"没有固定或者通用的模板，不同省市、不同领域根据当地实际情况构建一体推进"三不"的体制机制。例如：贵州省放大震慑效应，在推进"不敢"中挖掘"不能"和"不想"的功能；补齐制度短板，在推进"不能"时，贯通"不敢"和"不想"的实践；强化警示教育，在推进"不想"过程中，体现"不敢"和"不能"的约束。①浙江省注重把惩治震慑、制度约束、提高觉悟结合起来，始终强化不敢腐的震慑，为不能腐、不想腐创造条件；排查制度漏洞，扎紧扎牢制度之笼；加大警示力度，做深"后半篇"文章。②河南省"以案促改"助力一体推进"三不"，警示教育震撼心灵，强化不敢腐的纪法震慑；建章立制堵漏洞，扎紧不能腐的制度笼子；规矩意识深入人心，增强不想腐的思想自觉。③海南省坚持抓教育，注重发挥"案中人"警示作用；抓督促，查清摸透违纪违法问题根源；抓整改，把制度的"篱笆"越扎越紧。④广州市重拳出击、正风肃纪，让党员、干部"不敢"；又完善制度、健全法制，让党员、干部"不能"；

---

① 《统筹结合　系统谋划　标本兼治——贵州一体推进"三不"工作综述》，2022 年 4 月 11 日，见 http://www.gzdis.gov.cn/ttxw/202009/t20200913_63112656.html。

② 《筑牢全面从严治党根基 2020 年浙江省一体推进"三不"机制综述》，2021 年 1 月 24 日，见 https://news.hangzhou.com.cn/zjnews/content/2021-01/24/content_7898685_2.html。

③ 石铭、张红艳、卢松：《河南："以案促改"助力"三不"机制一体推进》，《中国纪检监察》2018 年第 16 期。

④ 《海南抓好审查调查"后半篇文章"，一体推进"三不"——多方同向发力　促进标本兼治》，2019 年 10 月 29 日，见 http://dongfang.hainan.gov.cn/qldf/yw/201910/t20191031_2693600.html。

还加强思想教育、涵养政治生态，让党员、干部"不想"。^①可见，不同省市充分结合当地实际情况构建一体推进"三不"体制机制，这既体现了一体推进"三不"的普遍性，同时也体现了一体推进"三不"的特殊性。

（三）"一体推进不敢腐、不能腐、不想腐"的成效分析

学术界对一体推进"三不"机制的实践效果进行了研究。人民论坛问卷调查中心 2017 年的调查结果显示：68.8% 受访者表示通过坚持反腐败无禁区、全覆盖、零容忍，让"不敢腐"的目标初步实现了；72.03% 的受访者认同加强法规制度建设；70.98% 的受访者认为通过严肃党内政治生活构筑理想信念堤坝，"不能腐""不想腐"的目标也必将逐步实现。^②刘诗林就"不敢腐""不能腐"和"不想腐"机制构建的成效对全国纪检监察干部进行了实证调查研究。研究结果显示：94.7% 的纪检干部认为"不敢腐的震慑"已充分彰显；87.4% 的纪检干部认为"不能腐的笼子"已经构建；76.3% 的纪检干部认为"不想腐的堤坝"已经筑造。但"三不机制"建设的进度不一，"不敢腐"的进展和成效明显快于"不能腐"，而构建"不想腐"的思想防线相对最为缓慢。^③蒋来用根据国有公司的现实状况对"三不"的应用效果进行了分析：68.2% 的受访者认为当前国家惩治和预防企业的腐败力度非常大；85.8% 的受访者认为当前对国有公司领导人员违纪违法

①《广州：构建一体推进"三不"体制机制》，2020 年 3 月 14 日，见 http://jjjc.gzhu.edu.cn/info/1059/2676.htm。

② 人民论坛课题组：《"不敢腐""不能腐""不想腐"实现程度如何？公众怎么看？》，《人民论坛》2017 年第 6 期。

③ 刘诗林：《"不敢腐、不能腐、不想腐"视角下的腐败治理成效与对策建议》，《学校党建与思想教育》2020 年第 9 期。

行为惩治力度非常大或者比较大；89.6% 的受访者认为纪检监察机关通报的典型案件对国有公司领导和员工震慑作用很大或较大。[①] 随着一体推进"三不"不断深化，取得的效果越来越显著，也得到了越来越多社会公众的认可。

二、国外文献综述

国外相关研究并没有明确提出一体推进"三不"体制机制，然而许多国家实际上已经构建起了一体推进"三不"体制机制，"不敢腐""不能腐"和"不想腐"都已涵盖在国外的一系列反腐手段中。例如艾克曼（Susan Rose Ackerman）提出了以下反腐措施：（1）提高腐败风险性和成本，严厉惩治腐败（不敢腐）；（2）减少行贿动机和减少官员手中的利益（不想腐）；（3）控制政府官员的办事权限等（不能腐）。[②]

在腐败惩治（不敢腐）上，国外学者主要从加大惩罚力度和惩治概率两个方面开展研究：卡尔娜（Karna）等人认为为了减少贿赂，可以采取不对称惩罚，通过对某些政党的惩罚比对其他政党的惩罚少来制止勾结或串通。[③] 赫伯特（Herbert）提出了惩罚的四个正当理由：对罪犯的改造、对公众的保护、威慑、报应。对腐败分子进行惩罚表明腐败犯罪行为违反了基本的社会规范，不被社会认可和接受。[④] 斯

---

① 蒋来用：《一体推进"不敢腐、不能腐、不想腐"状况研究——基于某国有公司问卷调查的分析》，《行政管理改革》2020 年第 4 期。

② 任建明、杜治洲：《腐败与反腐败理论、模型和方法》，清华大学出版社 2009 年版，第95—96 页。

③ Karna Basu, Kaushik Basu, Tito Cordella, "Asymmetric Punishment as an Instrument of Corruption Control", *Journal of Public Economic Theory*, No.6, 2016.

④ Kelman, Herbert C., "Some Reflections on Authority, Corruption, and Punishment: The Social-psychological Context of Watergate", *Psychiatry-interpersonal & Biological Processes*, No.6, 1976.

塔潘·巴赫尼克（Štěpán Bahník）等人提出较高的罚款额度和概率可以阻止贿赂，威慑作用随着规模和惩罚可能性的增加而增加。[①]

在制度和监督（不能腐）上，国外学者主要从限制公权力、扩大监督覆盖面等方面开展研究：西娅多拉·科尔（Theadora Koller）等人研究了全民健康领域的反腐败，提出要找到可能发生腐败的切入点，积极提高制度（体制）能力，[②] 强调了制度或体制在反腐败方面的重要作用。欧盟（EU）在反腐方面构建了"合作与核查机制（CVM）"，这是一项制度性尝试，旨在通过持续监测来弥补制裁权的消失，"合作与核查机制"是政府限制其权力而进行的社会约束，它是一种监视工具，通过持续性的监控但不对不遵守情况采取实质性的制裁，它对制度建设产生了间接影响。[③] 帕万·库马尔（Pawan Kumar）提出要重视法律、政治和社会意识，要对当前制度安排进行审查，使权力机构的责任更重，从而减少自主决策，对滋生腐败的程序、法律和法规要进行修改或取消。[④] 俄罗斯的伏尔加格勒地区执行当局开通了与反腐败犯罪有关的机密帮助热线，该热线以 24 小时自动模式运行，[⑤] 通过覆盖所有时间段来提高监督的效果。

---

① Štěpán Bahník, Marek A.Vranka, "Experimental Test of the Effects of Punishment Probability and Size on the Decision to Take a Bribe", 2020, Available:https://doi.org/10.31234/osf. io/ew436.

② Thesdora Koller, David Clarke, Targn Vian, "Promoting Anti-corruption,Transparency and Accountability to Achieve Universal Health Coverage", *Global Health Action*, 2020.

③ Corina Lacatus, Ulrich Sedelmeier, "Does Monitoring without Enforcement Make a Difference?The European Union and Anti-corruption Police in Bulgaria and Romania after Accession", *Journal of European Public Policy*, 2020.

④ Pawan Kumar, "Anti-corruption Measures in India:A Democratic Assessment", *Asian Journal of Public Affairs*,2019.

⑤ Astafurova O.A., Borisova A.S., Golomanchuk E.V., et al., "Anti-corruption Education of Public Officers Using Digital Technologies", *International Journal of Information and Education Technology*, No.2,2020.

在廉洁教育（不想腐）上，国外学者提出锻造诚实、公正等价值观，并加强法律知识学习，提升法律素养。萨米尼（Sarmini）认为预防腐败可以通过具有反腐败特征的教育来灌输年轻一代，培养诚实、责任感、勇气、公开、开放等价值观。[①] 科马拉萨（Komalasari）提出消除腐败是一个漫长的过程，不仅要通过法律机制，还要通过教育来培养廉洁、勤劳、勇敢、责任心、独立和朴素等价值观，塑造反腐倡廉的品格。[②] 拉瓦诺科（Rawanoko）提出通过反腐败教育意味着从反腐败行为的早期就发展自我潜能。[③]

综上所述，虽然国外相关研究和实践没有明确的一体推进"三不"的内容，但各项反腐措施在一定程度上体现了"不敢腐""不能腐"和"不想腐"的实现机理以及三者之间相互作用、相互影响和整体发展。

第三节　一体推进"三不"的内涵与功能定位

一体推进不敢腐、不能腐、不想腐的内涵与功能，是必须首先明确的重要问题，也是开展后续研究的前提条件。在分析学术界已有成果和官方相关政策的基础上，笔者对中国语境下一体推进"三不"的内涵进行了界定，并对其主要功能进行了探讨。

[①]　Sarmini, I.Made Sawanda, U.Nadiroh, "The Importance of Anti-corruption Education Teaching Materials for the Young Generation", *Journal of Physics Conference*, 2018.

[②]　Komalasari, Kokom, D.Saripudin, "Integration of Anti-Corruption Education in School's Activities", *American Journal of Applied Sciences*, 2015.

[③]　Rawanoko, Endrise Septina, R. Alrakhman, I. Arpannudin, "Building an Anti-Corruption Civilization Through Education", *2nd Annual Civic Education Conference*（*ACEC 2019*）, 2020.

一、一体推进不敢腐、不能腐、不想腐的内涵

一体推进不敢腐、不能腐、不想腐，贯通了纪律、法律、制度、规矩、理想和道德的要求，形成了一个既相互融合、相互作用又环环相扣、层层递进的反腐机制，凸显了思想建党、纪律强党、制度治党的巨大威力。一体推进"三不"，既是认识论又是方法论，蕴含着我们党坚持全面从严治党、深入推进反腐败斗争的政治立场、政治方向、政治原则，是纪检监察工作从以治标为主向标本兼治转变的重要方法论。笔者认为，一体推进不敢腐、不能腐、不想腐，就是坚持协同推进不敢腐、不能腐、不想腐的指导思想，将具有惩治腐败、预防腐败、廉政教育功能的各项制度建设和改革活动一体设计、协同推进。

从理念上看，是不敢腐、不能腐、不想腐一体推进：推进过程中"三不"交叉渗透；推进过程中"三不"相互借力。

从内容上看，则是多方面的一体推进：宏观上，惩治、预防和教育一体推进。中观上，纪律检查体制改革、国家监察体制改革、纪检监察机构改革一体推进。微观上，监督、调查、处置一体推进；打虎、拍蝇、猎狐一体推进；监督、执纪、问责一体推进；纪法衔接、法法衔接一体推进；巡视巡察、整改落实一体推进等。

理解一体推进不敢腐、不能腐、不想腐，需要掌握两个关键点：一是不敢腐、不能腐、不想腐三者交叉渗透；二是不敢腐、不能腐、不想腐三者互相借力（见图1-2）。因此，一体推进"三不"不等于同时推进"三不"，这两者之间存在很大的差异。

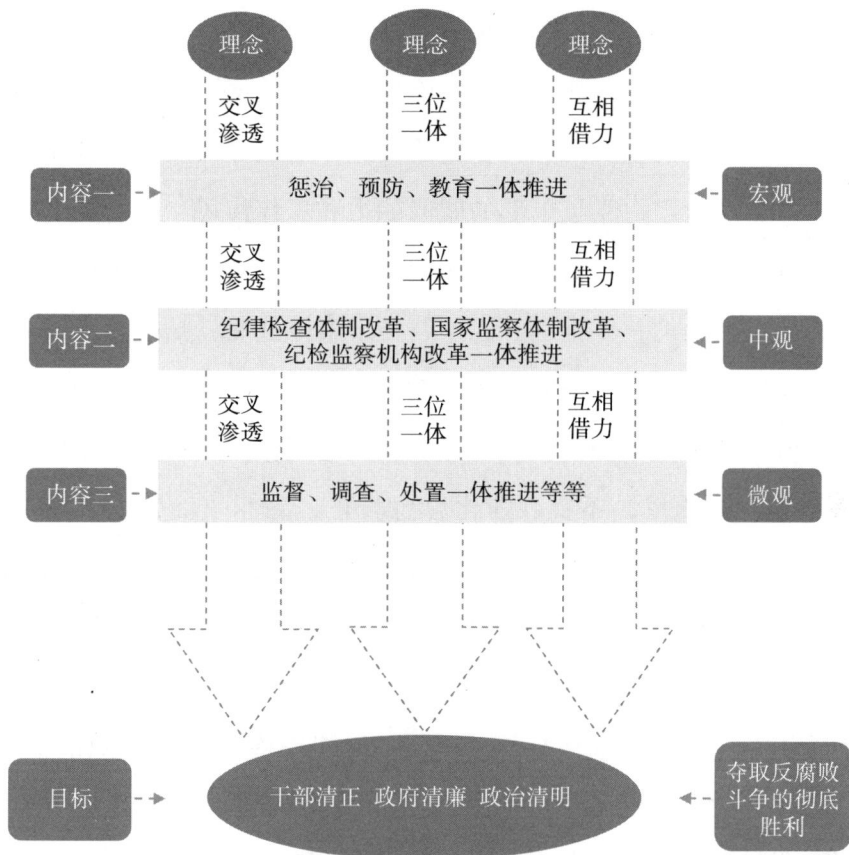

图 1-2　一体推进不敢腐、不能腐、不想腐的内涵

二、一体推进不敢腐、不能腐、不想腐的功能定位

要保证党永葆清正廉洁的政治本色，就必须坚持推进全面从严治党，积极探索和深化国家监察体制改革，巩固发展反腐败斗争压倒性胜利。一体推进不敢腐、不能腐、不想腐，是以系统思维开展反腐败工作的创新之举，也是当前条件下强化标本兼治的重要途径。在新时代背景下，一体推进"三不"具有十分重要的意义。[①]

[①]　杜治洲、刘姝君：《一体推进"三不"与监委的职能履行方式创新》，《廉政文化研究》2020 年第 11 期。

（一）推进全面从严治党向纵深发展的制度选择

党的十八大以来，作为党内政治生活的重要课题，反腐倡廉已成为全面从严治党的重要内容，在党的先进性建设方面发挥着日益重要的作用，影响着广大党员干部的履职能力和工作作风。建立在对腐败发生机理的深刻洞察、对治党规律的整体把握和对当前形势任务的贯通理解基础之上的一体推进"三不"的反腐败战略，是推动全面从严治党和反腐败斗争的系统思维和有效路径。全面从严治党是一项系统工程，既要靠重拳出击、正风肃纪来严厉惩戒，又要靠完善制度、健全法制来严格约束，还要靠强化思想教育、涵养政治生态来严肃警示，处处以"严"的标准来实现对公权力的有效制约。坚持和加强党的集中统一领导，一体推进不敢腐、不能腐、不想腐，为新时代纵深推进全面从严治党明确了目标和方向、提供了切实保障和可靠遵循。[①]客观地说，一体推进"三不"，一方面将有助于塑造良好的政治生态，在法律、制度和思想层面进一步巩固党风廉政建设和反腐败斗争成果，使严以用权成为常态、反腐倡廉深入人心，在腐败问题的标本兼治上取得突破；另一方面将进一步压实政治责任，实现各级党组织对全面从严治党主体责任的切实履行，着力提升纪检监察人员的政治站位和履职能力，从根源和关键领域入手来整治腐败问题。要增强反腐败工作主动性、系统性、实效性，落实全面从严治党的各项任务，走出一条中国特色反腐倡廉道路，就必须构建好"不敢腐"的惩戒机制、落实好"不能腐"的防范机制、发展好"不想腐"的保障机制，用好治标利器、夯实治本基础，多管齐下、综合施策，不断筑牢全面从严

---

① 　王昌顺：《"三不"一体推进深化国企全面从严治党》，《中国纪检监察》2019 年第 18 期。

治党的根基，永葆党的先进性和纯洁性。[①]

（二）深化国家监察体制改革的必由之路

习近平总书记在中共中央政治局第十一次集体学习时强调："要坚持目标导向、问题导向，继续把纪检监察体制改革推向前进，牢牢把握深化标本兼治的改革目标。"要强化"不敢腐"的震慑，保持惩治腐败的高压态势，不断释放全面从严治党强烈信号。要扎牢"不能腐"的笼子，形成靠制度管权、管事、管人的长效机制。要增强"不想腐"的自觉，引导党员干部坚定理想信念，强化宗旨意识，树立正确的世界观、人生观、价值观，营造风清气正的从政环境和社会氛围。深化国家监察体制改革是贯彻党的十九大精神、健全党和国家监督体系的重要部署，是推进国家治理体系和治理能力现代化的一项重要改革，也是对反腐败资源的优化重组。作为一项重大政治体制改革，国家监察体制改革始终由党中央集中统一领导、谋划、部署和推动，足见其重要性和紧迫性。深化国家监察体制改革的初心，就是要把增强对公权力和公职人员的监督全覆盖、有效性作为着力点，推进公权力运行法治化，消除权力监督的真空地带，压缩权力行使的任性空间，建立完善的监督管理机制、有效的权力制约机制、严肃的责任追究机制。这就要求我们整合监督主体并扩大监督对象，进一步实现纪法衔接、法法衔接，以系统思维和统筹设计，从整体上推动监察工作的开展。只有在反腐败战略上实现惩治、预防和教育一体推进，不断落实"不敢腐、不能腐、不想腐"的行动自觉，才能构建起党统一领导、全面覆盖、权威高效的监督体系，形成以党内监督为主、其他

[①]　任仲平：《筑牢从严治党的政治根基》，《人民日报》2016年10月24日。

监督相贯通的监察合力，才能真正发挥国家监察的应有功能，创新和健全监督体系，推动反腐败工作高质量发展。[①]

（三）巩固发展反腐败斗争压倒性胜利的战略部署

党的十八大以来，我们观察到反腐败斗争态势发生了变化：从"腐败和反腐败两军对垒，呈胶着状态"，到"反腐败斗争压倒性态势正在形成""压倒性态势已经形成并巩固发展"，再到"反腐败斗争取得压倒性胜利"，反腐败斗争的阶段性突出成果彰显了我国严惩贪污腐败问题、严抓党风廉政建设的坚定决心和强大行动力，同时对未来反腐败工作的进一步开展提出了新的要求。尽管当前我们夺取了反腐败斗争压倒性胜利，但是必须清醒地意识到，反腐败形势依然严峻、复杂，已经取得的反腐败胜利成果还不稳固，从根本上来说反腐败斗争还未取得彻底胜利，反腐败工作仍然任重而道远。[②] 构建一体推进"三不"机制是习近平总书记一以贯之的重要思想，是对反腐败斗争实践的系统总结，深刻揭示了反腐防腐的基本规律，充分体现了惩与治的辩证统一，已成为巩固发展反腐败斗争压倒性胜利的重要思想方法、工作方法。[③]

"不敢腐、不能腐、不想腐"是综合治理腐败的三根支柱，三者各担其责、缺一不可，构成一个有机整体。[④] 只有通过系统治理、协同发力、一体推进的方式集中削减腐败存量、坚决遏制腐败增量，才能将腐败治理体现和落实到正风肃纪反腐的全过程和各方面，进一步

[①]　张瑞：《持续推进全面从严治党向纵深发展》，《人民政协报》2019年1月24日。
[②]　徐功献、尧凡：《新时代加强党的长期执政能力建设探析》，《理论研究》2018年第3期。
[③]　本刊编辑部：《深化国家监察体制改革的科学指引》，《求是》2019年第5期。
[④]　董瑛：《巩固发展反腐败斗争压倒性胜利　一体推进"三不"》，《人民日报》2019年8月20日。

解决好微观层面和宏观层面的各种腐败问题，最终打赢反腐败斗争这场攻坚战。

总之，一体推进不敢腐、不能腐、不想腐，是党中央为巩固当前反腐败发展成果、继续深入推进反腐败斗争所作出的重大战略部署，是推动我国反腐败斗争从压倒性胜利走向彻底胜利的应有之义。

第四节　研究内容与方法

一、研究内容

本书从一体推进不敢腐、不能腐、不想腐的时代背景出发，深入研究一体推进"三不"的形成过程、具体内涵、体制机制设计、大数据支撑、经验总结和未来展望等重要内容。

第一，笔者对本书的选题背景与意义进行了分析，对国内外相关文献进行归纳和评述，从现有理论成果中汲取营养，站在前人的肩膀上思考相关的前沿研究，为写作本书奠定理论基础。

第二，对反腐败形势进行判断，并对一体推进"三不"形成的背景、"三不"之间的关系进行分析。在总结我国反腐败斗争成绩的前提下，对当前我国反腐败斗争面临的形势进行科学、客观的判断，并依此分析我国反腐败斗争必须实现的目标和应该完成的任务。基于此，笔者从时间维度梳理一体推进不敢腐、不能腐、不想腐战略的形成过程，呈现了不敢腐、不能腐、不想腐三个概念提出的背景和时间；从理论上厘清不敢腐、不能腐、不想腐三者之间的相互关系，并深入分析一体推进不敢腐、不能腐、不想腐的生成逻辑，包括政治逻辑、理论逻辑和实践逻辑。

第三，一体推进"三不"体制机制设计。笔者对一体推进不敢腐、不能腐、不想腐体制机制的理念保障和实践基础进行深入分析，运用舞弊风险因子理论阐发一体推进"三不"体制机制的机理，并进行科学的框架设计。

第四，从一体推进"三不"与国家监察体制改革之间的关系出发，剖析一体推进不敢腐、不能腐、不想腐对国家监察体制改革的影响，讨论监督执纪与监察执法一体运行机制的构建，分析一体推进"三不"背景下监察委会职能履行方式的创新。

第五，阐述大数据对腐败治理的影响，分析大数据助力一体推进不敢腐、不能腐、不想腐的机理，总结贵阳市"数据铁笼"和沈阳市"正风肃纪大数据监督平台"在实践中取得的成效和积累的经验，为中央和地方各级各部门开展大数据反腐提供借鉴。

第六，对国内一体推进"三不"较有成效的浙江省、周口市淮阳区和深圳市光明区进行案例研究，分析这些地区一体推进"三不"的具体做法、主要特点以及存在的问题和发展前景。

第七，笔者对"三不"之间的契合点进行了探讨，充分挖掘"不敢腐""不能腐""不想腐"之间的内在联系，提出一体推进"三不"的实施对象应该覆盖全社会的观点，并且要重视评估腐败风险，实施分级管理。

二、研究方法

本书采用的研究方法主要包括：

第一，文献研究法。本书广泛搜集马克思主义理论、党的建设、政治学、管理学、社会学、法学、经济学等不同领域的学者在权力监督和反腐败方面的理论研究和实证研究成果。重点梳理归纳有关反腐败模式、一体推进"三不"等方面的理论观点，分析已有研究存在的不足或者尚待进一步研究之处，增强研究的理论基础和针对性。

第二，案例研究法。案例研究可以让理论变得更加鲜活，能够通过"可触摸"的方式体验理论的深度和温度。在研究一体推进"三不"的理论与实践中，特别在研究一体推进"三不"的创新实践中运用案例研究法，以典型案例为具体素材，通过全方位深入剖析案例，分析各地一体推进"三不"积累的经验和面临的挑战，为纪检监察机关提供参考。

第三，访谈法。笔者与中央和地方纪检监察机构建立起了良好的合作关系，深入纪检监察工作一线，对纪检干部进行访谈，了解各地各部门一体推进"三不"的具体做法、取得的成效和存在的问题，并讨论深化一体推进"三不"的有效对策。

第四，比较研究法。比较研究法是对两个或两个以上的事物或对象加以对比，找出它们之间的相似性与差异性的一种分析方法。本书对国内一体推进"三不"的做法、优势和局限性进行比较研究，探寻一体推进"三不"的特点和规律，以期为落实和深化一体推进"三不"提供借鉴。

第二章　一体推进不敢腐、不能腐、不想腐的生成逻辑

　　准确把握一体推进不敢腐、不能腐、不想腐的时代背景，深入分析其生成逻辑，对落实和深化一体推进不敢腐、不能腐、不想腐具有十分重要的意义。党的十八大以来我国逐步形成了时间上延展、空间上周全、内容上关联的系统反腐模式，一体推进不敢腐、不能腐、不想腐的反腐战略，是对系统反腐模式的深化和升华，同时，也体现了新时代反腐败的政治逻辑、理论逻辑和实践逻辑。① 我们要从党对反腐败工作的统一领导出发研究一体推进"三不"的政治逻辑；从权力监督内在规律的视角出发研究一体推进"三不"的理论逻辑；从中国共产党反腐败发展历程和各阶段的特点着手研究一体推进"三不"的实践逻辑。

第一节　一体推进不敢腐、不能腐、不想腐的政治逻辑

　　党对反腐败工作的统一领导是一体推进"三不"的政治逻辑。世界上不同国家的反腐败组织结构、反腐败模式不尽相同，甚至相去甚

----

① 杜治洲：《一体推进"三不"的三重逻辑与三个着力点》，《思想理论动态参阅》2021年6月9日。

远，这主要是由不同国家的政治体制决定的。中国共产党的领导是中国政治体制的鲜明特征，也是中国特色社会主义各项事业不断创造辉煌的根本保证。毋庸置疑，党的领导也是我国反腐败体制的突出特征，是我国反腐败斗争取得最终胜利的前提条件和重要保障。无论是不敢腐、不能腐，还是不想腐的推进都离不开党的统一领导，必须在党的坚强领导、统一部署、整体布局和全盘统筹下，才能稳步向前，才能取得实效。离开了党的统一领导，不敢腐的震慑就不会形成，不能腐的笼子就不会扎牢，不想腐的自觉就不会增强。在党的统一领导下，反腐败的各类机构、各种手段、各个环节均须在以人民为中心的反腐理念指引下，做到互相渗透、密切配合、同向发力。因此，中国共产党对反腐败工作的统一领导是一体推进不敢腐、不能腐、不想腐最重要的政治逻辑。

一、党的统一领导是包括反腐败斗争在内的各项事业取得成功的重要保证

在 1954 年举行的第一届全国人民代表大会上，毛泽东同志庄严地宣布："领导我们事业的核心力量是中国共产党。"这一结论客观鲜明地反映了自近代以来中国人民为实现民族独立、国家富强、人民幸福而不懈奋斗的政治逻辑。习近平总书记指出："办好中国的事情，关键在党。中国特色社会主义最本质的特征是中国共产党领导，中国特色社会主义制度的最大优势是中国共产党领导。坚持和完善党的领导，是党和国家的根本所在、命脉所在，是全国各族人民的利益所在、幸福所在。"[①] 党政军民学，东西南北中，党是领导一切的。改革

---

① 习近平：《在庆祝中国共产党成立 95 周年大会上的讲话》，人民出版社 2016 年版，第22 页。

开放的成功实践充分证明了一个道理：中国共产党是中国改革开放事业的掌舵者，是中国特色社会主义坚强的领导核心，是党的各项事业取得成功的政治保证。反腐败斗争是中国特色社会主义事业的重要组成部分，因此也必须在中国共产党的领导下有序推进。2019 年 1 月13 日，十九届中央纪委三次全会在北京召开。全会总结改革开放 40年来的纪检监察工作，形成的重要认识之一就是，始终坚持强化党的全面领导的根本原则，坚决维护党中央权威和集中统一领导，保证党的路线方针政策和党中央重大决策部署贯彻落实。①

反腐败只有始终坚持党的领导才能做到使命引领与问题导向相统一。中国特色社会主义进入新时代，以习近平同志为核心的党中央把全面从严治党纳入"四个全面"的战略布局，以高瞻远瞩的战略眼光和针对性极强的有效举措推进全面从严治党。

一方面，中国共产党为中国反腐败斗争指明方向、明确路径。中国共产党人的初心和使命，就是为中国人民谋幸福、为中华民族谋复兴。使命引领为党员、干部解决问题提供不竭的精神动力、坚定的意志品质。崇高的使命感让党员、干部时刻谨记党和人民的重托，是各级党组织和全体党员干事创业的源动力。使命感越强，发现问题就越敏锐，直面问题就越勇敢，解决问题就越高效。各级党组织和全体党员具有崇高的使命感，就敢于直面问题，善于迎难而上，以饱满的精神状态和坚忍不拔的意志，推动包括反腐败斗争在内的各项事业持续健康发展。

另一方面，中国共产党还直接推动具体反腐败问题的解决。解决问题的过程也是使命感不断强化和提升的过程，会对使命引领产生巨

---

① 《中国共产党第十九届中央纪律检查委员会第三次全体会议公报》，2019 年 1 月 13 日。

大推动作用。各级党组织和全体党员啃下全面深化改革中的一块块"硬骨头"，进而得到人民群众的称赞，自豪感和使命感就会油然而生，攻坚克难、完成使命的决心和信心就会更加坚定。比如，针对一些干部不作为、慢作为、乱作为的问题，连续推出一系列既立足当前又着眼长远的治理举措，采取超常规手段"对症开方"，取得积极成效。又如，果断作出治理群众身边不正之风和腐败问题的决定，在全国范围开展治理"微腐败"行动，有效遏制了少数基层干部雁过拔毛、吃拿卡要等不良风气。[①]这些问题的解决直接提升了广大人民群众的反腐败获得感。

二、党的引领与协调是各类反腐败主体协同配合的先决条件

在反腐败和廉政建设实践中，中国探索形成了由党委统一领导、党政齐抓共管、纪委组织协调、部门各负其责、依靠群众支持和参与的具有中国特色的反腐败领导体制和工作机制。[②]中国反腐败和廉政建设的职能机构，主要有中国共产党纪律检查机关、国家监察机关、国家司法机关、国家审计机关等。

中国共产党的各级纪律检查委员会是依据《中国共产党章程》设立的党内监督的专门机关，是开展反腐败和廉政建设的重要机构。国家监察机关是指各级监察委员会，是行使国家监察职能的专责机关。依照《中华人民共和国监察法》（以下简称《监察法》）对所有行使公权力的公职人员进行监察，调查职务违法和职务犯罪，开展廉政建设和反腐败工作。监察委员会与纪委合署办公，一套人马两套班子，履行监督执纪问责和监督调查处置的双重职责。

---

① 杜治洲：《坚持使命引领和问题导向相统一》，《人民日报》2018 年 11 月 13 日。
② 《中国的反腐败和廉政建设》白皮书，中国方正出版社 2010 年版。

　　审计机关是依据中国宪法设立的审计监督机构，依法对国务院各部门和地方各级人民政府及各部门的财政收支、国有金融机构和国有企业事业单位的财务收支等进行审计监督。中国还建立了经济责任审计制度，对国家机关和依法属于审计对象的其他单位主要负责人进行审计监督。公安、金融等其他有关部门和机构，也在自身职责范围内依法承担反腐败和廉政建设的相关工作。

　　以上承担不同职能的反腐败机构都是反腐败主体，在党的统一领导下开展工作，各司其职，又相互协调，且密切配合。加强党对反腐败工作的集中统一领导，是持续深化反腐败体制改革必须坚持的正确政治方向，也是检验改革成效的重要标准。一方面，各级党委在全面从严治党中承担主体责任，党委书记是深化改革的"施工队长"，应带领党委班子定期分析研判政治生态，对本级管理干部严重违纪违法审查调查和处置的决策严格把关，落实党对反腐败工作的全过程领导。另一方面，党委协调各类反腐败机构的工作，协同高效地推动反腐败工作的决策部署指挥、资源力量整合和措施手段运用。各级反腐败协调小组发挥着重要的统筹协调作用，应建立健全由党委统一领导，纪委监委、组织、政法、公检法司协作配合的工作平台，建立健全问题线索移送机制、缺席审判协调机制、技术调查配合机制，①促进纪法衔接、法法衔接，从而推动党对反腐败工作的统一领导具体化、程序化、制度化。

　　总而言之，党的引领与协调是各类反腐败主体协同配合的先决条件，只有在党的统一领导下具有反腐败职能的各类反腐败机构才能有效沟通、密切配合、相互支持、协同工作，才能高效推动党的反腐败工作。

---

① 刘廷飞：《加强党对反腐败工作的集中统一领导》，《中国纪检监察报》2018年12月18日。

第二节　一体推进不敢腐、不能腐、
不想腐的理论逻辑

分析一体推进不敢腐、不能腐、不想腐的理论逻辑，对于坚定一体推进"三不"的信心、构建一体推进"三不"的框架、践行一体推进"三不"的要求具有十分重要的意义。

一、行为科学理论

20 世纪 30 年代开始形成的行为科学理论，是研究人的行为产生、发展和相互转化的规律，以预测和控制人的行为的一门综合性科学，是管理学中的一个重要分支。

惩治、预防和教育之间的互动关系可以清晰反映一体推进"三不"的基本逻辑。而从行为科学的角度出发，我们可以更加深刻地认识惩治、预防和教育三者在反腐败中的功能，以及它们之间的互动关系（见图 2-1）。

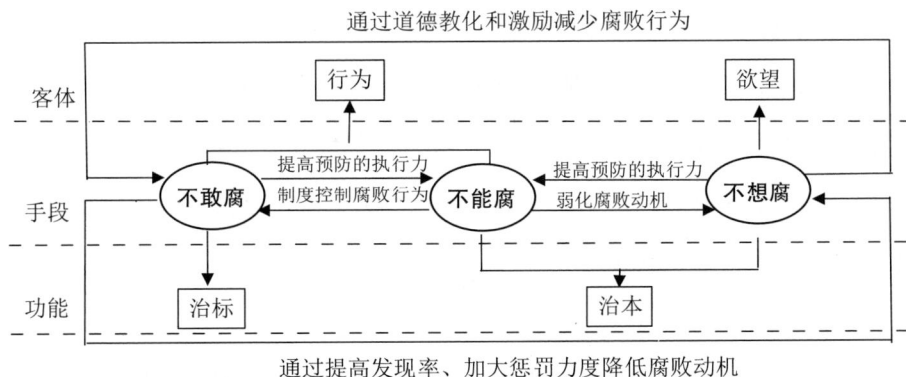

图 2-1　不敢腐、不能腐、不想腐的功能及互动关系

　　第一，从功能上看，"不敢腐"的惩治主要发挥治标功能，"不能腐"的预防和"不想腐"的教育属于治本之策。关于治标与治本，学术界大致有两种不同观点：一种观点认为，针对"不敢腐"的惩治和针对"不想腐"的教育属于治标之策，针对"不能腐"的制度建设属于治本之策；另一种观点则认为只有针对"不敢腐"的惩治是治标之策，其他二者都属于治本之策。笔者倾向于第二种观点。"不能腐"是对客观环境形成的硬约束，理论上只要设计一套严密的制度就可以堵住腐败的漏洞，尤其是对某一个组织或某一个项目来说，这样的效果非常容易达到。因此，针对"不能腐"的制度建设属于治本之策，学术界对此已达成一致；而"不敢腐"和"不想腐"则是对主观意愿的软抑制，不太容易实现，即便实现了也可能会反弹。但"不敢腐"与"不能腐"二者之间也存在较大的差别："不敢腐"的状态主要取决于惩治力度等外界因素，而惩治力度变化的幅度通常较大，所以"不敢腐"的状态波动较大；"不想腐"的状态，主要取决于对腐败危害的认知程度和防腐制度的健全程度，对腐败危害的认知和防腐制度的状态通常波动较小。也就是说，在稳定性上"不想腐"远远超越了"不敢腐"。因此，针对"不想腐"的措施也应该属于治本之策。

　　第二，从客体上看，惩治和预防主要针对腐败行为，教育针对腐败动机。教育主要是弱化腐败动机，发挥"不想腐"的功能。事实上，惩治、预防也可以产生"不想腐"的效果，但主要作用于腐败行为，使人"不敢腐""不能腐"。

　　第三，从关系上看，惩治、预防和教育之间相互作用、相互影响。惩治腐败可以营造制度建设的有利环境，提高预防腐败制度的执行力。反过来，预防可以通过制度建设来控制腐败行为的发生。预防可以降低腐败的发生率，并弱化腐败动机，因此承担了教育的部分功能。教育也可以提高预防的执行力。同样，惩治腐败可以通过增强廉政教育的说服力来提高廉政教育的效果，而廉政教育又可以降低腐败动机，减少腐败行为，从而承担惩治的部分功能。

二、舞弊风险因子理论

舞弊风险因子理论是伯洛格那（G. Jack. Bologna）等人在GONE理论的基础上发展形成的，[①] 主要用于对企业舞弊风险因子的阐释和分析。该理论把舞弊风险因子分为个别风险因子与一般风险因子。个别风险因子是指因人而异且在组织控制范围之外的因素，包括道德品质与动机。一般风险因子是指由组织或实体来控制的因素，包括舞弊的机会、舞弊被发现的概率以及舞弊被发现后舞弊者受罚的性质和程度。当一般风险因子与个别风险因子结合在一起，并且被舞弊者认为有利时，舞弊就会发生。

舞弊风险因子理论对腐败原因及治理对策具有较强的解释力。该理论从个人因素（道德、动机）和组织因素（舞弊机会、被发现的可能性、受惩罚的性质和程度）两个方面出发，对腐败原因进行分析并将其具象化。运用舞弊风险因子理论，可以对多种舞弊风险因子进行监测，提高查办腐败案件的概率和速度。同时，也可以为腐败预防、腐败取证等提供制度设计思路。特别地，舞弊风险因子理论将导致舞弊（或腐败）的各种原因汇聚起来进行综合分析，依此提出系统化的、

---

① GONE由四个英语单词的开头字母组成，其中：G为Greed，指贪婪；O为Opportunity，指机会；N为Need，指需要；E为Exposure，指暴露。上述四个因子实质上表明了舞弊产生的四个条件，即当舞弊者有贪婪之心且又十分需要钱财、自尊时，只要有机会，并认为事后不会被发现，他（她）就一定会进行舞弊。

相互支撑的对策建议，为一体推进"三不"提供了重要的理论依据。

三、系统论

1937 年，美籍奥地利人、理论生物学家 L.V. 贝塔朗菲（L.Von. Bertalanffy）发表了"抗体系统论"，提出了一般系统论原理，奠定了系统论的理论基础。系统整体观念是系统论的核心思想，系统不是各个部分的机械组合或简单相加，任何系统都是一个有机的整体，系统中的要素具有它们在孤立状态下所没有的性质，能够发挥它们在孤立状态下所没有的功能。系统论中一个极为重要的问题是结构和功能的辩证关系。结构是功能的基础，功能依赖于结构。系统只有在结构合理的前提下，才可能具有良好的功能。也就是说，良好的功能需要合理的结构来提供，系统的结构优化和功能优化联系密切。而且系统优化的核心是系统作为一个整体的优化，即作为系统整体取得最好的组织结构和组织功能。整体优化的原则要求在整体效益最优的原则下，处理好局部与整体的关系。①

反腐败是一项复杂的系统工程，必须将反腐败的所有手段和资源充分整合起来，协调配合，才能优化反腐败工程的结构和功能，取得良好的反腐成效。在系统论的指导下一体推进"三不"，就是把"不敢腐""不能腐""不想腐"看作一个统一的整体，将分布于不同组织内部的反腐败资源重新优化组合，形成整体大于部分之和的效应。因此，纪检监察机关等反腐败主体不能割裂"不敢腐""不能腐"和"不想腐"之间的内在联系，亦不能依此划分反腐败的三个阶段，更不能

---

① 魏宏森、曾国屏：《系统论的基本规律》，《自然辩证法研究》1995 年第 4 期。

只抓三者之一或之二，不顾其他。只有充分理解和掌握"三不"之间的内在联系，使"三不"相互支撑、协调一致，才能以系统优势推动反腐败成效的提升。

第三节　一体推进不敢腐、不能腐、不想腐的实践逻辑

国内外反腐败的历程与趋势表明，只有综合运用针对不敢腐、不能腐和不想腐的各类反腐手段，才能取得良好的反腐成效。实施一体推进"三不"战略，是百年来中国共产党认真总结反腐败经验、深刻认识反腐败规律的重要体现。

一、综合协同是国际反腐败大趋势

新中国成立以来，我国先后经历了运动反腐、权力反腐、制度反腐等不同的反腐败阶段，不同时期的反腐败方式和工作重点存在较大的差异。然而，基本上都是在围绕治标或治本进行选择或组合，党的十八大以前我们党也曾经提出了标本兼治、源头治腐的目标，但是实现目标的手段并不十分明确，科学性也略显不足。党的十八大以来，面对严峻复杂的反腐败形势，党中央治标先行，通过严厉惩治形成对腐败分子的强烈震慑，为治本赢得了时间、营造了环境。只有产生了治标的威慑力，才能提升治本的执行力。随着全面从严治党的深入推进，不敢腐的震慑逐步显现，在取得了反腐败斗争压倒性胜利的背景下，我们必须逐步加大治本的力度，巩固治标的成果，以正本清源。站在新的起点上，我们必须准确把握治标与治本的辩证统一关系，多措并举，系统推进反腐败工作，构建科学严密的腐败治理长效机制。

然而，如何实现标本兼治，就是一个关键问题。一体推进"三不"的反腐战略思想，其重要贡献在于明确了标本兼治的具体思路和基本方向，为实现标本兼治打下了坚实的基础。巩固发展反腐败斗争压倒性胜利，就需要在继续保持惩治腐败高压态势的同时，也要注重扎紧制度的笼子，减少腐败机会，还要通过教育来弱化权力行使者的腐败动机。更为重要的是，要将惩治、预防和教育融合起来，相互穿插，彼此补台，形成"1+1+1>3"的合力效应，从而以加速度推动廉政治理现代化的进程。同时，世界各国各地区特别是东亚国家和地区如新加坡、中国香港的反腐实践也证明，三位一体、贯通运作的反腐败模式是可行的、有效的，也是全球反腐败的大趋势。

二、一体推进"三不"体现了百年来中国共产党对反腐败规律的深刻认识

中国共产党自成立以来就十分重视反腐败工作，不同时期反腐败工作的重点和手段不尽相同，在不断摸索和尝试中积累了丰富的反腐败经验。

首先，新民主主义革命时期注重思想教育与严格执行纪律。新民民主主义革命时期，发生了大革命、土地革命、苏区反腐风暴、延安整风运动、建立请示报告制度等一系列重要事件。中国共产党通过无产阶级世界观和人生观教育、党的政策纪律教育等，解决党员干部的思想根子问题，反对和防止贪污腐化。

其次，社会主义革命和建设时期注重思想教育与运动反腐。在社会主义革命和建设时期，中国共产党继续保持艰苦奋斗的作风，加强同人民群众的血肉联系，注重党员的思想教育，严惩腐败分子。此外，

这一时期我党依靠群众监督和群众运动开展反腐败斗争，"三反五反"等运动极大地震慑了腐败分子。

再次，改革开放时期强调制度防腐与源头治腐。从党的十一届三中全会到党的十八大以前，党的领导人结合改革开放新时期的新情况和新问题，对国内外反腐倡廉实践经验进行总结。邓小平同志指出，反腐败不能搞政治运动，要依靠教育，更要靠制度建设。21世纪初，我党开始重视源头治腐，强调治理腐败的关键在于从惩治向预防转变，从单纯依靠打击向多管齐下全方位防治转变，把查处大案、要案与加大治本力度相结合，从源头上预防腐败的发生。

最后，中国特色社会主义新时代提出一体推进"三不"的反腐新路。党的十八大以来，以习近平同志为核心的党中央立足将反腐败斗争置于关系党和国家生死存亡的战略高度，强调反腐败斗争既要解决好思想上的问题，也要解决好制度上的问题。基于对思想建党和制度治党两者缺一不可、必须同向发力的考量，党中央提出了一体推进不敢腐、不能腐、不想腐的反腐败战略，为深化反腐败体制机制改革，实现干部清正、政府清廉、政治清明指明了方向。

从手段单一的反腐败到多措并举的综合治理，再到一体推进"三不"，体现了中国共产党对反腐败内在规律的认识在不断深化。

第四节　一体推进不敢腐、不能腐、不想腐应走出三个误区

一体推进"三不"的生成逻辑，决定了一体推进"三不"的理念和原则、方式和方法。应该如何正确看待一体推进"三不"、通过什

么策略落实一体推进"三不"等问题的答案,都应建立在对一体推进"三不"三重逻辑的准确理解和把握(的基础之)上。当前,一些领导干部和专家学者对一体推进"三不"的认识或实践,与一体推进"三不"的本来面貌仍存在较大偏差。一体推进"三不"应走出以下三个误区。

一、误区一:把"'三不'体制机制"看作"一体推进"的对象

"一体推进不敢腐、不能腐、不想腐体制机制",往往被错误地理解为动宾结构的短语,即把"不能腐、不敢腐、不想腐体制机制"作为"一体推进"的对象。有些地方和部门在官方文件中也常使用"强化'三不'机制建设"等表达方式,事实上"一体推进不敢腐、不能腐、不想腐体制机制"是一个偏正结构,"一体推进不敢腐、不能腐、不想腐"是限定词,"体制机制"则是中心词。2019年10月31日党的十九届四中全会通过的《中共中央关于坚持和完善中国特色社会主义制度　推进国家治理体系和治理能力现代化若干重大问题的决定》提出,"构建一体推进不敢腐、不能腐、不想腐体制机制"。很明显,这里"一体推进不敢腐、不能腐、不想腐体制机制"是一个偏正结构的名词短语,是"构建"的客体。只有走出这种认识误区,准确把握一体推进"三不"的内涵,才能真正理解一体推进"三不"机制建设的重点和关键,才能在一体推进"三不"的道路上找准方向。

二、误区二:将"一体推进"视为"同时推进"

许多媒体报道中有这样的表述:"某某省(市)领导高度重视一

体推进不敢腐、不能腐、不想腐体制机制建设"，接下来就分别对实现"不敢腐""不能腐"和"不想腐"三个方面的做法进行详细说明。这表明，许多地方的领导干部形成了这样一种误解："一体推进'三不'"就是"同时推进'三不'"。他们认为，"三不"之间本身存在密切的内在关系，所以只要针对不敢腐进行惩治、针对不能腐进行预防、针对不想腐进行教育，就是在一体推进"三不"。

事实上，一体推进"三不"不能简单地理解为同时推进"三不"。一体推进"三不"必须做到不敢腐、不能腐、不想腐三者交叉渗透，同时三者之间必须互相借力。比如，已有研究基本上都将中国香港的反腐败模式理解为惩处、预防和教育"三管齐下"。事实上更准确的表述是：中国香港采取的是"三位一体"的反腐败模式。因为香港廉政公署真正做到了将不敢腐、不能腐、不想腐融合在一起，成为一个有机统一的整体。香港廉政公署在秘密调查某企业腐败问题的同时，也会根据所掌握的情况，及时对该企业提出完善预防腐败制度的建议，同时对员工进行针对性的廉洁教育，防止腐败问题继续扩大，以免对该企业和社会造成更大的损失和影响。因此，各级领导干部必须走出"一体推进"就是"同时推进"的认识误区，必须挖掘"三不"之间的内在联系，发挥"三不"之间相互配合、相互支撑的作用，把"三不"看作一个整体，综合运用，协同推进。

三、误区三：重视措施加码而轻视制度建设

当前，各级各地方都非常重视一体推进"三不"体制机制建设，但实际上还主要停留在措施和行为层面，制度化的内容较少，存在重措施、轻制度的现象。比如，一些地方加大了查处腐败的力度，但并

未在优化查处腐败的体制机制方面提出新思路；一些地方宣称要织密不能腐的笼子，但是并没有构建起科学有效的权力制约与监督制度；一些地方增加了廉政教育的频次，但是并未建立起适应新时代党员干部特点的廉政教育模式。而且，这些措施加码或行为创新大多也是不敢腐、不能腐、不想腐三者各自发展，没有协同作战，更缺乏对一体推进"三不"体制机制的顶层设计。

第三章　我国反腐败斗争面临的形势与任务

中国共产党的历史是一部团结带领人民为人民谋幸福、为民族谋复兴的不懈奋斗史，是一部推动马克思主义中国化、不断实现理论创新的历史，也是一部始终注重和加强自身建设的历史。自成立以来，中国共产党就高度重视反腐败斗争和腐败问题的治理，将党风廉政建设和反腐败斗争纳入自身建设的总体布局之中。新中国成立以来，中国的反腐败斗争取得了公认的成效，保障和促进了社会主义建设和改革开放事业的顺利开展。新时代反腐败斗争取得压倒性胜利，极大地增强了党自我净化、自我完善、自我革新、自我提高的能力，坚持和加强了党的全面领导，促进党和国家事业取得历史性成就，发生历史性变革。同时，作风问题和腐败问题具有反复性、顽固性和隐蔽性，反腐败斗争具有长期性、艰巨性。新时代反腐败的总任务是"清底存量、遏制增量"。逐步实现不敢腐、不能腐、不想腐是新时代反腐败斗争的阶段性具体任务。

第一节　新中国成立以来我国反腐败斗争取得的成绩

新中国成立以来，中国共产党带领全国人民在党内、政府中和社会上深入开展反腐败斗争，取得了重大成效，整体上保持和发展了党的先进性和纯洁性，促进了执政能力建设，完善了党的建设总体布局，实现了党在不同历史阶段的奋斗目标和历史任务，对社会主义建设发挥了重要的保障和推动作用。

一、改革开放之前反腐败斗争取得的成绩

成为全国执政党之后，面对旧社会遗留下来的"污泥浊水"和党内、政府中、社会上出现的官僚主义、贪污腐化现象，中国共产党带领人民投入廉政建设的大潮之中。

（一）新中国成立初期的反腐败成绩

新中国刚刚成立，摆在党和政府面前的是严峻的反腐形势。根据当时的统计，北京从 1949 年解放到 1951 年底，在市属机关和企事业内部，查处贪污分子 650 人，贪污总金额约 15 亿元。① 同期，上海发生的大大小小贪污案 3002 件，涉及 3230 人，贪污总额 186 亿元。其他地方贪污现象也多了起来。1951 年 2 月，中共中央政治局召开扩大会议，决定从 1951 年下半年起用 3 年时间进行整党，对党的基层组织进行一次普遍的整顿，目的是解决基层组织中存在的思想不纯、组织不纯和作风不纯的问题。通过整风，大量的党员、干部经过宗旨教育和政策教育，进一步认清了自身的职责和使命，提高了思想觉悟和政策水平，纠正了工作中的缺点甚至错误，有针对性地克服了上级机关中的官僚主义和中下级机关的命令主义，官僚主义、命令主义现象大量减少，在一定范围内还打击了贪污腐化行为，达到了预期目标，

---

① 旧币 1 万元等于新币 1 元。

收到了实际效果。

　　1951 年年末至 1952 年下半年，在全国范围内开展了一场轰轰烈烈的"三反"运动。"三反"运动是反贪污、反浪费、反官僚主义运动的简称。一般认为，"三反"运动是新中国成立不久，中国共产党领导和发动的、在党政军机关开展的、以反贪污反浪费反官僚主义为主要内容的群众性政治运动。同时，1952 年，还开展了"五反"运动。"五反"运动是中国共产党成为执政党后，为保持共产党人和国家干部勤政廉洁，打击不法资本家的严重违法行为而采取的一项重大决策，是新中国历史上第一次大规模地打击资本家违法经营行为的群众政治运动。① 在"三反"运动中，各级党委和政府不是简单地处理各类腐败案件，而是注重发挥这些反面典型案件的警示教育价值。以"三反""五反"运动为代表的一系列运动的胜利和各项反腐败政策、措施的落实，加上禁娼、禁毒、禁赌的胜利，不仅党风政风得到端正，而且社会风气也得到了净化。贪污浪费可耻、廉洁朴素光荣等思想深入人心，"厉行节约、艰苦奋斗、爱护国家财产等新的社会风气进一步形成"，② 整个社会呈现出欣欣向荣的景象，社会风气得到好转，振奋了民族精神。有学者认为，从这个意义上讲，这一时期"我们党在扫除旧社会的污泥浊水、保持党和国家机关清正廉洁方面取得了举世公认的成就。这一时期中国共产党取得的反腐倡廉成就，与世界反腐倡廉史上的任何一个成功范例比起来，都毫不逊色"。③

---

　　① 何永红：《"五反"运动研究》，中共党史出版社 2006 年版，第 1 页。
　　② 中共中央党史研究室：《中国共产党历史第二卷（1949—1978）》上册，中共党史出版社 2011 年版，第 162 页。
　　③ 邵景均：《新中国反腐简史》，中共党史出版社 2009 年版，第 36 页。

（二）向社会主义过渡时期的反腐败成绩

过渡时期，党带领人民开展"新三反"和新的反贪污浪费运动，不断巩固反腐败成果。在这一阶段，继续惩处腐败分子，清除腐败、浪费现象；反对官僚主义和命令主义，打击违法乱纪行为；促进了社会主义改造和工业化建设起步；领导带头，作出榜样，形成风清气正局面。这一时期反腐败工作的一大亮点是纪检监察工作全面展开和监督体系的建立。

1. 成立党的监察委员会和人民检察署

1949 年 11 月 9 日，中共中央发出了《关于成立中央及各级党的纪律检查委员会的决定》，决定成立党的中央和各级纪律检查委员会，并决定由朱德任中央纪律检查委员会书记。各级纪委机构的建立，使得反腐廉政建设有了专门负责机构，反腐倡廉绩效有了可靠的保证。各级纪委检查出大量的有关党员违纪违法案件，清除了党内一批不可救药的贪污腐化、蜕化变质分子，惩处了一部分犯有各种错误的党员。这些案件的查处，纯洁和巩固了党的组织，提升了党的领导力和战斗力，保证了党的路线、方针、政策的贯彻落实。1955 年 3 月 31 日，党的全国代表会议通过了《关于成立党的中央和地方监察委员会的决议》，决定成立党的中央和地方各级监察委员会，以代替原有的党的纪律检查委员会。

1949 年 10 月 22 日，最高人民检察署在中南海举行第一次检察委员会议，宣布最高人民检察署成立。最高人民检察署检察长罗荣桓主持会议。到 1950 年年底，全国 50 个省、直辖市和省一级行政区有 47个建立了检察机构，并在重点专区和市、县建立了人民检察署。1954年 9 月 29 日，新中国第一部《人民检察院组织法》通过，检察机关正式更名为人民检察院。新中国第一部宪法对人民检察院的设置、职权、领导关系和活动原则等内容作了明确规定。到1955年底，全国各级检察机关已经基本建立。人民检察院在侦查国家工作人员贪污贿赂、渎职侵权等职务犯罪，预防职务犯罪等方面付出了艰苦努力，取得了公认的效果。

2. 建立监督体系

形成对权力的有效监督是反腐败取得绩效的关键环节，也是检验反腐败绩效的重要指标。这一时期通过建立健全反腐机构，完善工作体制机制，加强了对权力的监督制约，减少了权力腐败的发生。新中国成立初期，已经建立人民监督通讯员和人民检举接待室制度。1953年7月31日，政务院正式发布《各级人民政府人民监察机关设置人民监察通讯员通则》，规定在政府机关与其所属企业、事业部门，以及人民团体、城市街道和农村中设置人民监察通讯员。人民监督通讯员、人民监察通讯员制度和监督机制的建立，对公共权力的行使形成了比较有效的制约和监督，也保障了广大人民群众的相关权益。这一时期舆论监督的作用也得到了发挥。人民群众在报纸刊物上公开地批评党和政府工作的缺点和错误的要求得到落实。这一时期对权力监督最突出的效果是人大监督和法律监督的强化。1954年9月15日，第一届全国人民代表大会第一次会议在北京召开，会议通过了《中华人民共和国宪法》。宪法规定，一切国家机关工作人员必须效忠人民民主制度，服从宪法和法律，努力为人民服务。宪法还赋予人民代表大会选举、任免、监督国家、"一府两院"首脑和其他组成人员的权力。这就从根本大法的高度赋予了法律监督和人大监督的地位和作用。

（三）全面建设社会主义时期的反腐败成绩

1956年9月党的八大召开，中国开始进入全面建设社会主义时期，探索适合我国国情的社会主义建设道路。廉政建设方面，党的八大之后，主观主义、官僚主义和宗派主义的思想和作风在党内和国家机关内蔓延，脱离实际和脱离群众、少数干部腐化堕落等问题再度泛滥。为了解决好这些问题，党领导人民群众开展了一个又一个政治运动。总体而言，全面建设社会主义时期的反腐败斗争在惩处腐败分子，打击违法乱纪行为，反对特殊化，挽回经济损失等方面取得一定的成效。

二、改革开放新时期反腐败斗争取得的成绩

改革开放新时期，中国的反腐败斗争取得明显成效，呈现出整体推进的良好态势。通过逐步深入开展反腐败和廉政建设，中国经济飞速发展，政治民主团结，文化繁荣昌盛，社会和谐稳定，生态文明建设成效显著，实现中华民族伟大复兴取得重要阶段性成果。习近平总书记在十八届中央纪委二次全会上充分肯定新时期反腐败斗争的绩效，"改革开放30多年来，历届中央领导集体始终把党风廉政建设和反腐败斗争作为重要任务来抓，旗帜是鲜明的，措施是有力的，成效是明显的，为保持和发展党的先进性和纯洁性发挥了重要作用，为我们党领导改革开放和社会主义现代化建设提供了有力保证"。①

---

① 中共中央纪律检查委员会、中共中央文献研究室：《习近平关于党风廉政建设和反腐败斗争论述摘编》，中央文献出版社、中国方正出版社2015年版，第4页。

（一）恢复重建党的纪律检查机关，逐步形成反腐败工作体制机制

党的十一届三中全会决定恢复重建党的纪律检查委员会。重建后的纪律检查委员会确立了新的工作方针、任务和原则，形成了反腐败工作体制机制。而纪律检查委员会的重建和反腐工作体制机制的建立本身就是反腐廉政建设取得成效的体现。

1979年1月，中央纪委成立后的第一次全体会议，对新时期党的纪律检查工作的一系列重大问题作出决策，对纪律检查机关的工作任务、职责范围、工作方式、机构设置作出了规定。1979年3月9日，中央纪委和中央组织部发出《关于设立纪律检查委员会有关问题的通知》，要求省和县各级党的委员会，都设立纪律检查委员会。各级纪律检查委员会，由同级党的委员会选举产生，报上级党委批准。随着各级纪委机构的建立、人员的配备和工作的展开，各级纪委抓住端正党风这个重点，平反了大量的冤假错案，纠正了各种不正之风，惩治了各类腐败分子，为反腐败斗争作出了重要贡献。

各级纪律检查机关恢复重建后，在具体的工作实践中逐渐感到良好的领导体制和工作体制的极端重要性。纪律检查机关恢复之初，实行的是在党委的领导下或指导下的工作体制。当时纪委由同级党委选举产生，受同级党委领导或指导。这种领导体制和工作体制的一个主要的弊病是纪委的工作特别容易受到同级党委的干扰，独立性不够，难以对同级党委实行有效的监督。为更加切实地发挥各级纪委的作用，1980年，中央纪委第二次全体会议研究讨论后向中央建议："将省、市、自治区和省、市、自治区以下各级党的纪律检查委员会的领导关系，由受同级党委领导改为受同级党委和上级纪委双重领导，而以同

级党委领导为主。领导关系改变后，有关纪委主要领导干部的任免，要征求上级党委纪委的意见。"①此建议得到中央的批准。后来，党的十二大肯定了这一体制，十二大通过的党章规定，党的纪律检查机关实行"双重领导体制"。"党的中央纪律检查委员会在党的中央委员会领导下进行工作。党的地方各级纪律检查委员会在同级党的委员会和上级纪律检查委员会的双重领导下进行工作。"②这种领导体制和工作体制为各级纪律检查机关完成任务、发挥功能提供了体制上的条件。后来在实践中，又对这一体制进行了完善和发展。

（二）加大查处领导干部违纪违法案件

加大查办案件的力度，严惩腐败分子是惩治腐败和端正党风政风的重要举措，也是反腐败工作取得进展的重要经验。进入21世纪以来，各级纪检监察机关和其他反腐败职能部门正确履行党章和国家法律赋予的职责，科学调度，整合资源，在查案方面取得重要成就，为这一阶段的反腐败取得成效打下坚实基础。

2008年1月至2013年8月，全国检察机关立案侦查县处级以上国家工作人员13368人，其中厅局级官员1029人、省部级以上32人。③这意味着，平均每年有200多个厅局级官员落马，平均每两个月左右就有一名省部级以上高官被查。这些对腐败分子和腐败案件的查处，显示出党和政府反对腐败的坚强决心和坚定意志，也凸显出党和政府惩治腐败的能力，彰显了党的执政能力。事实证明，查办大案、

①　中共中央纪律检查委员会办公厅：《中国共产党党风廉政建设文献选编（1921—2000）》第8卷，中国方正出版社2001年版，第90页。
②《中国共产党党章汇编（从一大—十七大）》，中共中央党校出版社2006年版，第115页。
③　曹建明：《最高人民检察院关于反贪污贿赂工作情况的报告》，见 http://www.npc.gov.cn/npc/xinwen/2013-10/22/content_1810629.htm。

要案，震慑了形形色色的犯罪分子，有力地维护了国家经济安全，不仅对当时的廉政建设具有示范效应，而且为以后的廉政建设提供了宝贵的经验。

在国内外多方面因素的综合作用下，腐败渗透、蔓延到诸多公权力部门和系统。这些领域和部门主要涉及交通、金融、公检法、安全生产、食品药品安全、环境保护和社会稳定等。这一时期，通过查办重点领域和行业的违法乱纪问题，揪出了贪污腐败分子，纯洁了党的队伍，转变了党风、政风，挽回了国家巨额经济损失。

（三）深入开展宣传教育活动，构筑思想道德防线

思想道德防线是防止腐败产生的第一道防线。这一时期，党中央在全党和全社会大力推行宣传教育活动，在构筑思想防线方面取得良好效果。全党开展了保持共产党员先进性教育活动、学习实践科学发展观活动、创先争优活动。另外，这一时期的反腐败斗争，不仅高度重视党员干部的教育实践，而且突出在全社会开展反腐倡廉教育，在全社会营造以廉为荣、以贪为耻的良好风尚。通过深入贯彻落实《公民道德建设实施纲要》，把思想教育、纪律教育、培育廉洁价值理念与社会公德、职业道德、家庭美德和个人品德教育有机结合起来，引导人们加强道德修养。通过深入开展社会主义荣辱观教育，提高了公民道德素质，使廉洁、诚信、勤俭、守法等道德观念成为人民群众普遍遵守的行为规范。另外，在青少年廉洁意识的培养，勤政廉政先进典型的宣传，推进廉政文化进学校、进家庭、进社区、进企业、进机关，创建丰富多彩廉政文化活动等方面均取得令人鼓舞的成效，对于转变党风、政风和民风具有重要价值。

总体而言，改革开放新时期的反腐败斗争呈现出波浪式前进的

发展态势。改革开放初期，严厉打击经济领域的腐败犯罪活动，重建党的纪律检查机关，推进精神文明建设，使得这一阶段的反腐败斗争在开局期就打好基础、迈稳步伐。改革开放全面开展时期，我们党继续纠正各种不正之风，推进各方面事业的发展。在治理整顿和深化改革时期，党和政府掀起反腐风暴，打击各种腐败犯罪行为，密切联系群众，反腐败斗争取得明显效果，反腐败绩效迅速回升。在建立社会主义市场经济体制的初期，党和政府调整反腐败斗争思路，确定反腐败斗争三项任务，改革纪检监察体制，反腐败斗争在社会主义市场经济条件下取得新的成效。迈向 21 世纪，党和政府深入开展廉政教育，规范权力运行，加大查办案件工作力度，同时深化各领域的改革，实行惩防并举，反腐败斗争在跨世纪阶段取得不错的效果。党和政府坚持标本兼治、综合治理、惩防并举、注重预防的方针，结合世情、国情和党情的新变化和反腐败斗争的实际建立健全惩治和预防腐败体系，形成各项科学、有效的制度体系，逐步走出了一条适合中国国情、具有中国特色的反腐倡廉道路，反腐败斗争取得新的明显成效。总之，改革开放以来的反腐败斗争尽管出现过短暂的绩效倒退，但整体上仍取得了很好的效应，巩固了改革发展稳定的大局，促进了党和国家各个历史时期奋斗目标的实现。

第二节　我国反腐败斗争面临的形势 [①]

形势，一般指客观事物发展的状态和趋势，是客观事物存在状态

---

①　本节部分内容发表在《廉政文化研究》2020 年第 1 期。

与变化趋势的统一体。从不同的角度分析，形势可以分为不同的类型。就空间而言，有国际形势、国内形势、城市形势、农村形势等；从内容来看，有经济形势、政治形势、军事形势、社会发展形势等；从范围来划分，可以分为宏观形势、微观形势、整体形势等。只有正确分析和把握形势，才能科学预判事物发展的状态、方向和趋势，才能制定正确的路线、方针、政策。反腐败斗争的形势是反腐败和廉政建设的状况、状态和未来的变化发展趋势，包括腐败形势和反腐形势两个方面。对反腐败斗争的形势的根本观点和基本态度，主要包括对反腐败斗争形势的事实认知和对反腐败斗争形势的价值判断。

一、党和国家领导人对反腐败斗争形势的判断

党和国家领导人掌握的信息全面、系统、深入，他们对反腐败斗争形势的判断具有科学性、权威性。改革开放以来，党和国家领导人总是站在廉政治理总体大局的高度全面把握反腐败斗争形势。党的十一届三中全会以来，邓小平同志多次强调一段时期内腐败现象比较严重，要反对干部特殊化，对干部要严格管理和监督，对腐化堕落分子要从严、从重惩处。"在全党的共同努力和人民群众的大力支持下，反腐倡廉工作不断取得阶段性成果，为维护改革、发展、稳定的大局创造了有利条件。这就是我们的基本估计。"①在肯定廉政治理取得成效的同时，江泽民同志也多次强调要全面、客观、一分为二地判断反腐败取得的效果。在讲话和报告中，胡锦涛同志科学分析和判断反腐败斗争的形势，肯定反腐败斗争取得的成绩，同时强调存在的问题和不

---

① 《江泽民文选》第三卷，人民出版社2006年版，第174页。

足，要求看到反腐败斗争的长期性、复杂性、艰巨性。

在中国特色社会主义新时代，习近平总书记把反腐败、廉政治理放在更加突出的位置，整体规划和部署反腐败工作，科学分析反腐败斗争形势，总结归纳廉政治理效能。早在 2016 年，习近平总书记就指出，"全党同志对党中央在反腐败斗争上的决心要有足够自信，对反腐败斗争取得的成绩要有足够自信，对反腐败斗争带来的正能量要有足够自信，对反腐败斗争的光明前景要有足够自信。"[1]

表 3–1　习近平总书记对反腐败斗争形势的判断

时间	内容
2012 年 9 月	反腐败斗争形势严峻
2013 年 1 月	反腐败斗争形势依然严峻
2013 年 11 月	反腐败斗争形势严峻、复杂
2014 年 8 月	腐败和反腐败两军对垒呈"胶着状态"
2015 年 1 月	在实现不敢腐、不能腐、不想腐上还没有取得压倒性胜利
2016 年 1 月	反腐败斗争压倒性态势正在形成
2016 年 12 月	反腐败斗争压倒性态势已经形成
2017 年 10 月	反腐败斗争压倒性态势已经形成并巩固发展
2019 年 1 月	反腐败斗争取得压倒性胜利
2019 年 10 月	巩固和发展反腐败斗争压倒性胜利
2020 年 1 月	腐蚀和反腐蚀斗争具有严峻性、复杂性 反腐败斗争具有长期性、艰巨性
2021 年 1 月	反腐败斗争取得了历史性成就，但形势依然严峻复杂 存量还未清底，增量仍有发生

---

[1]　习近平：《坚持全面从严治党依规治党创新体制机制强化党内监督》，《人民日报》2016 年 1 月 13 日第 1 版。

　　由表 3-1 可知，习近平总书记站在党和国家事业全局的高度和以人民为中心的立场上，熟练运用马克思主义立场、观点和方法深刻把握了新时代反腐败斗争的形势和廉政治理效能。2012 年 11 月至 2017 年 10 月的 5 年时间内，反腐败斗争形势从严峻、复杂，腐败和反腐败两军对垒到压倒性态势已经形成并巩固发展。党的十九大以来，反腐败斗争形势从取得压倒性胜利，再到巩固和发展反腐败斗争压倒性胜利、取得历史性成就的跨越式发展，直接反映了新时代中国廉政治理取得的巨大进步和辉煌成就，全景展现了中国廉政治理的光明前景。同时，习近平总书记也冷静指出，存量还未清底，增量仍有发生，提醒全党反腐败斗争永远在路上。

二、国内学术界对新时代反腐败斗争形势的认识

　　反腐败斗争形势往往表现为腐败力量和反腐败力量的对比关系。国内专门研究腐败和反腐败的学者们考察了不同历史阶段中国腐败治理的效能和反腐败斗争形势，从不同角度和方面肯定了社会主义革命建设时期、改革开放新时期和中国特色社会主义新时代的反腐败效果。关于新时代的廉政治理效果，学者们一致认为，党的十八大以来，"反腐败机构通过全面清理案件线索，系统反腐，'不敢腐'的官场新生态'初见成效'"，[①] 党的十九大以来反腐败斗争由形成、巩固和发展压倒性态势转变为已经取得压倒性胜利。当前反腐败斗争压倒性胜利的特点，既表现为腐败力量的客观存在性，又表现为反腐败力量的高度组织性和人民性、反腐败斗争

---

① 毛昭晖：《廉政新常态与反腐法治化》，《河南社会科学》2015 年第 6 期。

的压倒性。[①]

三、人民群众对新时代反腐败斗争形势的评价

国家统计局开展的全国党风廉政建设民意调查数据显示，党的十八大召开前人民群众对党风廉政建设和反腐败工作的满意度是75%，2013 年是 81%，2014 年是 88.4%，2015 年是 91.5%，2016 年是 92.9%，明显逐年走高。4 年间，满意度提升了 17.9%，2017 年继续升高到 93.9%。[②] 根据中国社会科学院中国廉政研究中心课题组2018 年调查，80.4% 的城乡居民认为最近一年腐败现象与之前相比"大幅减少"和"有所减少"，而认为"大幅增加"和"有所增加"的城乡居民仅占 5.9%，表明大多数群众感觉增量腐败呈现出下降趋势。83.7% 的城乡居民认为目前的"腐败得到有效遏制"和"腐败在一定范围内遏制"。[③] 而 2020 年的调查结果则显示，超八成的城乡居民认为最近一年腐败现象与之前相比"明显减少"或"略有减少"，超九成居民对今后 5—10 年党风廉政建设和反腐败斗争有信心。[④] 需要指出的是，该课题组已经连续 10 年开展相关的民众调查。持续的调查结果显示，绝大多数城乡居民对新时代党和政府反腐成效充分肯定，对未来廉政治理的效能充满期待和信心。

[①] 李斌雄、徐芳琳：《反腐败斗争取得压倒性胜利的形势与对策分析》，《廉政文化研究》2019 年第 6 期。

[②] 李雪勤：《把"清廉中国"建设作为反腐败国家战略》，《检察日报》2018 年 11 月 6 日第 8 版。

[③] 王京清、孙壮志：《中国反腐倡廉建设报告 NO.8》，社会科学文献出版社 2018 年版，第 3 页。

[④] 《反腐倡廉蓝皮书：超 8 成城乡居民认为近一年腐败现象有所减少》，见 https://www.thepaper.cn/newsDetail_forward_12874696。

四、国际社会对新时代中国反腐败斗争形势的判断

绝大部分国（境）外学者认为，当前中国作为发展中国家正处于全面建设现代化的历史进程中，经济社会快速发展与腐败现象高发并存是中国现阶段的主要特征，中国大陆多年的廉政建设取得了一定效能。魏德安分析，"中国不间断的反腐斗争虽未使腐败案件大幅下降，但的确产生了积极的影响。在一个非常基本的水平上，它防止了腐败演变到失控的地步。"[①] 国际社会其他领域人士对于中国防治腐败工作的效果也给予了积极评价。加州大学伯克利分校博士陆曦（Xi Lu）、加州大学伯克利分校政治学系助理教授彼得·洛伦森（Peter Lorentzen）指出，习近平主席开展的反腐败工作，被认为是 25 年来对中国官场最大的一次冲击。这次反腐败运动与以往不同，它使大规模的、各个级别的公职人员落马，这些落马的公职人员中既有精英"老虎"，也有普通"苍蝇"。[②] 美国库恩基金会主席罗伯特·库恩表示，中国共产党开展的反腐败斗争，加强了对官员权力的制约和监督，提高了党员修养，使之成为道德与诚信的模范，对中国建设文明和谐社会具有重大的意义。法国巴黎第八大学教授皮埃尔·皮卡尔说，中国近年来的反腐败斗争符合人民的期望，取得了显著成果。它提高了社会治理的透明度，有助于促进社会公平正义，并为中国深化改革、实现长期稳定和发展提供保障。[③]

国际反腐败组织"透明国际"自 1995 年以来每年发布的清廉指

---

① ［美］魏德安：《双重悖论》，中信出版社 2014 年版，第 15 页。

② 转引自潘春玲、过勇：《海外学者对党的十八大以来中国反腐败工作的评价》，《广州大学学报（社会科学版）》2018 年第 1 期。

③ 《坚定反腐决心　经验值得借鉴——国际社会高度评价中国制度反腐取得显著成效》，中央纪委国家监委网站，见 https://www.ccdi.gov.cn/yaowen/202001/t20200114_207743.html。

数也能够反映中国反腐败的效果。因为每年参评的国家数不尽相同，所以得分相较于排名更具有说服力，更具参考价值。1995 年中国的得分为 2.2，而 2020 年中国的得分为 4.2，几乎增长了 1 倍，这显然是我国廉洁度的一个巨大提升。

表 3-2　1995—2020 年中国的清廉指数（CPI）排名与得分 [①]

年份	国家数	排名	得分
2020	180	78	4.2
2019	180	80	4.0
2018	180	87	3.9
2017	180	77	4.1
2016	176	79	4.0
2015	168	83	3.7
2014	174	100	3.6
2013	177	80	4.0
2012	176	80	3.9
2011	183	75	3.6
2010	178	78	3.5
2009	180	79	3.6
2008	180	72	3.6
2007	179	72	3.5
2006	163	70	3.3
2005	158	78	3.2
2004	145	71	3.4

① 数据来源：透明国际组织网站 www.transparency.org。说明：透明国际清廉指数的积分标准在 2012 年有所变化，2012 年之前满分为 10 分，2012 年及之后满分为 100 分，为了比较的方便，我们将 2012 年及以后的得分统一除以 10。

年份	国家数	排名	得分
2003	133	66	3.4
2002	102	59	3.5
2001	91	57	3.5
2000	90	63	3.1
1999	99	58	3.4
1998	85	52	3.5
1997	52	41	2.9
1996	54	50	2.4
1995	41	40	2.2

　　折线图可以更为清晰地呈现出这 26 年中我国的廉洁状况以及未来的发展趋势（见图 3-1）。

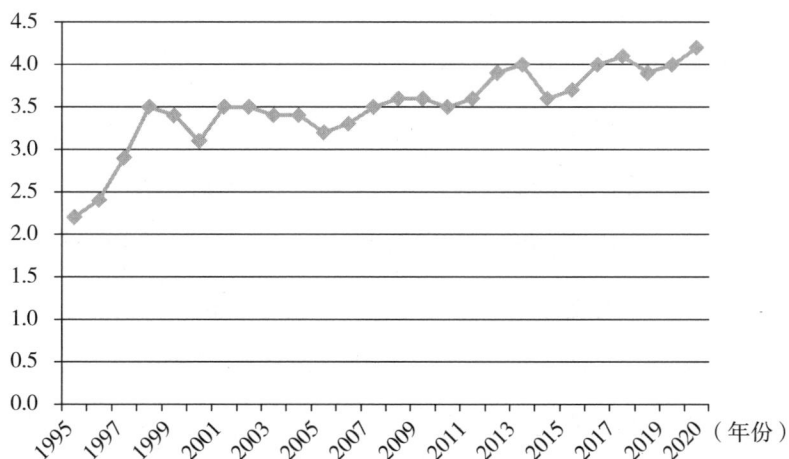

图 3-1　1995—2020 年中国清廉指数得分

　　由图3-1可见，我国反腐败斗争成效呈波浪式上升，发展势头良好。最近若干年中2012年和2014年有较大波动。2012年，中国特色社会主义进入新时代，中国在透明国际清廉指数上的得分有一个较大的提升。2014年，随着大量腐败案件的披露和一大批腐败分子受到党纪国法的惩处，部分商人、学者及风险分析人员对中国腐败状况的观察和感受出现了一定偏差，中国的得分和排名都有所下滑。2015年之后，中国的得分和排名再次上升，2021年的得分更是高达4.5，这是迄今为止中国廉洁指数的最高值。这表明，新时代中国廉政治理的发展与进步得到了国际社会的认可。

　　全面认识和科学评价中国廉政建设的成效和反腐败斗争的形势，既是一个涉及对新中国70多年反腐倡廉史认识、评价的历史问题，也是一个牵涉当前和今后的廉政治理设计、推进的现实政治问题，更是一个涵盖对形势把握、判断的严肃理论问题。要准确认清这一问题，需要马克思主义这一科学方法论的指导。梳理马克思主义关于廉政治理效能和反腐败斗争形势的论述，可以发现主要包含两个方面的内容。第一，关于廉政治理目标。这是马克思主义经典作家和当代中国共产党人都重视的问题。具体又分为三个层次：第一个层次是具体的微观目标。包括惩处的人数、级别；找到将消极腐败现象减少到最低限度的路子；建立惩防体系等。第二个层次是中观目标。主要包括：克服主观主义、宗派主义、官僚主义；建立廉洁政府；搞好党风和社会风气；提升执政能力，永葆党的先进性和纯洁性等。第三个层次是宏观目标。主要包括：保持政权社会公仆的本色，实现廉洁政治；巩固执政地位，完成执政使命；维护和实现最广大人民的根本利益。

　　第二，关于廉政治理效能和反腐败斗争的总结和评价。总体来看，马克思主义者总是全面、客观、一分为二地评价前一阶段廉政治理的效果和反腐败斗争的形势。既充分肯定成绩，又严肃指出问题，而且对问题出现的原因作了深入的剖析。一是腐败现象本身产生和蔓延的社会历史条件决定了反腐败的长期性、复杂性和艰巨性；二是对腐败现象的重视不够，警惕性不高；三是反腐的措施不力：对干部疏于教育、疏于管理、疏于监督；形式主义严重；工作不扎实、不深入等。

第三节　我国反腐败斗争面临的任务

党的十八大以来，习近平总书记每年都参加中央纪委全会并发表重要讲话。讲话在总结和肯定前一段时间党风廉政建设和反腐败斗争成绩的同时也会明确指出下一阶段反腐败斗争面临的任务。在十九届中央纪委五次全会上，习近平总书记指出"腐败这个党执政的最大风险仍然存在，存量还未清底，增量仍有发生"，并部署了2021年反腐败斗争的五项具体任务：要以强有力的政治监督，确保党中央重大决策部署贯彻落实到位；要坚定不移推进反腐败斗争，不断实现不敢腐、不能腐、不想腐一体推进战略目标；要毫不松懈纠治"四风"，坚决防止形式主义、官僚主义滋生蔓延；要持续整治群众身边腐败和作风问题，让群众在反腐"拍蝇"中增强获得感；要完善党和国家监督体系，使监督融入"十四五"建设之中。[①]讲话中，有两点尤其值得注意：一是"存量还未清底，增量仍有发生"这一全新的形势和任

① 习近平：《充分发挥全面从严治党引领保障作用　确保"十四五"时期目标任务落到实处》，《人民日报》2021年1月23日第1版。

务判断。实际上，这一判断是对改革开放以来特别是新时代腐败现象、腐败形势和反腐形势的总判断，是制定廉政政策和举措的重要依据。另外，这一判断也指明了未来一段时间反腐败斗争的方向和总任务，即清底存量，遏制增量。二是"不断实现不敢腐、不能腐、不想腐一体推进战略目标"这一明确的具体任务。从实现的路径和策略看，"清底存量、遏制增量"必然要求逐步实现不敢腐、不能腐、不想腐。由此可以看出，一体推进不敢腐、不能腐、不想腐是新时代反腐败的重大战略目标，是反腐败的基本方针，是全面从严治党的重要方略。"清底存量、遏制增量"是新时代反腐败的总任务。逐步实现不敢腐、不能腐、不想腐是新时代反腐败的阶段性具体任务。

一、强化不敢腐的震慑

党的十八大以来，以习近平同志为核心的党中央"坚持无禁区、全覆盖、零容忍，坚持重遏制、强高压、长震慑，坚持受贿行贿一起查"，[①] 以壮士断腕的勇气和抓铁留痕的韧劲强力推进反腐败斗争，始终保持惩治腐败高压态势。党的十八大到十九大的 5 年时间里，全国纪检监察机关共立案 154.5 万件，处分 153.7 万人，其中省军级以上及其他中管干部 440 人、厅局级干部 8900 余人、县处级干部 6.3 万人，反腐败斗争压倒性态势已经形成并巩固发展。[②] 党的十九大以来，又有一大批腐败分子被查处，受到党纪政务处分和国家法律的惩处。从

---

① 习近平：《决胜全面建成小康社会　夺取新时代中国特色社会主义伟大胜利——在中国共产党第十九次全国代表大会上的报告》，人民出版社 2017 年版，第 67 页。

② 《十八届中央纪律检查委员会向中国共产党第十九次全国代表大会的工作报告》，《人民日报》2017 年 10 月 30 日第 2 版。

2012 年 12 月到 2021 年 5 月，在党中央坚强领导下，纪检监察机关共立案审查、调查省部级以上领导干部 392 人、厅局级干部 2.2 万人、县处级干部 17 万余人、乡科级干部 61.6 万人；查处落实中央八项规定精神不力问题、"四风"问题 62.65 万起。① 与此同时，也要冷静地看到，部分腐败分子在党的十八大之后甚至是十九大之后依然不收敛、不收手，继续行贿受贿、违法乱纪，严重影响党的路线方针政策的执行，严重危害党的执政基础和执政根基。十八届中央纪委四次全会首次把严查"十八大后不收敛、不收手"问题写入全会报告。在对秦玉海、隋凤富、武长顺等中管干部处分的通报中，首次使用"十八大后仍不收敛、不收手"的表述。此后，该表述在各级纪委的处分通报中频繁出现。

另外，从信访举报、巡视巡察、监督检查、审查调查等情况看，当前和今后一段时期腐败的渗透面、波及面依然很大，造成的负面影响依然很广。这里仅根据巡视巡察情况作简要分析。党的十九大之后，2018 年 2 月到 2021 年 5 月，党中央已经开展了七轮巡视。在每一轮的中央巡视组反馈意见中，都有"收到反映一些领导干部的问题线索"②的表述。按照干部管理权限，这些问题线索大部分反映的是省部级领导干部违纪违法、贪污腐败的问题线索。在十八届中央、十九届中央和地方党组织如此密集和大力度地强化巡视巡察，强化打击震慑的情况下，依然出现新的腐败现象和腐败问题，反映出"增量仍有发生"，不敢腐问题没有完全解决，反腐败依然在路上。这也从一个侧

---

① 姜洁：《党的各方面事业取得辉煌成就》，《人民日报》2021 年 6 月 2 日第 5 版。

② 《十九届中央巡视工作专题》，中央纪委国家监委网站，见 https://www.ccdi.gov.cn/special/19zyxsgz/index.html。

面证明，要继续强化不敢腐的震慑。

二、扎牢不能腐的笼子

制度问题更带有根本性、全局性、稳定性和长期性。新中国 70
多年的反腐败实践进程，反腐败成功的国家和地区的经验均告诉我
们，要控制腐败、清底存量、遏制增量，必须将权力关进制度的笼子
里，用制度管权、管事、管人。反腐倡廉法规制度"在党风廉政建设
中具有规范引导、控制约束、警戒告诫、惩罚威慑的作用"①。习近平
总书记一贯注重制度建设效能及其执行力问题，强调"好的法规制度
如果不落实，只是写在纸上、贴在墙上、编在手册里，就会成为'稻
草人'、'纸老虎'"。② 在扎牢不能腐的笼子方面，还有两项具体而重
要工作需要完成。

第一，加快形成全覆盖的党内法规制度体系。权力任性、滥用
是腐败的重要肇因。在当代中国党政体制下，党内法规制度体系是遏
制权力滥用，保障权力用来为人民利益和公共利益服务的重要制度保
障。"加快形成覆盖党的领导和党的建设各方面的党内法规制度体系"
是党的十九大提出的重大政治任务，对推进廉政建设、纪律建设和
全面从严治党具有关键作用。经过长期实践探索，党内法规制度形成
"1+4"的基本框架，即在党章之下划分出"党的组织法规制度、党的
领导法规制度、党的自身建设法规制度和党的监督保障法规制度"四
个板块。2018 年 2 月印发的《中央党内法规制定工作第二个五年规划

---

① 中共中央文献研究室：《习近平关于全面从严治党论述摘编》，中央文献出版社 2016 年
版，第 188 页。
② 中共中央文献研究室：《习近平关于全面从严治党论述摘编》，中央文献出版社 2016 年
版，第 189 — 190 页。

（2018—2022年）》提出在党的组织法规方面有11个重点项目，在党的领导法规方面有16个重点项目，在党的自身建设法规方面有7个重点项目，在党的监督保障法规方面有11个重点项目需要制定或完善。具体而言，即与扎牢不能腐的笼子关系密切的党内法规，在党的组织法规方面主要有党内选举制度、议事决策制度、中国共产党中央委员会、纪律检查委员会、地方委员会、基层组织工作法规制度等；在党的领导法规方面主要有经济工作、法治工作、群团工作、人才工作、军事工作、宣传工作、意识形态工作、文化工作、新闻舆论工作、思想政治工作等法规制度；在党的自身建设法规方面主要有提高科学执政、民主执政、依法执政能力，党员学习教育、干部教育培训，党委（党组）中心组学习、党史工作制度，干部宏观管理、选拔任用、职务任期、交流回避，党员、干部直接联系群众，干部待遇，防止利益冲突等法规制度；在党的监督保障法规方面主要有纪检监察机关派驻监督、党员领导干部考核、党组织处理、纪律检查机关处理党员申诉、检举、控告工作等法规制度。以上法规制度均要抓紧制定或修订、完善并贯彻实施。

第二，构建更加协调的纪法衔接体系。执政党在带领人民进行国家建设的过程中，为有效维护经济、社会秩序，保障公民合法权利、权益，通过国家立法机关制定了《宪法》和其他法律法规。同时，执政党为组织、团结和领导全体党员统一行动，也制定了《党章》、党的纪律和其他党内法规。在国家治理体系和执政党内部治理体系中，党的纪律和国家法律均是重要的构成要件。如何厘清两者的关系，如何让两者高效协同成为各国执政党必须深入思考和妥善处理的重大课题。党的十八大以来，国家监察体制改革从试点到深入推进，党的纪律检查工作和国家监察高度融合，形成了党纪反腐、监察反腐、司法反腐并列的格局。在具体实践中，逐步形成了纪律和法律"双笼关虎"的态势。中国的反腐败也逐步找到了正确处理纪律和法律关系的基本原则：纪严于法，纪在法前，纪法分开，纪法贯通。"纪严于法、纪在法前"的理念让党的纪律要求和执行设定在法律前面，设定党员不可触碰的底线，让党的纪律管住绝大多数党员和领导干部，体现党的先进性和纯洁性，发挥党的纪律的规范功能、惩戒功能、政治功能和社会功能。"纪法贯通"既体现了纪律监督和法律监督部分监督对象具有重合性、目标追求具有一致性，又体现了执纪执法流程的协作性。当前，纪法衔接还存在衔接力度不够，纪委监委内部融合程度不高，纪检监察机关与司法机关相互制约监督不力，监察法与其他法律衔接不畅等问题。要继续扎牢不能腐的制度笼子，还需要在立法层面特别是文本层面继续突出纪法衔接，加强纪检监察机关内部的思想融合、力量融合和工作融合，在国家政治框架内合理设置纪检监察机关和司法机关的权力内容和权力边界，形成高效的相互制约监督关系，专业处理好监察法与其他法律畅通的问题。

三、增强不想腐的自觉

不想腐是反腐败的较高目标，也是公职人员应该坚守的为官底线和职业红线。在不想腐的维度上，党的十八大以来，党中央通过党的群众路线教育实践活动、"三严三实"专题教育、"两学一做"学习教育、"不忘初心、牢记使命"主题教育、党史学习教育等一系列全党集中教育活动和理想信念教育、党规党纪教育、廉洁自律教育等一系列专题式、渗透式、常态化教育，不想腐取得了重大战略成果。然而，部分党员干部"在自私人性人欲的天性使然下萌发腐败念头、放松对主观世界的改造滋生腐败念想、受到外界不良环境的影响孳生腐败意念"。[①] 在推进反腐败的过程中，不想腐是必须达成的任务和目标。实际上，不想腐有着充分的理论依据、历史依据和现实依据。党员领导干部和公职人员实现不想腐具有可能性、现实性和可靠性。

在全面建设社会主义现代化国家新征程中，实现不想腐的任务需要在强化党员领导干部和公职人员的理想信念、从政道德方面着力。在反腐败取得历史性成就和压倒性胜利的前提下，在清底存量、遏制增量的关键阶段，要高度关注党员特别是领导干部的思想精神状态和作风行为状态。要真正实现海晏河清、朗朗乾坤，就必须让绝大多数领导干部和公职人员真正树立坚定的理想信念，正确行使手中的公共权力，践行为民服务的宗旨，实现从不敢腐、不能腐到不想腐。私有制、市场经济以及剥削阶级的思想文化影响依然存在，封建主义腐朽思想文化和资产阶级思想文化依然侵蚀着人们的思想行为，滋生腐败的土壤长期存在。[②] 在这种现实状况下，公职人员能否廉洁自律，最大的、最难战胜的敌人就是自己。一个人如果战胜不了自己，制度设计得再缜密，也会"法令滋彰，盗贼多有"。[③] 因此，补足共产党人精神上的"钙"，把好世界观、人生观、价值观"三观"的"总开关"，牢固确立正确的权力观、地位观、家庭观和利益观，依然是实现不想

---

① 江小燕、李斌雄：《实现不想腐的理论依据、障碍因素和路径探讨》，《思想政治教育研究》2017 年第 1 期。

② 李斌雄、徐芳琳：《反腐败斗争取得压倒性胜利的形势与对策分析》，《廉政文化研究》2019 年第 6 期。

③ 中共中央纪律检查委员会、中共中央文献研究室：《习近平关于党风廉政建设和反腐败斗争论述摘编》，中央文献出版社、中国方正出版社 2015 年版，第 145 页。

腐的不二法门。同时，还需要强化纪律教育、警示教育，加强廉洁文化、廉政文化、党内政治文化建设，保证教育和建设的效果，让教育、建设的成果真正内化于心、外化于行。

第四章　一体推进不敢腐、不能腐、不想腐战略的形成过程

　　一体推进不敢腐、不能腐、不想腐战略是新时代以习近平同志为核心的党中央立足于中华民族伟大复兴的战略全局和世界百年未有之大变局，根据新时代反腐败的形势和任务，继承中国共产党百年反腐历史经验特别是改革开放新时期反腐败的经验，借鉴国（境）外反腐败成功的举措而提出的反腐败战略。这一战略具有严密逻辑性、现实针对性和长久指导性。一体推进不敢腐、不能腐、不想腐战略的明确提出和丰富发展是同新时代反腐败的实践进程同步的，是一个密不可分的统一整体。新发展阶段，要完善贯彻一体推进不敢腐、不能腐、不想腐战略的措施。

第一节　不敢腐、不能腐、不想腐的提出

　　腐败是政治癌症和社会毒瘤，对各国经济社会发展带来长期负面影响。经过与腐败的长期斗争，人类社会逐步找到了治理腐败的战略和策略。进入 21 世纪，系统化、科学化与精细化是世界各国反腐败的大趋势。党的十八大以来，以习近平同志为核心的党中央科学总结

新中国成立以来特别是改革开放以来反腐败斗争的历史经验，深刻把握新时代腐败治理的规律，根据腐败和反腐败形势，提出了不敢腐、不能腐和不想腐的战略目标。党的十八届四中全会正式在中央文件中提出"形成不敢腐、不能腐、不想腐的有效机制"，为我国反腐败工作的系统化和科学化指明了方向。在反腐败斗争取得压倒性胜利但反腐败形势依然严峻复杂的背景下，实现不敢腐、不能腐、不想腐三位一体、协同发力，以巩固发展反腐败斗争压倒性胜利，最终实现清廉中国，是新时代、新发展阶段的重大使命。

一、不敢腐的提出

不敢腐的提出有着深刻的时代背景和实践背景。党的十八大之前，改革开放新时期的反腐败取得了显著成绩，整体上保持和发展了党的先进性、纯洁性，保障了中国特色社会主义事业的顺利推进。但是，反腐败形势依然严峻，反腐败领域有些问题长期存在，危及党的执政基础和群众基础。对此，习近平总书记有清醒的认识和冷静判断。在党的十八大闭幕后的记者招待会上，习近平总书记明确指出："党内存在着许多亟待解决的问题。尤其是一些党员干部中发生的贪污腐败、脱离群众、形式主义、官僚主义等问题，必须下大力气解决"。[1]党的十八大之后，习近平总书记在不同场合进一步指出了党内存在的问题和反腐败斗争存在的不足。在干部监督方面，相当一部分党组织习惯于把防线只设置在反对腐败上，认为只要干部没有腐败问题，其他问题就都可忽略不计，没有必要加

---

① 习近平：《人民对美好生活的向往，就是我们的奋斗目标》，《十八大以来重要文献选编（上）》，中央文献出版社2014年版，第70页。

以追究，也不愿意加以追究。① 这就明确指出了干部监督领域存在的范围过窄、要求过低等问题。党的十八大之后，一些腐败分子一意孤行，依然没有收手，甚至变本加厉。一些腐败分子贪腐胃口之大、数额之巨、时间之长、情节之恶劣，令人触目惊心！有的地方甚至出现了"塌方式腐败"！② 这段话表明，党的十八大之后部分腐败分子依然没有收敛、依然恣意妄为，不畏惧党纪国法。习近平总书记的相关论述深刻表明了党的十八大前后，党内治理尤其是腐败治理存在的一个严重问题就是部分党员、干部受到的监督过少、过软，因此继续贪腐。用果敢的决心、雷霆的举措、严明的纪律、严肃的刑罚惩处各类腐败分子和腐败现象的"不敢腐"战略便呼之欲出。

党的十八大闭幕后不久，以习近平同志为核心的党中央就明确提出了治理腐败的不敢腐战略。2013 年 1 月，习近平总书记在十八届中央纪委二次全会上指出："要加强对权力运行的制约和监督，把权力关进制度的笼子里，形成不敢腐的惩戒机制、不能腐的防范机制、不易腐的保障机制。"③ 这是习近平总书记首次提出不敢腐的惩戒机制、不能腐的防范机制的战略设计和构想，也是首次将不敢腐、不能腐结合在一起进行阐述。此时，习近平总书记把握住腐败治理的关键要素和核心问题——惩戒，着力解决腐败存量和增量的问题，以此为威

---

① 中共中央纪律检查委员会、中共中央文献研究室：《习近平关于严明党的纪律和规矩论述摘编》，中央文献出版社、中国方正出版社 2016 年版，第 22 页。

② 中共中央纪律检查委员会、中共中央文献研究室：《习近平关于党风廉政建设和反腐败斗争论述摘编》，中央文献出版社、中国方正出版社 2015 年版，第 25 页。

③ 习近平：《更加科学有效地防治腐败 坚定不移把反腐倡廉建设引向深入》，《人民日报》2013 年 1 月 23 日第 1 版。

慑，让那些心存侥幸、还想搞腐败活动的人心存畏惧，[①]不敢伸手，不敢腐败。

二、不能腐的提出

不能腐的提出也有着多维的动因。改革开放以来，腐败问题一直是影响经济社会发展和威胁执政党执政基础的最大负面因素。腐败现象在党政机关、企事业单位、经济社会组织、民营企业中不断蔓延的重要肇因就是法律、制度存在漏洞，监督体系不健全，监督权落实不到位。这些问题直接导致大量腐败机会的出现。这些腐败机会有些是利用现有的制度，有些则是依赖为了腐败而创设出的新制度。有学者称这种新制度为"设计的腐败"。[②]制度上存在漏洞，制度不被执行或者在执行中被扭曲，制度缺乏激励，甚至制度本身就包含腐败机会或对腐败行为产生激励[③]等都会导致腐败机会的出现或增加。这种现象在现实生活中被描述为"牛栏关猫"。根据制度预防理论，大量腐败机会的出现，加上理性人的最大化动机，就极易出现腐败行为。作为遏制腐败机会出现的重要手段，以完善法律、纪律、制度，强化对公职人员的制约监督为主要内容的不能腐战略就应运而生。

前文分析已经指出，习近平总书记在十八届中央纪委二次全会上首次提出了不能腐的概念，并将之定位为"防范机制"。"防范"这一

---

①　中共中央文献研究室：《习近平关于协调推进"四个全面"战略布局论述摘编》，中央文献出版社 2015 年版，第 147 页。

②　Melanie Manion, *Corruption by Design*, Harvard University Press, Cambridge, Massachusetts and London, 2004.

③　任建明、杜治洲：《腐败与反腐败：理论、模型和方法》，清华大学出版社 2009 年版，第 109 页。

功能指明了不能腐的战略目标和价值旨归。切实做到了不能腐，也就能很好地防范各类腐败现象和腐败行为的出现和蔓延。此后，在习近平总书记各个场合的讲话和中央政策文件中，"三不"出现的频次越来越高。不能腐在"三不"中占据了重要的位置，最终成为不敢腐、不能腐、不想腐战略的重要组成部分。

三、不想腐的提出

不想腐是腐败治理的高层次目标和任务。只有大部分官员真正认清自己的初心和职责，坚定自己的政治信仰，提升自身的道德境界，才能从内心深处认识腐败的危害，自觉抵制腐败现象和行为。习近平总书记深刻洞悉治理腐败必须达到这一目标才能换来海晏河清、朗朗乾坤。他曾冷静地指出，在党员干部队伍建设方面，党的健康肌体也感染了不少病菌，一些党员、干部在理想信念、思想政治素质、工作能力、作风状况上都处于亚健康状态，人民群众还有不少意见。[①] 针对这些问题，习近平总书记将思想建党、理论强党作为推进全面从严治党和加强党的建设的核心理念和重要原则，把思想教育和理论武装作为加强和规范党内政治生活的首要任务，突出强调把坚定理想信念作为党的思想建设的首要任务，特别强调马克思主义是中国共产党人理想信念的灵魂。通过净化思想、武装理论和坚定信念，各级党员、干部能够深化、提高认识，践行初心使命，自觉抵制腐败。

早在 2014 年 6 月，习近平总书记在中央政治局常委会听取中央巡视工作领导小组 2014 年中央巡视组首轮巡视情况汇报时就提出了

---

① 中共中央纪律检查委员会、中共中央文献研究室：《习近平关于党风廉政建设和反腐败斗争论述摘编》，中央文献出版社、中国方正出版社 2015 年版，第 22 页。

不想腐的战略：实现不敢腐、不能腐、不想腐，要把制度篱笆扎起来。①这是首次提出不想腐战略。而且，习近平总书记不是单独地提出不想腐战略，而是将不敢腐、不能腐、不想腐第一次放在一起进行阐述，表明这一整体战略已经初步成型。随后，《在庆祝全国人民代表大会成立六十周年大会上的讲话》中，习近平总书记专门指出，要坚持用制度管权管事管人，抓紧形成不想腐、不能腐、不敢腐的有效机制，让人民监督权力，让权力在阳光下运行，把权力关进制度的笼子里。②这是习近平总书记首次提出"不想腐、不能腐、不敢腐的有效机制"这一概念和目标。此时，习近平总书记将不想腐置于"三不"之首，体现了"不想腐"在"三不"中的重要位置。

第二节　不敢腐为不能腐、不想腐赢得时间的策略

　　一体推进不敢腐、不能腐、不想腐是新时代廉政治理和全面从严治党的重要方略。这一方略内部是相互依存、层层递进的关系。其中，不敢腐是前提和基础，为不能腐、不想腐打下基础、赢得时间。不敢腐为不能腐、不想腐赢得时间具有政治理性、理论依据和现实依据，在实践中取得了良好的效果。

一、不敢腐为不能腐、不想腐赢得时间的策略的理论依据

　　不敢腐为不能腐、不想腐赢得时间的策略具有坚实的理论基础和

①　中共中央纪律检查委员会、中共中央文献研究室：《习近平关于党风廉政建设和反腐败斗争论述摘编》，中央文献出版社、中国方正出版社 2015 年版，第 100 页。

②　习近平：《在庆祝全国人民代表大会成立六十周年大会上的讲话》，《光明日报》2014年 9 月 6 日第 2 版。

理论依据。不同的社会科学理论和方法能够为这一策略提供理论支撑。

第一，马克思主义党性修养理论是不敢腐为不能腐、不想腐赢得时间的重要理论来源。马克思主义政党的性质宗旨、组织原则、纪律规范和奋斗目标都要求党员、干部加强党性修养，开展党性锻炼。腐败行为、现象是同马克思主义政党的原则、立场，共产党人的党性格格不入的。政治上有教养的人是不会贪污受贿的。①在社会主义市场经济条件下，在世情、国情、党情发生深刻变化的背景下，消极腐败的危险更加尖锐地摆在了全党面前。党性教育是共产党人修身养性的必修课，也是共产党人的"心学"。②面对这种局面，通过在党员、干部中开展扎实的党性教育，让所有党员、干部明确自己的身份选择、职责使命、纪律要求，是廉政治理的必然选择。党性教育不仅能让廉洁的党员、干部继续保持不想腐的状态，还能让蠢蠢欲动的党员、干部不敢腐、不想腐。党员、干部的党性修养遵循循序渐进、逐步上升原则。党员、干部的党性修养不是一蹴而就、一劳永逸的。大量情况表明，领导干部的党性修养并不会因为党龄的增长而必然增强，其道德修养、思想境界也不会因为职务的升迁而自然提升。③因此，在党员、干部的党性教育的过程中，通过党的路线方针政策和形势任务教育、法律知识教育、反腐倡廉教育让党员、干部不敢腐，通过党章党规纪律教育、规矩制度教育，让党员、干部不能腐；通过理想信念教育、党史国史教育、党的优良传统和作风教育、社会主义核心价值观

---

① 《列宁选集》第四卷，人民出版社1995年版，第588页。
② 习近平：《在全国党校工作会议上的讲话》，人民出版社2015年版，第17页。
③ 习近平：《领导干部要认认真真学习　老老实实做人　干干净净做事》，《学习时报》2008年5月26日。

教育让党员、干部不想腐。党性修养、党性教育逐步上升、循序渐进的原则在实践中体现为从对党员、干部的工作态度、工作实绩、外在行为的规范逐步深入到对党员、干部理想信念、思想认识、价值追求的引导上来。在廉政治理中，这一原则体现为规范党员、干部认真执行党的纪律和规矩，模范遵守宪法和法律，做到不敢腐；规范党员、干部严格执行各项规章制度和工作程序，廉洁从政、用权，做到不能腐；引导党员、干部廉洁修身、齐家，自觉抵制各种腐朽思想和行为的侵蚀，做到拒腐蚀永不沾、不想腐。

第二，制度预防腐败理论给不敢腐为不能腐、不想腐赢得时间提供理论分析框架。制度预防腐败理论借鉴了行为科学中行为主体的界定，人的需要、动机和行为之间的关系以及新制度经济学的基本思想、具体分析方法，[①]能够给反腐败战略和不敢腐为不能腐、不想腐赢得时间提供解释框架。反腐败成功的国家和地区采取的反腐败战略主要包括惩治、教育和预防。制度预防腐败理论认为，反腐败的政策要综合考虑腐败动机、腐败机会和腐败行为三个要素。教育、惩治、预防都具有重要的地位价值，必须把三者都纳入反腐败政策体系中，形成一个相互补充的整体。试图只做到"三不"中的一个或者短时间内完全、迅速实现"三不"都是不现实的。惩治这一对策能够惩戒已经发生的腐败行为、发现腐败发生的原因特别是权力的滥用、制度的漏洞，为监督权力的使用、弥补制度的漏洞提供支撑和帮助。这就为减少腐败机会、实现不能腐创造了条件。另外，惩治这一对策还能震慑潜在的腐败行为主体，让其因为害怕而不敢腐败。因此，惩治能够弱

①　参见任建明、杜治洲：《腐败与反腐败：理论、模型和方法》，清华大学出版社2009年版，第102—107页。

化腐败动机，为不想腐打下一定的基础。由此可以看出，惩治腐败分子，让潜在腐败行为主体不敢腐败，不仅能够促进不能腐，而且能推动不想腐。制度预防腐败理论通过反腐败政策对腐败动机、腐败机会和腐败行为的影响的分析，较为科学地解释了不敢腐为不能腐、不想腐赢得时间的策略。

二、不敢腐为不能腐、不想腐赢得时间的策略的现实依据

有学者认为，不敢腐为不能腐、不想腐赢得时间的策略具有政治理性。[①]党的十八大之前，不正之风和腐败问题严重侵蚀党的肌体。面对这一局面，党中央决定以作风建设和廉政治理为突破口，狠抓各类违纪违法问题，严惩腐败分子，发挥重典治乱的震慑作用，为建章立制、完善党内法规和国家法律、提升公职人员的思想境界和道德水准，为最终实现不敢腐、不想腐打下基础、赢得时间。这一方案的现实依据在于：

第一，党内、政府中和社会上存在的腐败现象亟须大力整治。党的十八大之前存在巨大的腐败存量，党的十八大之后还出现了一定规模的腐败增量。从党的十八大到党的十九大的 5 年时间里，经党中央批准立案审查的省军级以上党员干部及其他中管干部 440 人。全国纪检监察机关立案 154.5 万件，处分 153.7 万人，其中厅局级干部 8900 余人、县处级干部 6.3 万人。涉嫌犯罪被移送司法机关处理 5.8 万人。[②]由此可以看出，腐败分子数量之大、分布之广。党的十九大以来，仍有数量众多的腐败官员被查处。2020 年，中央纪委国家监委立案审查

---

① 郑永年：《运动型反腐败符合政治理性》，《当代社科视野》2014 年第 9 期。
② 《中国共产党第十九次全国代表大会文件汇编》，人民出版社 2017 年版，第 137—138 页。

调查中管干部 24 人；全国纪检监察机关共立案 61.8 万件，处分 60.4 万人。全国共查处民生领域腐败和作风问题 12.4 万个，批评教育帮助和处理 17.7 万人，其中给予党纪政务处分 11.1 万人。[①] 有些被查处的腐败分子在党的十八大之前就开始了贪腐行为，有些则是在党的十八大之后甚至党的十九大之后依然不收手、继续腐化堕落。如此庞大的腐败存量和增量，加上"腐败黑数"，给反腐败工作带来极大的挑战。如果不分先后、不分轻重，胡子眉毛一把抓，必然带来局面的混乱和工作的低效。如果厘清关键，抓住主要矛盾和矛盾的主要方面，优先抓惩处，以惩处大量腐败官员带动不敢腐，为法规规矩的订立、制度漏洞的完善、灵魂深处的革命、思想境界的升华赢得时间，是务实、合理的选择。

　　第二，建章立制、思想升华需要实践过程。不能腐的关键是建章立制，弥补法规、制度漏洞，减少腐败发生的机会。这是一个既需要顶层设计作出整体宏观部署，又需要前后对照、精细布局施工，还需要发挥钉钉子精神，持续加以推进工程和事业。在党内法规层面，这项工程既涉及旧有、不适应新时代廉政建设和党的建设需要的党内法规的废止，也涉及《关于新形势下党内政治生活的若干准则》《中国共产党党内监督条例》《中国共产党巡视工作条例》《中国共产党党务公开条例（试行）》《中国共产党纪律处分条例》《中国共产党重大事项请示报告条例》《中国共产党党组工作条例》《中国共产党问责条例》等多部重要党内法规的制定、修订。在国家法律层面，

---

　　① 赵乐际：《推动新时代纪检监察工作高质量发展　以优异成绩庆祝中国共产党成立 100 周年——在中国共产党第十九届中央纪律检查委员会第五次全体会议上的工作报告》，中央纪委国家监委网站，见 http://www.ccdi.gov.cn/special/sjj5cqh/sjj5cqh_yw/202103/t20210316_237958.html。

这项工程既涉及《行政监察法》等法律的废止，还涉及《中华人民共和国监察法》等多部新法律的制定，《中华人民共和国宪法》《全国人民代表大会组织法》《刑事诉讼法》《人民检察院组织法》《检察官法》等多部法律的修订。这一系列党内法规、国家法律的调整均需要相当专业、细致的工作，需要充分的时间来保障。另外，根据政治分工理论，权力一般分为决策权、执行权、监督权三部分。决策活动、执行活动和监督活动分工是决策、执行、监督三分的逻辑起点；决策职能、执行职能、监督职能分定是决策、执行、监督三分的关键环节；决策责任、执行责任、监督责任分置是决策、执行、监督三分的核心要素。[①] 适应政治实际需求的决策权、执行权、监督权的分置和制衡关系是不能腐的直接保障条件。要实现监督权的高效，需要持续推进党的纪律检查体制改革、国家监察体制改革、落实主体责任和监督责任、改革巡视巡察制度等重点领域的系统集成改革。这也需要攻坚克难、破除利益固化的藩篱，需要时间的统筹。不想腐的关键是思想境界的提升，而思想的升华、信念的坚定、内心的净化更需要久久为功、持续发力。因此，要实现不能腐、不想腐，必须摒弃急功近利的心态和急于求成的做法，必须保障充足的时间。不敢腐为不能腐、不想腐打下基础、赢得时间的策略正适应了这一实践过程。

三、不敢腐为不能腐、不想腐赢得时间的策略的实施效果

不敢腐为不能腐、不想腐打下基础、赢得时间的策略有利于提

---

① 陈国权等：《权力制约监督论》，浙江大学出版社 2013 年版，第 36—44 页。

高腐败治理效能，在实践中取得了良好的效果，推动反腐败斗争取得压倒性胜利并全面巩固，全面从严治党战略性成果日益显现。从一定意义上来说，即治标为治本赢得时间、赢得民心，标本兼治不断深化。①

第一，大量腐败分子被惩处，不敢腐的威慑不断凸显，是这一策略的突出效果。党的十八大以来，党中央以壮士断腕的勇气和抓铁有痕的韧劲深入推进腐败治理，坚持"老虎""苍蝇"一起打，违规、违纪、违法问题一起查，"四风"土壤、腐败土壤、"黑恶"土壤一起铲，一大批腐败分子被处理。这其中既包括身居高位的省部级官员，也包括群众身边的基层干部，还包括潜逃国（境）外的外逃人员。从党的十八大到十九大的 5 年时间里，被立案审查的省军级以上党员干部及其他中管干部 440 人，平均每年 88 人。2018 年，处分省部级及以上干部 51 人，厅局级干部 3500 余人，县处级干部 2.6 万人，乡科级干部 9.1 万人，一般干部 11.1 万人，农村、企业等其他人员 39 万人。②2019 年，处分省部级干部 41 人，厅局级干部 0.4 万人，县处级干部 2.4 万人，乡科级干部 8.5 万人，一般干部 9.8 万人，农村、企业等其他人员 37.7 万人。③2020 年，处分省部级干部 27 人，厅局级干部 2859 人，县处级干部 2.2 万人，乡科级干部 8.3 万人，一般干部 9.9 万人，农村、企业等其他人员 39.8 万人。④由 2018—2020 年三年的

---

① 《中国共产党第十九次全国代表大会文件汇编》，人民出版社 2017 年版，第 127 页。
② 《中央纪委国家监委通报 2018 年全国纪检监察机关监督检查、审查调查情况》，中央纪委国家监委网站，见 http://www.ccdi.gov.cn/toutiao/201901/t20190108_186570.html。
③ 《中央纪委国家监委通报 2019 年全国纪检监察机关监督检查、审查调查情况》，中央纪委国家监委网站，见 http://www.ccdi.gov.cn/toutiao/202001/t20200117_207914.html。
④ 《中央纪委国家监委通报 2020 年全国纪检监察机关监督检查、审查调查情况》，中央纪委国家监委网站，见 http://www.ccdi.gov.cn/toutiao/202101/t20210125_234753.html。

数据可以发现，每年有数十名省部级干部，数千名厅局级，2万多名县处级，8万多名乡科级干部，近40万名农村、企业等其他人员被处分。各个级别、各个领域、各个行业的腐败分子被查处，彰显了党中央将反腐败进行到底的决心和意志，凸显了新时代高压反腐的态势，对蠢蠢欲动的官员形成强大震慑，不敢腐的目标初步实现。

　　第二，扎紧制度的笼子，不能腐的规范不断细化，是这一策略的显性效果。党的十八大以来，党中央着力加强对公权力的监督和制约，完善权力配置和运行制约机制。按照决策权、执行权、监督权既合理分工又协调制约的原则科学配置权力，提升监督权的权威和地位，确保公权力姓"公"，始终用来为人民服务。加大权力公开力度，坚持分类、分层、分级公开，落实党务公开条例、政府信息公开条例。党的十八大以来，扎紧制度笼子最突出的领域是党内法规制度建设。党内法规形成以党章为基础，包括党的领导、党的组织、党的自身建设、党的监督保障四大板块的制度体系，规范不能腐的党内法规制度体系逐步完善。党内法规清理、解释工作分两阶段完成。第一阶段，2012年7月至2013年9月，清理1978年至2012年6月制定的党内法规和规范性文件。2013年8月，党中央发布《中共中央关于废止和宣布失效一批党内法规和规范性文件的决定》，完成对党内法规和规范性文件的第一次全面系统清理。清理的范围包括1978年至2012年6月中央制定的所有767件法规和规范性文件。第二阶段，2013年10月至2014年12月，清理新中国成立至1978年前制定的党内法规和规范性文件。到2014年年底，党中央部署完成了对第二阶段中央制定的411件党内法规和规范性文件的清理工作。经过两个阶段的清理，党中央共清理党内法规和规范性文件1178件，其中322件在清理中被废止、369 件被宣布失效，二者合计占到 58.7%。党内法规立法步骤大幅加快，《中国共产党党员权利保障条例》《中国共产党地方组织选举工作条例》等一大批重大基础性党内法规制定、实行，不能腐的笼子越扎越牢。

第三，坚定理想信念，不想腐的堤坝不断筑牢，是这一策略的隐性成果。党的十八大以来，党中央坚持理论强党，坚持思想建党与制度治党同向发力，着力用习近平新时代中国特色社会主义思想武装全党。全党先后开展了党的群众路线教育实践活动、"三严三实"专题教育、"两学一做"学习教育、"不忘初心、牢记使命"主题教育和党史学习教育。开展这些学习教育活动的出发点和重要目的就是坚定理想信念，提升党性觉悟，塑造廉洁文化。党员、干部在党性教育和学习教育活动中照镜子、正衣冠，常思贪欲之害，敬畏党纪国法，净化生活圈、交往圈、娱乐圈，养正气、固根本，深化思想淬炼、政治历练、实践锻炼，坚守入党初心和从政初心，自觉抵制腐败文化的侵蚀和腐败行为的纷扰。在实践中，不想腐的精神堤坝越筑越牢。

另外，有学者考察了这一策略在实行过程中对反腐败模式的创新。党的十八大以来的反腐败运动与制度建设取得了有目共睹的成就，并在实践中逐渐形成了"运动 + 制度型"反腐败模式。[1] 反腐败模式的创新，也是这一策略在实践中结出的成果。

---

① 　王冠、任建明：《中国特色反腐败模式的探索与创新：从"运动"到"运动 + 制度"》，《河南社会科学》2020 年第 12 期。

第三节 一体推进不敢腐、不能腐、不想腐战略

一体推进不敢腐、不能腐、不想腐战略的提出经历了一个循序渐进、逐步完善的过程。这一战略是一个系统完整、逻辑严密的科学体系，具有重大理论价值和现实价值。

一、不敢腐、不能腐、不想腐的基本内涵

要深入了解一体推进不敢腐、不能腐、不想腐这一理念原则和战略设计，首先要把握不敢腐、不能腐、不想腐的基本内涵。

（一）不敢腐、不能腐、不想腐的语义学分析

根据《现代汉语词典》的解释，"敢"表示有胆量做某种事情。[①] "不敢"则是对"敢"的否定，即没有胆量做某种、某类事情或从事某种行为。不敢腐，一般指没有胆量从事腐败行为，腐败的核心要义是滥用委托权力谋取私利，反腐败主要针对掌握大大小小委托权力的各类人群。概括而言，不敢腐，是指通过惩处各类腐败分子形成强大的震慑，使潜在的腐败主体没有胆量滥用委托权力谋取私利。

"能"有两种含义。一是表示具备某种能力或达到某种效率，二是表示有条件或情理上许可。[②] "不能"是对"能"的否定，即不具备某种能力、某种条件、某种机会。不能腐，即不具备、达不到腐败的机会、条件、要素。人类几千年的反腐败实践告诉我们，不能腐的关键是建立科学的权力配置关系和结构，加强对权力的制约和监督。通过设置权力、控制权力、限制权力，将权力关进制度的笼子，使权力

---

① 《现代汉语词典》，商务印书馆 2016 年版，第 424 页。
② 《现代汉语词典》，商务印书馆 2016 年版，第 946 页。

只能在规定的轨道上运行，使接受委托权力的主体丧失滥用权力的机会和条件。概括而言，不能腐，是指掌握委托权力的主体不具备滥用委托权力谋取私利的机会和条件。

"想"表示有得到某种东西或达到某种目的的要求。[①]"不想"是对"想"的否定，即没有欲望去得到某些东西或达到某些目的。马克思主义认识论认为，人的欲望、要求是人的主观愿望、想法和现实客观世界之间相互作用的结果。一般而言，个人、群体总是在现实世界中寻找各种要素来满足自己的欲望、要求，又依据自己的欲望、要求去改造客观现实世界。在很多情况下，个人、群体还根据现实世界的规范和条件去调整自己的欲望、要求。这就说明，人的想法、欲望、要求在心理层面表现为一种心理活动，在现实层面表现为外界条件保障或刺激下的结果。而马斯洛的需求层次理论则揭示了人的需求的多维性和人的动机的复杂性。该理论认为，凡是现实世界中个人、群体的需要都有可能成为人行为的动机和驱动力。以此为基础，该理论也就能解释个人、群体腐败动机的复杂性、多重性。现实腐败案例表明，各种各样的货币、物品、财产性收益、会员服务、旅游等满足的是人的物质、精神、自我实现等需要、需求。概括而言，不想腐，是指掌握委托权力的主体没有滥用委托权力谋取私利的要求和意愿。

由以上分析可知，不敢腐、不能腐、不想腐均与掌握委托权力的主体相关，都旨在减少腐败机会、弱化腐败动机，最终减少腐败存量、遏制腐败增量，实现反腐败斗争的胜利。

---

① 《现代汉语词典》，商务印书馆 2016 年版，第 1432 页。

（二）不敢腐、不能腐、不想腐是密不可分的有机整体

在这一科学体系中，不敢腐是前提和基础。不敢腐，就是通过严格执纪执法，让纪律、法律成为带电高压线，提高腐败成本，消除侥幸心理，始终保持严惩腐败的高压态势，让党员、干部害怕被查处，不敢滥用党和人民赋予的权力。如果一个国家、一个社会所有掌握委托权力的主体都没有规矩意识、不惧党纪国法，纷纷铤而走险从事腐败行为，甚至让腐败成为一种生活方式和生活习惯，那这个国家、这个社会将是贪污横行、民不聊生的黑暗世界。只有让所有掌握委托权力的主体都明白伸手必被抓，贪腐必将带来倾家荡产、身败名裂，真正敬畏党纪国法、遵守制度和规矩，个人才能有所作为、成就事业。

不能腐是关键和枢纽。不能腐，就是通过改革和治理创新，科学配置权力，织密制度的"笼子"关住权力，形成完备的党内法规制度体系和法律体系，严格高效、执行有力的监督体系，减少潜在的腐败主体的腐败机会。一个国家、一个社会只有形成科学的权力机构，所有公权力都关进制度的笼子里，每项权力都有运行的规则和边界，执政党纪律、政务纪律和国家法律严密完整、协调一致，才能不断减少腐败机会，弱化腐败动机，最终走出腐败的泥沼，踏上廉洁之路。

不想腐是根本和方向。不想腐，就是通过党性教育、主题学习教育、警示教育等方式改造公职人员的主观世界，让公职人员坚守入职初心，习惯在受监督和约束的环境中工作生活，对各种诱惑和陷阱始终保持高度警惕性和免疫力，在思想观念和内心深处杜绝腐败。一个国家、一个社会要想实现反腐败成功、保持长久的廉洁，必须有相当一部分的公职人员养成高尚的道德情操和职业操守，内心始终认同廉洁的价值，抵御腐败的诱惑。只有绝大部分公职人员内心真正不想腐，

才能利用现代制度文明的成果，走出历史的周期率，实现社会的和谐稳定和国家的长治久安。

需要特别说明的是，不敢腐、不能腐、不想腐不是前后相继的三个阶段，也不是相互割裂的三个环节，而是相互支撑的统一整体，是深化标本兼治的总体战略。

（三）不敢腐、不能腐、不想腐必须一体推进、同向发力

一体推进是从思路和举措上阐明三者之间的关系。党的十八大之前，受各方面因素的综合影响，党内、政府中和社会上还存在比较严重的腐败现象和腐败问题。为解决这一长期遗留下来的问题和影响党执政基础的隐患，以习近平同志为核心的党中央以壮士断腕、雷霆万钧之势强力推进反腐败，把实现不敢腐摆在首位，惩处了一大批腐败官员，为完善法律制度、提升官员思想觉悟赢得了时间。同时，不能腐、不想腐与不敢腐不是绝对割裂开的，而是在重典治乱的同时不断完善制度、坚定各级官员的理想信念。不能腐、不想腐是不敢腐的深化和提升。大量官员找不到腐败的漏洞和机会，思想上真正自我净化、抵制腐败，不敢腐才有更深厚的土壤和基础。另外，一体推进不敢腐、不能腐、不想腐不仅是党风廉政建设和反腐败斗争的重要战略，也是新时代全面从严治党的重要方略。它不仅能够回答和解决一党长期执政条件下腐败治理问题，而且能够带动和推动党的政治建设、思想建设、组织建设、作风建设、制度建设、纪律建设，丰富和完善新时代党的建设的总布局，落实新时代党的建设的总要求，推进全面从严治党。

同向发力是从目标导向、发展趋势上来说明三者之间的关系。一个战略内部主要支柱必须前后一致、相互支撑，才能形成整体，达到

战略的总体目标。不敢腐，着力震慑，实现不敢；不能腐，着力完善法律、制度，实现不能；不想腐，着力内在思想觉悟，实现不想。这一战略的三个具体目标最终指向一个明确的大目标：减少腐败存量，遏制腐败增量，建成清廉中国。从发展趋势而言，这一战略针对的是政治问题和经济问题交织、传统腐败和新型腐败交织、腐败问题和不正之风交织的腐败形势和严峻、复杂的反腐败形势，目的是实现由腐败到清廉的转变。长期坚持这一战略同向发力，能够拨开迷雾，解决"三个交织"的顽疾，扭转和改变严峻、复杂的反腐败形势，走出腐败的高发期，实现反腐败的成功和彻底胜利，真正实现干部清正、政府清廉、政治清明。

二、一体推进"三不"战略提出的过程

一体推进"三不"战略是在习近平总书记和党中央分别提出不敢腐、不能腐、不想腐的概念的基础上产生的，是在总结反腐败斗争和党的建设的历史经验的基础上凝练的，是在新时代反腐败和全面从严治党的理论创新和实践创新的进程中形成的。

2014年10月，党的十八届四中全会通过的《中共中央关于全面推进依法治国若干重大问题的决定》提出："完善惩治和预防腐败体系，形成不敢腐、不能腐、不想腐的有效机制，坚决遏制和预防腐败现象。"[1] 这是党中央文件第一次将"不敢腐、不能腐、不想腐"结合起来进行阐述，但这时仅将"三不"界定在机制的层面和范畴内。2015年，党的十八届五中全会也提出相关的战略部署："构建不敢腐、

---

[1] 《中共中央关于全面推进依法治国若干重大问题的决定》，《求是》2014年第21期。

不能腐、不想腐的有效机制，努力实现干部清正、政府清廉、政治清明，为经济社会发展营造良好政治生态。"① 这时已将"三不"作为实现"三清"、重塑政治生态的重要手段。

2017 年 10 月，在党的十九大报告中，习近平总书记进一步强调："强化不敢腐的震慑，扎牢不能腐的笼子，增强不想腐的自觉，通过不懈努力换来海晏河清、朗朗乾坤。"② 这里习近平总书记已经明确让"三不"超出了反腐败的领域和范畴，成为全面从严治党和党的建设的重要支撑和重要战略。

2019 年 1 月，在十九届中央纪委三次全会上，习近平总书记首次提出一体推进不敢腐、不能腐、不想腐的明确要求，并将一体推进"三不"作为巩固发展反腐败斗争压倒性胜利成果的重要举措。他指出："要深化标本兼治，夯实治本基础，一体推进不敢腐、不能腐、不想腐。"③ 为落实一体推进不敢腐、不能腐、不想腐，2019 年 10 月，党的十九届四中全会通过的《中共中央关于坚持和完善中国特色社会主义制度　推进国家治理体系和治理能力现代化若干重大问题的决定》将"构建一体推进不敢腐、不能腐、不想腐体制机制"作为必须坚持和完善的中国特色社会主义制度的重要内容之一。在这里，一体推进不敢腐、不能腐、不想腐体制机制成为坚持和完善党和国家监督体系，强化对权力运行的制约和监督的重要组成部分。2020 年 1 月，在十九

---

① 《中共中央关于制定国民经济和社会发展第十三个五年规划的建议》，《光明日报》2015 年 11 月 4 日第 7 版。
② 《决胜全面建成小康社会　夺取新时代中国特色社会主义伟大胜利——在中国共产党第十九次全国代表大会上的报告》，人民出版社 2017 年版，第 67 页。
③ 习近平：《取得全面从严治党更大战略性成果　巩固发展反腐败斗争压倒性胜利》，《人民日报》2019 年 1 月 12 日第 1 版。

届中央纪委四次全会上，习近平总书记把一体推进不敢腐、不能腐、不想腐作为新时代全面从严治党的重要方略。这是一个重要政治判断，把一体推进不敢腐、不能腐、不想腐提高到极端重要的位置。这一重要论述把反腐败的基本规律和策略拓展到管党治党的各个领域，体现了以习近平同志为核心的党中央对全面从严治党规律一以贯之、与时俱进的深刻思考，深刻总结了新时代全面从严治党和反腐败斗争的实践经验，深刻揭示了管党治党的基本规律。①

2021年1月，在十九届中央纪委五次全会上，习近平总书记继续强调要坚定不移地推进反腐败斗争，不断实现不敢腐、不能腐、不想腐一体推进战略目标。这里，习近平总书记再一次拓展了不敢腐、不能腐、不想腐的战略定位，将一体推进不敢腐、不能腐、不想腐定位为战略目标，大大丰富了新时代廉政建设理论和党的建设理论。

纵向考察一体推进不敢腐、不能腐、不想腐战略的提出过程可以看出，党中央对不敢腐、不能腐、不想腐的认识越来越清晰和明确，在实践中产生的成果也越来越多。一体推进不敢腐、不能腐、不想腐从有效机制、体制机制上升为中国特色社会主义制度的重要内容和全面从严治党的重要方略，提升到重要战略目标的位置。

三、一体推进"三不"战略的创新价值

作为新时代廉政治理和全面从严治党的重大战略、方略，一体推进不敢腐、不能腐、不想腐具有重要的理论创新价值和实践创新价值。

----

① 何韬：《一体推进不敢腐不能腐不想腐是新时代全面从严治党重要方略》,《中国纪检监察报》2020年3月13日第1版。

（一）一体推进"三不"战略实现了对马克思主义廉政治理理论的重大创新

一体推进不敢腐、不能腐、不想腐战略既是腐败治理实践的新突破，也是廉政治理理论的重大创新。一体推进不敢腐、不能腐、不想腐战略创造性发展了马克思主义廉政治理理论。在长期理论创作和革命实践的过程中，马克思、恩格斯形成了丰富的廉政思想。列宁带领俄国无产阶级政党开展社会主义革命，建立了世界上第一个社会主义国家，成功地将科学社会主义由理想变为现实。在领导国家开展社会主义建设的过程中，列宁形成了相当丰富的反腐败思想。以毛泽东同志、邓小平同志、江泽民同志、胡锦涛同志为主要代表的中国共产党人在长期的革命、建设和改革实践中，形成了中国化的反腐败斗争理论。该战略继承了马克思主义反腐倡廉理论的基本原理和精神实质，并结合中国特色社会主义进入新时代的国情，创造性地发展了马克思主义廉政治理理论。在廉政治理思路上，坚持不敢腐、不能腐、不想腐一体推进，既治标，也治本；既解决当前棘手的腐败难题，也着眼长远的廉政建设。在廉政治理举措上，保持惩治腐败的高压态势，以惩治腐败和作风建设为切入点和突破口，直击腐败积弊，彰显党坚定的反腐决心和勇气；大量官员被查处的同时，还以案促改，建章立制，强化监督，堵塞漏洞，完善体制机制，减少腐败的可能；以案促"醒"，提高公职人员思想认识和境界觉悟，帮助其找回初心，自觉抵制腐败。在判断廉政治理效果上，从不能、不敢、不想三个维度构建判断反腐成效的基本标准，丰富和发展了马克思主义廉政治理理论。

（二）一体推进"三不"战略是新时代解决腐败问题的根本战略

一体推进不敢腐、不能腐、不想腐战略规范的是权力运用特别是权力腐败问题。权力运作、使用问题是现实政治生活和社会生活中的核心问题。权力运作、使用的状况决定了权力作用的领域、范围、效能，决定了执政党和政府在民众中的形象，影响执政党执政的阶级基础和群众基础。这就决定了一体推进不敢腐、不能腐、不想腐战略不同于一般的发展战略，是以解决现实权力滥用、腐败问题为第一要务，这也就决定了该战略具有极强的现实针对性。一体推进不敢腐、不能腐、不想腐战略要求持续惩治各类腐败现象、腐败行为，减少腐败存量；健全党内法规和国家法律制度体系，建立和完善党和国家监督体系，构建立体监督网络，强化理论信念引领和道德素质提升，自觉抵制腐败诱惑，遏制腐败增量。该战略深刻把握了新时代权力腐败和腐败治理的基本规律，能够有效回答和解决权力滥用、腐败等现实难题，是新时代解决腐败问题的根本战略。

（三）一体推进"三不"战略契合反腐败成功的国家和地区的经验

世界上反腐败成功的国家和地区的经验表明，完善、系统的反腐败战略主要包括惩治、预防和教育三部分。中国香港地区廉政公署肃贪、防贪和全民教育"三管齐下"的治理腐败的举措举世闻名。不敢腐、不能腐、不想腐战略与惩治、预防、教育战略是内在契合的。不敢腐整体上对应惩治战略，通过惩治让潜在的腐败主体害怕被处理的后果而不敢腐败。预防腐败战略，总体上分为激励性制度预防和约束性制度预防；不能腐对应约束性制度预防腐败策略，通过规范权力运行，强化权力监督，弥补制漏洞，让寻找腐败机会的官员无功而返；不想腐对应激励性制度预防和教育战略，通过提高公职人员的职业待遇和职业荣誉，提升公职人员的思想道德境界和职业素养，内心自觉抵制腐败。从世界各国各地区反腐败的成功经验来看，一体推进"三不"是必然的选择。

四、战略实施的路径

新时代，一体推进不敢腐、不能腐、不想腐已经取得了重要的理论成果和实践成果。新发展阶段廉政治理和全面从严治党的繁重任务要求坚持这一战略，并在建设社会主义现代化国家新征程中探索实施这一战略的新路径。

（一）始终保持惩治腐败的高压态势，精准有力执纪执法

仍然存在的腐败存量和党的十九大之后仍然出现的腐败增量均警示我们，要继续保持惩治腐败的高压态势。新时代，随着腐败治理和作风建设的强力推进，腐败问题变得更加复杂、多样，更多地呈现出政治问题和经济问题交织、传统腐败和新型腐败交织、风险挑战和腐败问题关联的态势。这对惩治腐败的能力提出新的更高的要求，对执纪执法提出新的更高的要求。坚持行贿、受贿一起查，重点查处政治问题与经济问题交织、传统腐败和新型腐败交织、腐败问题与不正之风交织的腐败案件。坚决查处基础设施建设、项目审批、国企改革、公共资源交易、科研管理等方面的腐败问题，以及"雅贿""影子股东"等隐性腐败。① 加大对金融领域、政法系统腐败惩治力度，集中整治群众身边腐败问题，持续开展追逃防逃追赃工作。通过持续的惩治，实现不断减少腐败存量、遏制腐败增量的目标，最终为长期保持低水

---

① 赵乐际：《推动新时代纪检监察工作高质量发展　以优异成绩庆祝中国共产党成立100周年——在中国共产党第十九届中央纪律检查委员会第五次全体会议上的工作报告》，中央纪委国家监委网站，见 http://www.ccdi.gov.cn/special/sjj5cqh/sjj5cqh_yw/202103/t20210316_237958.html。

平的腐败、建成清廉中国打下坚实基础。

（二）持续深化纪检监察体制改革，构建协同高效的监督体制

党的十八大以来，党的纪律检查体制和国家监察体制改革深入推进，取得了重大成效。新发展阶段，要继续深化纪检监察体制改革。在党的纪律检查领导体制方面，加强上级纪委监委对下级纪委监委的领导，完善报告工作、定期述职、约谈汇报等制度，深化垂直管理单位和部分以上级管理为主的单位纪检监察体制改革试点工作，探索基层纪委履职的有效途径。派驻机构改革方面，探索以派驻形式强化对国有企事业单位监督。在巡视巡察方面，完善巡视巡察战略格局。加强巡视巡察机构与纪委监委监督检查室和派驻机构、派出机构协调协作，做好情况通报、问题移交、成果运用、整改监督等工作。[①]有力的监督是不能腐的重要保障。通过立体监督网络，为权力运行、权力运作设置边界和规则，将权力关进制度和监督网络的笼子里，实现有权必有责、用权受监督的目标。协同高效的监督网络依赖于各监督形式和主体的共同作用。充分发挥党内监督的政治引领作用，把监督融入区域治理、部门治理、行业治理、基层治理、单位治理之中。推动纪律监督、监察监督、派驻监督、巡视监督统筹衔接、协同协调。构建以党内监督、国家监察和社会监督为中心，其他监督形式相衔接的点、线、面深度融合的监督网络体系。

（三）扎实开展理想信念教育，增强抵御腐败的思想自觉

在纪律检查体制和国家监察体制改革"四梁八柱"已经搭建的背

---

① 赵乐际：《推动新时代纪检监察工作高质量发展　以优异成绩庆祝中国共产党成立100周年——在中国共产党第十九届中央纪律检查委员会第五次全体会议上的工作报告》，中央纪委国家监委网站，见 http://www.ccdi.gov.cn/special/sjj5cqh/sjj5cqh_yw/202103/t20210316_237958.html。

景下，在党内法规制度体系和国家法律体系逐渐完备的基础上，下一阶段的反腐败战略要更加突出教育战略的实施，从资金投入、人员布局、对象全覆盖、教育内容方式创新等方面着力。要加大财政资金投入、物质保障和专业培训人才的培养。充分发挥党校、社科院、干部学院、纪检监察学院、法官学院、检察官学院、高等学校、中小学、幼儿园等单位在党员、干部廉政教育，大中小学、幼儿园学生廉洁教育中的功能和作用。教育对象突出为公职人员，中小学、幼儿园学生，大学生三类重点人群。加强民营企业管理人员廉洁教育。与时俱进地推进教育内容改革创新，充分利用互联网平台、资源和手段开展廉洁教育。

第五章　一体推进不敢腐、不能腐、不想腐的体制机制设计

从"不敢腐"到"不能腐"再到"不想腐"，是全面从严治党的"三步走"战略，反映了反腐败从"由标及本"到"标本兼治"的治理逻辑。一体推进不敢腐、不能腐、不想腐，是习近平总书记关于反腐败斗争的重大理论创新和实践创新，是新时代全面从严治党、夺取反腐败斗争胜利的根本遵循。一体推进"三不"，发展了中国共产党反腐败理论，揭示了反腐败斗争基本规律，是习近平新时代中国特色社会主义思想在全面从严治党领域的生动体现。

第一节　构建一体推进"三不"体制机制的基本理念

一体推进"三不"作为新时代开展反腐败斗争的指导方针，是中国共产党廉政建设的重要理论创新，它将法治反腐、制度反腐、教育反腐的思想推陈出新、融会贯通，贯穿法纪、规矩、道德等要素，构建惩戒、制度和信仰三位一体的反腐格局，努力做到综合治理、标本兼治、防治结合，有利于巩固反腐败压倒性胜利，推进反腐败斗争向纵深发展。法治反腐、制度反腐和教育反腐是有机统一的整体，必须

统筹联动、有机衔接，增强整体效应，提高一体推进"三不"的政治效果、法纪效果和社会效果。

一、法治反腐：高压震慑，使人"不敢腐"

党的十八大以来，以习近平同志为核心的党中央高度重视法治在国家治理中的作用，强调运用法治思维和法治方式治理国家。在反腐败领域，反腐败法律法规逐步健全，法治成为解决腐败顽疾的根本之道，推动科学治理腐败。

（一）法治反腐的内涵

关于法治反腐的内涵，学界众说纷纭、观点不一。田湘波认为，"法治反腐"就是用法治思维和法治方式进行腐败的治理。[①] 徐喜林认为，"法治反腐"就是在中国共产党的领导下，坚持党内法规与国家法律的协调统一，主要通过制定和实施国家法律体系及规范性文件，规范权力运行，惩治和预防腐败，建设廉洁政治。[②] 王梅枝认为，"法治反腐"是指通过制定和实施法律，限制和规范公权力行使的范围、方式、手段、条件与程序，为公权力执掌者创设公开、透明和保障公正、公平的运作机制。[③] 尽管学者们对法治反腐的理解不尽相同，但都赞同法治反腐的实质是运用法律手段，实现对权力的有效制约，"政府的权力也要受法律的限制，这才是法治的实质意义"；[④] 都认为法治反腐的表征是法治思维和法治方式在反腐领域的适用。

---

① 田湘波、李媛：《法治反腐的内涵、要素和优势》，《检察日报》2014年12月2日。
② 徐喜林、徐栋：《法治反腐：中国反腐新常态》，《中州学刊》2015年第2期。
③ 王梅枝：《论法治反腐的路径选择》，《长江论坛》2015年第2期。
④ 龚祥瑞：《比较宪法与行政法》，法律出版社2003年版，第77页。

　　基于上述观点的启发，可将中国语境下的法治反腐界定为：在中国共产党的领导下，将法治思维和法治方式应用于反腐败领域，依据国家法律和党内法规限制公权力行使的范围、方式、手段、条件和程序，为公权力运行提供公开透明的运作机制，同时对腐败分子进行有效惩治的腐败治理模式。此处所讲的法治反腐，侧重于对腐败分子的事后依法惩治。

　　（二）法治反腐的历史溯源

　　古代法家推崇廉政之道在于法治的观点，蕴含法治思想的萌芽。法家认为，"法者，天下之大道也"，"所谓仁义礼乐者，皆出于法"。韩非主张以法治国，追求"官不敢枉法，吏不敢为私"的治理效果。

　　中国历朝历代都有大量关于惩治腐败、维护廉政的法律文件。例如，秦汉时期的《秦律》规定，官员行贿受贿，失职渎职都应处以"弃世"的刑罚。① 魏晋南北朝时期，《魏律》《晋律》《北齐律》等都设有关于行贿受贿、贪赃枉法以及弹劾、处罚等方面的规定。隋唐时期的《唐律》，惩治官吏犯罪的条款占据该部法律的半壁江山，这标志着中国惩治官吏犯罪的立法与实施进入成熟阶段。宋朝时期也颁布了不少有关廉政的敕令，如《提、转、知通案察赃吏诏》《诸路官吏有逾越害民、本路转运、提刑不曾觉察、并行朝典诏》等。② 明清时期，法律制度更为成熟，但专制、保守也更为明显。《大明律》是比较成熟的法典，贯彻了重典治吏的思想。但这一时期过于注重制度的数量和刑法的严酷，忽视对制度执行的严格和权威。古代法治反腐的思想和实践，对当前全面从严治党、惩治腐败等都具有较大的借鉴价值。

---

① 弃世，指在闹市当众对犯人执行死刑，以示为大众所弃的刑罚。
② 史旺成：《宋初对官吏贪污受贿的惩处》，《中州学刊》1985年第2期。

（三）法治反腐的现实运作

习近平总书记提出："要善于用法治思维和法治方式反对腐败，要加强反腐败国家立法，加强反腐倡廉党内法规制度建设，让法律制度刚性运行。"[①]法治反腐是相对于人治反腐的一种模式，是对运动反腐、权力反腐等模式的超越，它克服了运动反腐缺乏长效性、权力反腐缺乏连续性的弊端。

党的十八大以来，党中央提出"有腐必反""有贪必肃""要持续保持高压态势，以零容忍态度惩治腐败"，强调健全社会主义法治体系，建设社会主义法治国家，推进"法治反腐"。这是对中国特色反腐倡廉道路和模式的积极探索，是对我国历史反腐败经验的总结和升华，深刻洞察反腐败的发展趋势，体现了反腐败的社会共识。

其一，法治反腐以法制的健全为前提。为有效治理腐败，需要围绕惩治和预防腐败做好"顶层设计"。近年来，我国高度重视反腐败立法工作，推动《监察法》《中国共产党廉洁自律准则》《中国共产党纪律处分条例》等法律法规的制定，有关领导干部财产申报、行政程序、"一把手"权力制约等方面的法律法规也逐步完善，中国特色社会主义反腐败法律体系日益健全，法治反腐具有完备的法律法规保障。

其二，法治反腐以权力监督惩戒为核心。"腐败的实质是权力的滥用，反腐的核心在于治权。"[②]法治反腐借助法律的规范性和严肃性，为加强权力惩治提供有力保障，消除了权力的恣意妄为，避免了权大于法、以言代法现象的发生。李克强总理指出，"有权不可任性""要

① 《十八大以来重要文献选编（上）》，中央文献出版社 2014 年版，第 135 页。
② 赵秉志：《开启法治反腐新时代》，《光明日报》2015 年 3 月 15 日。

以权力瘦身为廉政强身"，指明了法治反腐的用意和要旨。只有在加强权力监督的基础上严格落实权力惩戒，才能有效防范权力滥用、以权谋私现象，让领导干部务实清廉、秉公用权。

其三，法治反腐以规范程序为关键策略。严格规范反腐程序，依程序查处腐败是法治反腐的题中应有之义。法治反腐蕴含深刻的程序命题，即必须严格遵循和运用规范的程序，明确监督权行使的步骤和方式，有效制约监督权的行使。赵乐际同志在十九届中央纪委三次全会上指出："整合规范纪检监察工作流程，强化内部权力运行的监督制约……构建全面、规范、严密的调查程序体系。"[1]这是中央对纪检监察工作规范化、法治化提出的具体要求。纪检监察工作必须遵循《中国共产党纪律检查机关案件检查工作条例》等党内法规的具体规定，体现依程序推进法治反腐的精神。此外，依程序查处腐败，还应保障人民群众享有知情权、参与权、表达权和监督权，例如检举、揭发和控告问题官员的权利，参与制定反腐败政策和法律的权利等。

（四）法治反腐的客观效果

第一，克服人治反腐之弊。法治反腐遵循特定的法律法规，尊重反腐败的客观规律，确保反腐过程的公开透明，具有规范性、科学性、公正性等优势，克服人治反腐的主观性、随意性、选择性等弊端，是人治反腐模式难以比拟的。法治反腐强调构建科学完备的反腐败法律法规体系，通过严明法纪，做到有腐必反、有贪必肃，坚持反腐无禁区、全覆盖、零容忍，提升震慑效应。

---

[1]　赵乐际：《忠实履行党章和宪法赋予的职责　努力实现新时代纪检监察工作高质量发展》，《人民日报》2019年2月21日。

　　第二，遏制人性之"私"。从人性角度看，公职人员有为公利他的一面，也有自私利己的一面，而自私利己则是公职人员腐败的心理动因。从"理性经济人"角度进行审视，公职人员腐败行为有着复杂的动机、成本和收益因素。如果腐败收益远远大于腐败成本，则会激发腐败动机；相反，如果腐败收益小于腐败成本，就会抑制腐败动机。法治反腐彰显法律的严酷性和威慑力，增大腐败的风险系数，用法律制度抑制公职人员的私欲，防止公职人员私欲的无限膨胀。法治反腐贯彻有腐必反、有贪必肃的精神，以零容忍的态度惩治腐败，对腐败分子保持高压态势。法治反腐着眼于提高腐败案件查处概率，增加腐败的成本和代价，倒逼公职人员廉洁自律，降低腐败风险。

　　第三，规范群众参与反腐的行为。从世界反腐败的成功经验来看，只有依靠与民众相结合的法治和严格的法律制度，才是从根本上解决腐败问题的主要途径。[1]我国是人民当家作主的国家，人民群众是反腐倡廉的主体和根本动力。反腐败斗争必须坚持群众路线，紧紧依靠广大人民群众。群众参与反腐需要法治的规范和约束，需要运用法治思维和法治方式开展反腐败工作，法治反腐充分尊重人民群众的知情权和参与权，确保人民参政议政、民主监督的权利，为群众参与反腐提供权利保障和行为依据。群众反腐必须纳入法治化轨道，以法治为保障，才能发挥应有的作用。法治反腐能够防止和纠正反腐败斗争中的各种偏差和错误，确保反腐败斗争有序、健康、可持续开展。

---

　　[1]　王剑：《法治反腐的价值体现及路径探析》，《云南行政学院学报》2015年第2期。

第四，形成反腐的长效机制。法治反腐主张运用法治思维和法治方式反腐，形成权力约束的长效机制。从实践层面进行考察，法治反腐需要加快反腐败立法进程，规范反腐败主体的权力和程序，保护当事人的合法权益，促进监察机关和司法机关的沟通协调与相互监督，提高反腐败法律法规的适用性。反腐败法律法规的严格执行，不仅能增加反腐的刚性和震慑力，还能够从源头上预防和惩治腐败，构建具有系统性、科学性、长期性和稳定性的腐败治理策略。

二、制度反腐：防患于未然，使人"不能腐"

（一）制度反腐的界定

重视制度治党，健全刚性制度体系，形成对权力运行的全方位监督，是中国共产党的优良传统。"'制度'一词有两层含义：一是浅层意义上要求大家共同遵守的规章、准则；二是深层意义上保障规章、准则得以实施的组织体系，以组织机构为其外在表现形式。"① 所谓制度反腐，是指通过增加国家政治、经济、文化、社会等方面的制度供给，填补制度空白和漏洞，消除腐败发生的制度根源，为廉洁政治提供完善的廉政制度保障。制度反腐的前提是构建完善的反腐败制度体系，核心要义是把权力关进制度的笼子里，关键是规避权力滥用的风险。制度反腐是全面从严治党的重要抓手，也是推进国家治理现代化的重要途径。制度反腐侧重于通过完善党内法规制度体系堵塞腐败漏洞，预防腐败现象的发生。

---

① 辛宇：《制度反腐的核心是什么》，《党政干部参考》2010年第3期。

（二）制度反腐的现实运作

把权力关进制度的笼子，为实现不能腐提供制度保障，是全面从严治党的生动实践。制度反腐的主要抓手是不断健全党内法规制度，制定严密的制度规范。例如，为加强党内监督，制定了《中国共产党党内监督条例》；为规范选人用人行为，制定了《党政领导干部选拔任用工作条例》；为规范权力行使，制定了《关于推行地方各级政府工作部门权力清单制度的指导意见》；为加强作风建设，制定了《中共中央政治局关于改进工作作风、密切联系群众的八项规定》；为推动正面引导和负面惩治的结合，制定了《中国共产党廉洁自律准则》《中国共产党纪律处分条例》《中国共产党问责条例》；为加强巡视工作，制定了《中国共产党巡视工作条例》；等等。上述举措推动依规治党、依规反腐，做到纪法协同、挺纪在前，为全面从严治党提供了依据和保障。

其一，制度反腐将权力关进"笼子"，从源头上遏制腐败。腐败的实质是公共权力的异化和滥用，根源在于权力缺乏制约和监督。用健全的制度规范和约束权力，规避权力运行的风险，是反腐败的治本之策。习近平总书记在 2014 年中央政法工作会议上明确指出："要狠抓制度执行，扎牢制度篱笆，真正让铁规发力，让禁令生威。"[①] 制度反腐核心是权力制约，侧重点在于规范权力配置和运行机制，推动权力公开透明，实现决策权、执行权、监督权的相互制约。制度反腐将静态的权力配置和动态的权力监督有机结合，构建结构合理、配置科学、程序严密、制约有效的权力运行制约和监控体系，从而有效地预

---

① 《习近平关于党风廉政建设和反腐败斗争论述摘编》，中央文献出版社 2015 年版，第127 页。

防和遏制腐败。

其二，制度反腐强调制度的衔接和配套，注重制度的协调与整合。当前，一些反腐败制度设计较为粗放，制度之间缺乏协调，制度合力较为欠缺，新旧制度之间、不同部门的制度之间存在一定的冲突。习近平总书记强调，"要完善党内法规制定体制机制，注重党内法规同国家法律的衔接和协调，构建以党章为根本、若干配套党内法规为支撑的党内法规制度体系，提高党内法规执行力。"① 制度反腐离不开科学合理的顶层设计，要对相关制度做好系统规划，减少制度打架和冲突的情形。要提高反腐败制度供给的质量和水平，堵塞旧有的制度漏洞，增强新颁布制度的前瞻性，用严密周全的制度遏制腐败的动因，消除腐败的土壤。例如，我国建立了包括党章、准则、条例、规则、规定、办法、细则七种类型的完整的党内规则制度体系，并使其与法律法规相衔接和配套。除此之外，我国还推进选人用人制度、纪律检查制度、国家监察制度之间的衔接和配套，有效防范腐败案件的发生。

其三，实现正式制度和非正式制度的有机结合，提升反腐败制度的执行力。非正式制度是"人们在长期社会交往过程中逐步形成的并得到社会认可的约定俗成的行为准则。比如价值信念、意识形态、道德规范、文化传统、风俗习惯、社会舆论等等"。② 制度反腐的开展，需要把正式制度和非正式制度整合在一起，实现多重制度的耦合与叠加，增强制度反腐的效用。要大力提高反腐败制度的执行力，有效破解"选择性执行""象征性执行""替换性执行""附加性执行""对抗

---

① 《十八大以来重要文献选编（中）》，中央文献出版社 2016 年版，第 188 页。

② 张源、陈氚等：《制度反腐与国家治理现代化》，《科学社会主义》2015 年第 4 期。

性执行"等问题，增强民众对制度的敬畏之心，提高民众对制度的信任度。

（三）制度反腐的客观效果

制度具有根本性、全局性、稳定性和长期性的特点。制度反腐是中国共产党全面从严治党的着力点，彰显了"用制度管权管事管人"的先进理念，推动全面从严治党向纵深发展。

首先，制度反腐将权力纳入制度的轨道，增强权力运行的规范性。制度能够规范权力的运行，为国家机关及其工作人员设定行为规则。习近平总书记指出："权力是一把双刃剑，在法治轨道上行使可以造福人民，在法律之外行使则必然祸害国家和人民。把权力关进制度的笼子里，就是要依法设定权力、规范权力、制约权力、监督权力。"[①] 据不完全统计，党的十八大以来中央出台了八项规定及三十多部党风廉政建设和反腐败法规制度，如《中央政治局关于改进工作作风、密切联系群众的八项规定》《党内监督条例（试行）》《纪律处分条例》《党政机关国内公务接待管理规定》《行政监察法实施条例》、《行政机关公务员处分条例》等。[②] 上述制度的实施，为国家机关和工作人员提供了周密细致的行为准则，反腐败的制度"笼子"越扎越密、越扎越紧。

其次，制度反腐能够克服反腐败的运动化和随意性，增强廉政建设的稳定性。制度是一种普遍的行为规则，为人们的行为提供稳定的

---

① 习近平：《领导干部要做尊法学法守法用法的模范　带动全党全国共同全面推进依法治国》，《人民检察》2015 年第 4 期。

② 黄建军：《国家治理视域下制度反腐的路径选择》，《延安大学学报》（社会科学版）2015 年第 5 期。

行为预期。"制度减少了世界的复杂性,提供了一种简化识别负担的关键功能。制度使他人的反应更可预见,世界更加有序,从而使个人更容易与一个复杂而易变的世界打交道,也使个人更易于避免'超负荷识别'。"[①]制度反腐与运动反腐和人治反腐不同,减少了人们对选择性反腐的担忧,增强了人们对常态化反腐的心理预期。从国家治理现代化的角度进行审视,制度反腐是一项常规化、持久化的工作,强调"用制度管权管事管人",推进反腐败工作的规范化、稳定性和长期性。

最后,制度反腐促进权利保护结构的形成,提高以权利制约权力的有效性。权利和权力存在相互依存、此消彼长的关系。权利是对抗权力的有效武器,权利的张扬可以有效监督和制约权力的运行;而权利的式微,意味着权利对权力的对抗乏力,会给权力滥用提供机会和空间。"制度具有保护权利的功能,一个良好的制度是将保护公民的权利作为第一要务。"[②]制度反腐保障公民参与反腐败的权利,蕴含对公民权利确认和保障的诉求,允许公民对腐败分子行使检举、揭发和控告的权利,进而形成对权力的有效制约和监督。

三、教育反腐:自律自觉,使人"不想腐"

(一)教育反腐的阐释

所谓教育反腐,是指采用思想引导、道德感化、价值浸润等方式,提高官员思想道德觉悟和廉洁从政素养,做到廉洁修身、秉公用

---

① 〔德〕柯武刚、史漫飞:《制度经济学:社会秩序与公共政策》,韩朝华译,商务印书馆2000年版,第142页。

② 蔡宝刚:《论制度功能与制度反腐》,《扬州大学学报》(人文社会科学版)2020年第2期。

权的活动过程。教育反腐是一个广义的概念和范畴，其对象既包括潜移默化地影响官员的世界观、人生观和价值观，改造官员的理想和信念，也包括教育社会公众积极参与反腐败斗争，营造崇尚廉洁的社会氛围。教育反腐的目标在于树立崇尚廉洁的价值观，抵御腐败亚文化的盛行，营造廉洁的政治生态。教育反腐靠教育和感化的力量，使官员做到"不想腐"，这是一种理想的治本之策。

（二）教育反腐的历史溯源

教育反腐也被称为"教化反腐"，古人称为"灭心中贼"，强调"为政以德"、廉洁自律，以期达到"不想腐"的效果。中国古代文化以儒家文化为主流，儒家文化蕴含丰富而深邃的教育反腐思想。孔子指出："政者，正也。子率以正，孰敢不正""其身正，不令而行；其身不正，虽令不从"，强调为政者的示范和引领作用。儒家伦理"修身齐家治国平天下"的主张，深刻影响人们的价值判断和行为选择。历代统治者为实现政治清明、官员廉洁的目标，特别注重对官员和民众的道德教化，引导他们"为政以德"，加强政德的培养和锻炼。在处理道德和政刑的关系方面，道德为主，政刑为辅，要以德治国、以礼教民。儒家学者指出，"灭山中贼易，灭心中贼难"，儒家文化教育官员和民众正确处理好义与利的关系，要做到"见利思义"；要廉洁自律，刚正不阿，维护人民利益；要俭以养德，反对奢侈浪费。儒家伦理教育反腐的思想，至今仍闪烁着智慧的光芒，具有重要的时代价值。

（三）教育反腐的现实运作

教育反腐旨在引导党员干部加强道德修养，自觉抵制腐朽思想的侵蚀，做到自重、自省、自警、自励，成为清正廉洁的人民公仆。"掌握思想教育，是团结全党进行伟大政治斗争的中心环节。如果这个任务不解决，党的一切政治任务是不能完成的。"[1] 教育反腐是一项具有战略性、艰巨性和长期性的任务，需要采取有效措施贯彻落实的工程。

第一，增强领导干部的"定力"，自觉抵制腐败的诱惑和侵蚀。教育反腐能够规范和扼制人性之"私"，抑制公职人员私欲的无限膨胀，防止他们超越法律、政策和制度的界限，大搞权钱交易、以权谋私的行为；教育反腐能够提高官员的思想觉悟和道德水平，有效应对花花世界的纷扰和纸醉金迷的诱惑，克服惩治腐败滞后性、偶然性所诱发的官员侥幸心理，真正做到严于律己、慎终如始。

第二，开展领导干部的理想信念教育，筑牢拒腐防变的思想堤坝。面对权力和利益的诱惑，领导干部需要坚守理想信念，正确处理好义与利、公与私、是与非、正与邪等方面的关系，提高自身觉悟，忠于人民忠于党。"牢固树立社会主义公私观，重塑社会文化价值观念，筑牢反腐倡廉的思想道德防线或价值观防线，既是目前加强党员干部的党性党风党纪修养的切入点，也是目前将反腐败进行到底的一种智慧选择。"[2] 教育反腐的开展，推动领导干部自觉抵制个人主义、拜金主义、形式主义、官僚主义、享乐主义、奢靡之风的侵蚀，积极践行为民务实清廉的价值观。

第三，引导领导干部塑造理想人格，形成思想建设的长效机制。"道德高尚是领导干部做到清正廉洁的基础。"[3] 教育反腐强调理想人格的塑造，全体党员干部应将做"一个高尚的人，一个纯粹的人，一个

---

① 《毛泽东选集》第三卷，人民出版社 1991 年版，第 1094 页。
② 李斌雄：《筑牢"不想腐"的社会主义公私观防线》，《学习月刊》2015 年第 3 期。
③ 《十八大以来重要文献选编（上）》，中央文献出版社 2014 年版，第 176 页。

有道德的人，一个脱离了低级趣味的人，一个有益于人民的人"作为终极价值目标。为此，应当实现思想教育的经常化和长期化，积极开展批评与自我批评，消除思想的污泥浊淖。诚如毛泽东同志所讲，"房子是应该经常打扫的，不打扫就会积满了灰尘；脸是应该经常洗的，不洗也就会灰尘满面。我们同志的思想，我们党的工作，也会沾染灰尘的，也应该打扫和洗涤。"①

第四，完善干部思想教育制度，推动教育反腐走向深入。教育反腐的开展需要健全的制度作为保障，增强教育反腐的可持续性和长效性。通过完善党风廉政建设学习教育制度、党组中心组学习制度、民主生活会制度、党员干部政治学习教育制度，将反腐倡廉教育融入民主生活会、干部职工政治学习、党支部组织生活之中，增强教育反腐的实效性和可操作性。同时，党校、行政学院等干部教育培训机构优化反腐倡廉教育的内容设计，配备完备的师资力量，加强思想观念、管理理念、廉洁从政方面的教育培训，注重干部反腐倡廉教育的管理与考核；不断创新反腐倡廉教育的方式方法，拓宽教育反腐的渠道和载体，确保教育反腐有序开展并取得良好成效。

（四）教育反腐的客观效果

一是重塑领导干部价值理念，培育践行社会主义核心价值观。"价值观之所以重要，正在于它对人的思想、感情、言论和行动起着普遍的整合和驱动作用……构成了人们内心深处的评价标准。"②价值观出现扭曲，往往会导致错误的行为选择。从某种意义上讲，腐败的思想根源在于领导干部的精神堕落和价值观的迷失和错乱。廉政教育能够

---

① 《毛泽东选集》第三卷，人民出版社 1991 年版，第 1096 页。
② 李德顺：《价值论：一种主体性的研究》，中国人民大学出版社 2013 年版，第 153 页。

改造领导干部的精神世界，矫正扭曲的利益观、公私观和权力观，引导其作出正确的价值选择。廉政教育积极倡导社会主义核心价值观，抵制自由主义、无政府主义、极端利己主义等错误价值观的传播；廉政教育引导领导干部正确处理个人利益和集体利益的关系，反对将个人利益和小团体利益凌驾于大众利益之上；廉政教育推动干部价值观教育与党组织生活、群众工作、部门活动的结合，提升廉洁政治的建设效果。

二是消除"腐败亚文化"，净化社会风气。"就整个社会范围而言，价值观的迷失、扭曲和裂变容易滋生腐败现象，而腐败现象的恶化又助长被扭曲的价值观在全社会的扩散，进而在全社会催生猖獗的'腐败亚文化'，严重污秽良好的社会风气。"① 教育反腐的目标在于消除各种"潜规则"和"升官发财"的错误观念，防止错误观念的扩散与蔓延，刹住社会的歪风邪气，铲除"腐败亚文化"的生长土壤，营造风清气正的社会氛围。

三是实现廉洁教育的全覆盖，增强廉洁教育的整体效应。2005 年1 月《建立健全教育、制度、监督并重的惩治和预防腐败体系实施纲要》明确提出，反腐倡廉教育要面向全社会，这为教育反腐指明了努力的方向。教育反腐需要面向国民全体开展，实现对幼儿园、小学、初中、高中和大学的全覆盖，贯穿于一个人生命历程的全过程。唯有如此，才能营造全社会崇尚廉洁的风气，才能使每一位社会成员将廉洁修身作为终身事业去追求。

四是坚定理想信仰，增强源头反腐的效果。教育反腐要求党员干

---

① 李斌雄、王飞：《价值观教育反腐倡廉的蕴涵、依据和策略探讨》，《学校党建与思想教育》2016 年第 1 期。

部坚定马克思主义信仰，反对"官本位"思想、封建迷信思想、宗派主义思想等，树立正确的世界观、人生观和价值观，是从思想源头上遏制腐败的重要举措。

四、一体推进法治反腐、制度反腐与教育反腐

法治反腐、制度反腐、教育反腐各有优点和缺陷，需要坚持系统思维和整体观念，促使三者相互衔接配合，做到一体谋划和一体推进，并把全面从严治党的主基调贯穿于一体推进的全过程。

（一）法治反腐、制度反腐和教育反腐的辩证关系

法治反腐、制度反腐和教育反腐辩证统一，在反腐败过程中发挥不同的功能和作用。法治反腐和制度反腐存在内容与形式上的交叉，制度可由法律确立，但大量制度是通过政策和规范性文件确立的。法治反腐的主要手段是实体法和程序法，大多通过制度运作的方式加以实施。法律建构的是宏观静态的框架，需要辅之以相应的机构、体制、运作方式，唯有如此，才能由静态的规则体系转化为动态的制度运行。法治反腐和制度反腐要想达到预期目标，又要建立在领导干部良好的思想道德觉悟基础之上，需要教育反腐提供支撑和助力。

法治反腐、制度反腐和教育反腐内在相通，是有机统一的整体，高度融合于具体的反腐败实践之中。法治反腐强调严厉惩治，形成震慑；制度反腐强调扎紧扎密制度的笼子，规范权力运行；教育反腐强调党性教育，提高思想觉悟。在纪检监察工作实践中，严查腐败案件，以案促改，健全制度，通过"法治反腐"带动"制度反腐"；典型案件的通报，警示教育的开展，推动领导干部廉政觉悟的提高，增强"教育反腐"的成效；在落实中央八项规定过程中，对顶风违纪、

不收手、不收敛的腐败案件，依规依纪严肃查处，发挥以儆效尤的作用，以"法治反腐"促进"教育反腐"；为更好地落实八项规定，发动群众发挥监督作用，加强领导干部作风建设制度，彰显"不能腐"的效用。在巡视巡察工作中，对发现的腐败线索和问题依规依纪作出处理，高悬利剑，震慑腐败，是"法治反腐"的生动体现；对巡视巡察的结果进行整改和运用，完善相关制度，是"制度反腐"的具体落实；借助巡视巡察工作，督促领导干部的思想改造，营造良好的政治生态，是"教育反腐"的内在要求。不难看出，法治反腐、制度反腐、教育反腐可以嵌入具体的反腐败实践中，实现彼此之间的逻辑勾连。

法治反腐、制度反腐和教育反腐符合内外因相互关系的原理，遵循反腐败内因和外因共同发力的客观规律。马克思主义认为，事物发展是内因和外因共同作用的结果。反腐败既需要外部的法治和制度约束，亦需要内在的道德自律。"在新时代，一体推进'三不腐'是充分发挥反腐内外合力的突出体现。"[①]法治反腐对腐败分子严惩不贷，彰显法律震慑力，形成严格的外在约束。制度反腐强调扎紧、扎密制度的笼子，让权力行使者无可乘之机，构建有效的外部约束机制。同时，法治反腐和制度反腐共同促进领导干部思想觉悟和廉洁意识的提高，形成教育反腐的良好效应。从某种意义上讲，制度反腐着力推进反腐败体制机制的完善，能够巩固法治反腐和教育反腐的效果。教育反腐是反腐败的根基，只有每个领导干部自觉遵守廉洁规则和加强廉洁自律，才能在内心深处做到严格自律、消除贪腐欲望。由此可见，法治反腐、制度反腐、教育反腐与一体推进"三不"高度契合，三者

[①]　朴林：《一体推进"不敢腐、不能腐、不想腐"的理论思考》，《理论探讨》2020年第5期。

的结合能够促进反腐败内部和外部力量的整合，形成相互协调配合与同向发力的局面。

（二）一体推进法治反腐、制度反腐和教育反腐的逻辑框架

第一，建设一体推进法治反腐、制度反腐和教育反腐的政治局面。党的十八大以来，全面从严治党向纵深发展，管党治党"宽松软"的问题逐步得到解决，党的建设伟大工程得到全面推进。在"老虎""苍蝇"一起打、把权力关进制度的笼子里、群众路线教育实践、"三严三实"专题教育、"两学一做"学习教育、"不忘初心，牢记使命"主题教育等活动中，既有对腐败行为的刚性惩治，亦有对权力运行的制度规约，还有对行为主体的廉洁教育，蕴含了一体推进法治反腐、制度反腐和教育反腐的深刻命题。因此，要创造全面从严治党的环境，不断推展反腐败的深度和广度，为一体推进法治反腐、制度反腐和教育反腐提供政治保障。

第二，完善一体推进法治反腐、制度反腐和教育反腐的制度设计。构建完备的反腐制度，可以为法治反腐提供制度支撑，为提升广大党员干部的思想境界提供制度依据，从而构筑拒腐防变的坚强堤坝。近年来，为推进反腐败工作取得成效，党纪国法不断健全和完善。例如，党章修正案的通过，《关于新形势下党内政治生活的若干准则》《中国共产党党内监督条例》《中国共产党纪律处分条例》等诸多条例的出台，都为一体推进法治反腐、制度反腐和教育反腐奠定了良好的制度基础。

一体推进法治反腐、制度反腐和教育反腐的具体制度，主要包括以下方面：一是构建一体推进法治反腐、制度反腐和教育反腐的联通制度。可在全国范围内推进法治反腐、制度反腐和教育反腐的联通，

在省、市、系统行业内部作出明确要求，各地区、各系统行业内部等打破部门壁垒，加强经验交流，实现资源共享。二是建立一体推进法治反腐、制度反腐和教育反腐的互动制度。要以"法治反腐"带动"制度反腐"和"教育反腐"。要依法对典型腐败案件作出处理，推动反腐败制度建设，并借助典型案例的警示教育作用，增强"不想腐"的教育效果。三是健全一体推进法治反腐、制度反腐和教育反腐的保障制度。一体推进法治反腐、制度反腐和教育反腐，干部的素质和能力是关键。要加强干部培训，提高干部素养和能力，引导广大干部牢固树立"四个意识"，增强"四个自信"，运用矛盾分析法开展工作，善于处理工作中的根本问题和主要问题。

第三，凝聚一体推进法治反腐、制度反腐和教育反腐的监督力量。成立监督机构，扩大监督权力，提高监督实效，督促党和政府严惩腐败，加强权力的制度规约，引导党政干部廉洁自律，这是一体推进法治反腐、制度反腐和教育反腐的重要保障。因此，可考虑推进制度创新，建立人大监察专员制度，充分发挥群众监督的作用。要创造条件鼓励群众参与反腐倡廉活动，加大信息公开、透明行政的力度，健全公职人员财产公开和申报制度，拓展群众举报的机会和渠道，提高公职人员廉洁自律的意识，将监督机制和监督力量嵌入一体推进法治反腐、制度反腐和教育反腐的进程之中。

第四，完善一体推进法治反腐、制度反腐和教育反腐的权力运行机制。反腐败要抓住权力制约这一关键环节，防范以权谋私行为的发生。要建立健全权力制约机制，科学配置权力，保障权力的高效运转；要依据宪法和法律，明确权力职责，确定权力边界，规范权力流程，列出权力清单；要保障权力运行的公开透明，以公开为原则、不公开为例外，推动用权公开、办事公开，建立权力运行可查询、可追溯机制；要加强权力运行监督，关注重点岗位廉政风险点，"坚持权责统一，盯紧权力运行各个环节，完善发现问题、纠正偏差、精准问责有效机制"。① 通过完善上述权力运行机制，提升制度反腐的效果，助推法治反腐和教育反腐的实施效果，进而为一体推进法治反腐、制度反腐和教育反腐提供有力支持。

第五，健全一体推进法治反腐、制度反腐和教育反腐的纪检监察机制。一是健全上下级纪委的联动机制，完善下级纪委向上级纪委报告工作、办案管理、干部管理等制度，促进纪检监察制度与巡视制度的衔接，完善巡视成果移交对接机制、建议机制、反馈督查机制、成果运用机制。二是完善纪委对同级党委的监督机制。明确党委主体责任和纪委监督责任的具体内容、责任范围、考核机制等，构建"两委"监督和协调机制、纪委对党委决策干预机制、纪委对同级党委成员涉案初查处理机制。三是优化地方纪委与基层党组织和党员联系机制、纪委监委与社会联系机制、纪委监委组织建设机制、纪检工作内部运行机制、纪检工作外部保障机制，等等。通过上述纪检监察职责的强化和体制的完善，增强一体推进法治反腐、制度反腐和教育反腐的广度和力度。

第二节　基于舞弊风险因子理论的一体推进"三不" 体制机制设计

在法治反腐、制度反腐和教育反腐的共同推动下，一体推进不敢

---

① 《中共中央关于坚持和完善中国特色社会主义制度　推进国家治理体系和治理能力现代化若干重大问题的决定》，人民出版社 2019 年版，第 43 页。

腐、不能腐、不想腐的体制机制具有坚实的理念保障和实践基础。"三不"彼此交融、密切关联，构成一个完整统一的体系。为深刻阐发一体推进"三不"体制机制的机理，有必要引入舞弊风险因子理论，寻求理想的分析工具，构建科学的设计框架。

一、运用舞弊风险因子理论指导反腐败实践

本书第二章阐述了伯洛格那（G. Jack. Bologna）等人提出的舞弊风险因子理论的相关内容，主要用于企业舞弊风险因子分析。舞弊风险因子理论也可以运用于反腐败实践，其主要原因如下：

（一）舞弊风险因子理论的目标与反腐败的初衷相吻合

党和国家大力加强廉政建设，初衷是实现国家公职人员清正廉洁，营造一个海清河晏的政治生态。舞弊风险因子理论作为分析企业舞弊风险形成机理和治理对策的重要理论，其目标是监测和预防企业工作者的经济舞弊行为，以保证良好的企业经济状况和运行生态。作为防止腐败的两个领域，二者在本质属性和目标诉求方面是相通的。

（二）舞弊风险因子理论的要素因子与反腐败的关键要素相一致

反腐败的实践面向的主要是个人和组织，也即考查个人品格、腐败动机以及所在工作单位的腐败操作空间；舞弊风险因子理论是在GONE 理论基础上的提出来的，而 GONE 理论作为企业会计舞弊与反会计舞弊的著名理论，则分别从 Greed、Opportunity、Need、Exposure四个方面指出了舞弊产生的四个条件，与腐败的诱发因素以及反腐败的发生领域是一致的。此外，舞弊风险因子理论在 GONE 理论的基础之上进一步将舞弊风险因子概括为个别风险因子与一般风险因子（也

即归纳为个人和组织两种因素），在细节上与反腐败的实践面向更加
一致。

（三）舞弊风险因子理论与一体推进"三不"体制机制坚持相
同的逻辑理路

舞弊风险因子理论通过减少一般风险因子与个别风险因子结合在
一起的概率，力图减少企业舞弊的可能性。作为反腐败的三个不同阶
段，不敢腐以提高腐败被发现的概率、加大腐败分子受到惩罚的性质
和程度为保障条件，不能腐的目标主要是减少腐败机会和压缩权力寻
租空间，不想腐则是通过提高道德水平和降低腐败动机，进而从根本
上杜绝腐败行为。不敢腐、不能腐、不想腐分别对应舞弊风险因子理
论中的暴露因子、机会因子以及贪婪和需要因子，二者发挥作用的场
域和发挥作用的逻辑理路基本相同。可从组织因素和个人因素两个维
度，运用舞弊风险因子理论对一体推进不敢腐、不能腐、不想腐的体
制机制进行设计。

二、组织因素

分析舞弊风险因子理论，其组织因素可归纳为提高腐败被发现的
概率、加大惩治的强度和减少腐败的机会三个方面。

（一）提高腐败被发现的概率

1. 加强对重点领域、重要岗位、关键环节的监督

调查发现，重点领域、重要岗位、关键环节是廉政风险的高危
区位，违纪违法案件发案率较高。"从党的十八大以来查处的案件看，
一些领导干部的落马，尤其是形成窝案的，往往涉及重大工程、重点
领域和关键岗位，那些权力集中、资金密集、资源富集的部门和行

业，滋生腐败的风险就会越高，这就是加强监督的着力点。"①诸多案件显示，金融信贷、行政监管、行政审批等关键环节容易与权钱交易深度勾连，集团式腐败、期权式腐败屡见不鲜。

基于对舞弊风险因子理论中组织因素的考量，应不遗余力地加强对重点领域、重要岗位、关键环节的监督。在"一把手"负责制之下，领导干部是政策制定、实施和落实的关键角色，掌握人权、财权、事权等诸多权力。"一把手"权力高度集中，往往是行贿和围猎的重点目标。权力越集中越封闭的地方，"一把手"权力滥用的风险就越大。因此，加强对重点领域、重要岗位、关键环节"一把手"的监督显得尤为必要。要配备与"一把手"权力相称的监督力量和体系，明确"一把手"的权力边界，防止由于"一把手"腐败继而引起的家庭腐败、家族腐败和大面积塌方式腐败问题的发生。

2. 创新巡视巡察制度

作为党内监督的一项重要制度，巡视巡察制度是管党治党的利器。长期以来，借助巡视巡察制度，中国共产党实现了良好的自我净化、自我完善、自我革新和自我提高。十九届中央纪委四次全会明确要求，进一步完善巡视巡察上下联动工作格局，深化政治巡视，建立巡视巡察上下联动机制，一体推进不敢腐、不能腐、不想腐，落实全面从严治党。②在一体推进不敢腐、不能腐、不想腐的进程中，创新巡视巡察制度，需要实现巡视巡察全覆盖。要树立聚焦重点的问题导向，发挥巡视巡察制度的利剑作用，通过上下联动的监督及时发现腐

---

① 赵兵：《今年反腐重点：重大工程 重点领域 关键岗位》，《人民日报》2019 年 2 月 12 日。
② 《中国共产党第十九届中央纪律检查委员会第四次全体会议公报》，《人民日报》2020 年 1 月 16 日。

败、纪律、作风和选人用人等方面的突出问题。在此基础上，聚焦"关键少数"，压实主体责任，巩固巡视巡察成果。

3. 深化派驻机构改革，发挥探照灯作用

派驻监督是纪检监察机关在党的集中统一领导下，实现自上而下监督的重要形式，同时也是加强党内监督和国家监察的重要手段。通过常设性或临时性派驻机构，实现了纪检监察机构组织的延伸，较好地发挥了党内监督作用。这不仅是中国特色权力监督体系的重要一环，也是健全党和国家监督体系的内在要求。但是，从目前来看，派驻机构作用发挥还不太明显、监督效果也不够理想。当前，深化派驻机构改革，首先需要在明确派驻机构职责的基础上，增强派驻机构的权威性，保证有效履行职责，提高监督质量和效果。其次，需要进一步提高派驻人员的业务能力，使其工作更加专业、作风更加优良。最后，还需要增强派驻机构与当地政府的协同性，照顾全局、协调工作，保证派驻监督的效率和实效，让监督"探照灯"照得更准、照得更亮。

4. 加强责任追究机制建设

构建一体推进不敢腐、不能腐、不想腐的体制机制，需要健全责任机制，加强对腐败人员的责任追究。问责性是现代政府的特征，没有问责性的政治系统不可能增进公共利益，难以得到人民的认可和支持。缺乏问责性的国家廉政体系不仅不可能有效地遏制腐败，反而会成为腐败泛滥的一个重要原因。① 随着法治中国和责任政府的逐步建立，落实公职人员工作中的主体责任，形成严格责任追究制度成为必要。加强责任追究机制建设，将主体责任落实、压实，对于提高腐败

①　张桂林：《国家廉政体系的基本认知与构建中国特色监督体系》，《政治学研究》2019年第5期。

发现概率效果明显。责任落实到位，一方面可以让权力逾越者有所忌惮，减少越权、弄权行为的发生；另一方面为及时有效地发现权力腐败问题提供保障。加强责任追究机制建设，可以分别从提高问责理念、加强问责体系建设两个方面重点谋划，把党章、党规、党纪挺在前面，使全面从严治党责任制和问责制贯穿权力运行全过程。

5. 开展反腐败国际合作

随着经济全球化发展，腐败犯罪突破了国家边界，越来越具有跨国性特点，合作打击腐败日趋成为各国的迫切需求。党的十八大以来，以习近平同志为核心的党中央深刻把握大局大势，将反腐败国际合作提升到政治和外交层面，作出加大国际追逃追赃力度的重要决策部署，使深度参与反腐败国际治理成为新时代中国特色大国外交的重要内容，使追逃追赃成为全面从严治党的一面旗帜，推动新时代全面从严治党取得了历史性、开创性成就，产生了全方位、深层次影响。[①]

党的十八大以来，以习近平同志为核心的党中央在国内重拳反腐的同时，还大力推进反腐败追逃追赃工作，积极开展反腐败国际合作，推动构建国际反腐新秩序，大批外逃分子被缉拿归案，一张反腐"国际天网"正在织就。[②]近年来，随着"红色通缉令"逃犯的纷纷落网，我国在国际反腐败合作中取得了巨大效果，极大地震慑了腐败分子。在当前世界人工智能技术大爆发和大数据时代背景下，开展国际合作追逃追赃，要更加注重信息共享，创新腐败行为监测手段，着力建设腐败分子信息库，将腐败分子个人信息全网公布，使其无处遁形。

---

① 《把握反腐败国际合作的时和势》，《中国纪检监察报》2020 年 4 月 16 日。
② 朱基钗、罗宇凡：《天网恢恢 虽远必追——我国反腐败国际合作和追逃追赃成果纪实》，2016 年 12 月 9 日，见 http://www.gov.cn/xinwen/2016-12/09/content_5145763.htm。

（二）加大惩治的强度

党的十八大以来，高压反腐态势取得明显效果，反腐败斗争取得压倒性胜利。但是，减少腐败存量、遏制腐败增量的任务依然艰巨，应当推动全面从严治党向纵深发展，同时持续加大对腐败打击力度，依法对腐败分子严惩不贷，让不敢腐、不能腐、不想腐的理念深入人心。

1. 继续提高惩治的频率

从心理学角度来考察，腐败分子的腐败行为与其所在组织的查处时间密度有较大关系。在一段时间内，如果组织内部较长时间不开展反腐败工作，就会给腐败分子造成政治宽松的错觉，认为腐败有机可乘。换言之，只有定期对组织内部成员进行经济排查和行为监测，才能让组织成员形成强大的心理压力，更好地保证不敢腐的效果进而促进不能腐、不想腐的实现。提高惩治频率，要求做好组织内部定期的排查工作，最大程度保证对重点领域、重点岗位、关键环节的有效监督，综合扫描组织内部的各个细节，防止出现腐败漏洞。特别是要继续提高巡视巡察制度建设，增加巡视巡察的频率，将反腐败"利剑"磨得更亮、更快。

2. 加大经济性惩罚的力度

加大惩罚力度是防止腐败行为发生的重要手段。以巨额经济惩罚为主的措施，会让腐败分子有所忌惮、行为收敛，实现"不敢腐"的目的。关于经济性惩罚措施的运用，可适当借鉴新加坡人民行动党的经验和做法。新加坡实行高薪养廉政策，人民行动党政府通过薪俸激励来减少公务员的贪污行为。新加坡公务员在职期间和退休之后，都享有优厚的物质待遇。但是，如果公务员因贪污腐败被查处，那么他所享有的待遇将被全部取消，甚至面临被驱逐出境的风险。公务员贪污腐败将付出高昂的代价，得不偿失，但从利益得失角度来考量，他们也不愿冒险贪腐。对腐败分子加大经济性惩罚力度，可以促使公职人员算好"经济账"，规避政治上身败名裂和经济上倾家荡产的巨大风险，从而达到预防腐败的目的。

3. 整治群众身边的"微腐败"问题

加大惩治强度，还需要着眼于微观和细节，惩治群众身边的"微腐败"问题。群众身边"微腐败"具有很强的反复性、顽固性，深入整治必须一体推进、统筹发力。[①]"千里之堤，溃于蚁穴。"量变会引起质变，"微腐败"也会酿成"大祸害"。预防"微腐败"，首先，要加强事前防范，防微杜渐，全面强化内部监督制约机制。其次，要经常开展反腐败警示教育，利用监督执纪"四种形态"，把纪律和规矩挺在前面，营造正风、反腐、肃贪新氛围。最后，要加强信息公开和透明度，自觉接受广大人民群众的监督，通过群众力量抵制"微腐败"行为。

（三）减少腐败的机会

由于政治权力在社会中所具有的特殊支配地位，所以它在具体的运作过程中，一般会表现出比一般权力更深刻的消极特征——自利性。[②]掌权者利用手中权力谋取私利，在很大程度上与腐败空间有关。如果腐败分子手中的权力得不到监督和制约、自由活动的空间过大，那么权力寻租现象难以避免。结合舞弊风险因子理论关于机会因子的

---

① 周焕祥：《统筹发力整治微腐败》，《中国纪检监察报》2020 年 7 月 2 日。

② 马宝成：《政治权力制约监督的理论基础与运作机制》，《国家行政学院学报》2015 年第 S1 期。

论述，良好的组织运转需要发挥权力转移和权力制约的作用，以减少以权谋私的机会。基于减少腐败机会的视角，需要在权力监督和权力制约两个方面探寻应对策略。

1. 权力监督的维度：加强内外部监督机制建设

权力监督机制的构建，需要从内外部两方面入手，通过建立合理的权力监督结构体系，实现权力监督全覆盖，保障权力的公正有序运转。

（1）外部监督机制

廉政体制外监督是以法律没有规定的主体、权责、客体、方式或路径对国家机关及其公务员行使公共权力的行为进行监察与防治腐败的活动。[①] 相对于内部监督机制来说，外部监督具有主体广泛性、方式多样性等特点，在反腐败进程中发挥着独特作用。

一是加强党务和政务公开机制建设。提高政府工作透明度，让权力在阳光下运行是构建廉洁政府的基本要求，也是民主进步、法治完善的重要体现。加强党务和政务公开，首先要树立"公开是原则，不公开是例外"的基本理念，凡是涉及经济社会发展重大事项和群众普遍关注的切身利益事项，都要做到及时公开，提高权力运行的透明度。其次，要将党务公开和政务公开切实下沉到组织内部和基层组织，实现决策公开、管理公开、服务公开、过程公开和结果公开，让权力充分暴露在阳光之下。最后，在当前网络技术空前发达的背景下，还要积极构建网络信息化监督机制，利用"制度＋技术"的手段，推动权力网上公开透明化。

二是健全党和国家监督体系建设。构建新时代反腐败监督体系，

---

① 刘家明：《廉政体制外监督：空间、机理与演化》，《理论导刊》2016 年第 1 期。

要把深化国家监察体制改革与监督体系的构建结合起来，推进党纪国法的无缝衔接、党纪反腐与法律反腐的有机结合、权力反腐与权利反腐的良性互动，为强化不敢腐的震慑、扎牢不能腐的笼子、增强不想腐的自觉提供有力的体制机制保障。[①]健全党和国家监督体系，需要坚持以中国共产党的领导为核心，以继续深化国家监察体制改革为主导，以有序推动群众监督为基础，以司法公正和法治权威为保障。建设强有力、受约束、负责任的国家，需要把党内监督同国家监察、群众监督结合起来，同法律监督、民主监督、审计监督、司法监督和舆论监督等监督方式协调起来，增强监督体系的合力与效力。

（2）内部监督机制

廉政建设不仅需要从外部发力，更需要从内部着手，双管齐下，形成全方位、内外结合的权力制约监督体系。

一是制定并施行严格的廉洁自律及诚信管理等相关制度。组织的规范化运行，需要校正诚信问题处罚标准，完善廉洁管理制度，营造内部廉洁文化。将公职人员廉洁自律与社会诚信挂钩，有利于警示其行为，为规范化、制度化和统一化的组织行动提供保障。制定内部廉洁自律制度，严格遵守党和国家的有关法律规定和廉洁规定，需要勉励公职人员客观公正、实事求是、诚实守信、尽职尽责的职业道德。同时，还需要完善举报制度，严肃查处贪污腐败行为。

二是完善制度设计，减少制度漏洞。众所周知，制度缝隙过大容易提供操作空间、滋生贪污腐败。完善制度设计，必须尽可能克服

---

① 吴建雄、夏彩亮：《中国特色社会主义监督体系的优势》，《红旗文稿》2019年第17期。

制度的模糊性。模糊性制度规定通常弹性较大，容易产生歧义，解释力不足，不能将制度的效力发挥出来，对于廉洁政治建设容易产生阻碍。例如，在放管服改革如火如荼进行的同时，还存在一些符合改革总体趋势但相关制度不明确的痛点、难点和堵点尚未解决，因为没有明文规定作为依据，对此政务服务机构"可办""可不办"，这就极易产生吃拿卡要等不良现象。因此，必须在相关领域尽快建立明晰的制度体系，规范政务服务行为，提升政务服务质量。

三是制定权力清单，规范工作流程。权力腐败发生在权力运行的各个环节，为保证权力有效化和有序化运行，需要分门别类地将权力运行的各个细节罗列出来，制定权力清单，严格落实和压实权力责任制度，以减少权力滥用的风险。同时，还要规范权力运作流程，实现决策监督、执行监督、评估监督、问责监督等环节的衔接与耦合，形成动态运转的链条。此外，要防止出现"灯下黑"现象，警惕监督者滥用监督权的风险，制定专门针对监督执行者的权力制约制度和权力清单制度，减少监督者与被监督者串联作案的风险。

四是实行定期轮岗制度，避免形成"熟人圈"，降低以权谋私的风险。任何一个职位如果长期由一人把控，势必就会产生懈怠心理，放松警惕，给腐败以可乘之机。组织系统内部监督需要形成职位轮换制度，避免因长期把持某一特定权力而产生熟人社会腐败行为。实行关键岗位定期轮岗制度，要严格落实任期制和岗位责任制，在一定任期内出现的问题，需要由在任期间的主要领导负相关连带责任。

五是运用现代技术强化网络监督。随着网络技术发展和大数据技术的运用，"互联网＋监督"方兴未艾，发挥着越来越重要的作用。网络技术监督的优点是成本低、迅速便捷、可靠性高，可以很好地解决监督主体参与度低、制度理性低、信息交互信任成本高、权力数据溯源困难等问题。当前，网络技术监督的形式有很多，如基于区块链技术的政府权力监督、基于大数据技术的权力精准监督、基于远程监控的审判监督等；网络技术监督的应用领域较为广泛，如在管理信息系统、行政审批电子监察系统等方面的应用。随着技术的进一步发展，网络技术监督将成为愈来愈普遍的权力监督形式。

2. 权力制约的维度：合理规范权力运行

规范权力运行，除了加强权力监督之外，还需要把权力关进制度的笼子里。在政治权力制约问题上，必须构建一个行之有效的运作机制，充分发挥制度、道德和社会力量的不同约束作用，形成一个全方位的制约监督体系。

（1）把权力交给制度

现代政治权力是制度化的政治权力，它强调的是对既定规则的遵从。一方面，国家权力的产生与各种制度密不可分；另一方面，国家权力的运作也受到宪法和其他法律的约束。2013年，习近平总书记在十八届中央纪委二次全会上的讲话中强调："要加强对权力运行的制约和监督，把权力关进制度的笼子里，形成不敢腐的惩戒机制、不能腐的防范机制、不易腐的保障机制。"[①] 把权力关进制度的笼子里，既是对权力与制度关系的形象概括，又是回归权力本质的必然要求。把权力关进制度的笼子里，意味着要动用制度本身的约束力量，确保人民群众赋予的权力合法合规运行。

运用制度约束权力，需要制定完备而严厉的法律。法律制约是制

---

① 《习近平关于党风廉政建设和反腐败斗争论述摘编》，中央文献出版社2015年版，第121页。

度制约的核心内容，它既是震慑腐败的力量、打击腐败的依据，也是消除腐败、走向廉洁的必要条件。一方面，要做到有法可依。要健全政府各执法部门的组织法和公务员法、法官法、检察官法，明确界定其权力和职责，使人民更好地了解国家机关的权限范围，使其严格在职权范围内行使权力。同时应该借助国家监察制度改革，完善权力监督方面的法律，如健全财产申报制度、政府招标投标制度等。另一方面，在有法可依的前提下，还应当严格执法。法律的价值在于执行，在以制度制约权力的问题上，必须对触犯法律者加以严惩，才能够真正凸显法律的作用。

（2）推行严格的利益冲突管理制度

公职人员利益冲突是腐败的重要诱因。作为特定的廉政用语，利益冲突与特定的公共职位、公共权力、公共责任和公共利益相联系。利益冲突实质上是公共权力的非公共性使用，其外在表现是公职人员的私人利益与其公职所代表的公共利益之间的冲突。[①]从权力运行的过程来看，利益冲突发生于公共政策和公共行政之中，渗透到政策制定、政策执行和政策评估的方方面面。实行严格的利益冲突管理，可以从根源上限制权力寻租的潜在风险，起到预防腐败的作用。

严格利益冲突管理需要从制度层面入手，提高利益冲突管理制度的适用性，即以国家监察体制改革为方向和依托，实现利益冲突管理党内和党外全覆盖。在此基础上，要注重做好基础性制度和细节性制度的配套设计，促进利益公开制度、利益回避制度、资产处理制度和离职后行为限制制度的结合，保证公开公正与维护公平正义共同进

---

① 庄德水：《利益冲突：一个廉政问题的分析框架》，《上海行政学院学报》2010 年第 11 期。

行。对于发现利益冲突的腐败案件，要加大惩治和打击力度，增强防止利益冲突制度的震慑效应。对公职人员加强伦理教育培训活动，并使之规范化、有序化和长效化，是防止利益冲突制度建设取得实效的重要保障。① 从心理角度来分析，利益冲突的产生除了与必要的利益有关以外，还与个人谋取私利的心理动因密不可分。因此，要在更大范围内培育公职人员的伦理道德，促进利益冲突管理从制度约束向内心激励转变。

（3）促进以减少腐败机会为目标的制度配套

规避权力风险、减少腐败机会，需要实现制度配套的突破。权力腐败可能发生在公权力行使的任何部门和任何环节，减少腐败机会只靠单方面的制度规约远远不够，还需要在政府改革中出台配套措施，有效减少腐败机会。近年来，随着市场经济全面发展、服务型政府导向建立、部门制改革等有条不紊地进行，从全能政府变为有限政府、精简政府机构成为塑造新型政府的实践导向。塑造廉洁高效的政府，已成为政府体制改革的重要共识。从制度配套层面来讲，以简政放权、精简机构为导向，通过有针对性的重组或改革政府机构配置，缩减政府规模，有利于减少腐败发生的空间；以清理、精简审批项目为导向的行政审批制度改革，有利于减少项目行贿、审批行贿等行为；从全能政府变为有限政府，政府职能转变的同时，也使政府的权力拥有更清晰的边界，为限制腐败提供更有力的依据。

---

① 陈洪连、李慧玲：《防止利益冲突制度建设的价值意蕴与实现路径》，《北京航空航天大学学报》（社会科学版）2017 年第 1 期。

三、个人因素

构建一体推进不敢腐、不能腐、不想腐体制机制，还应当从个人主观层面来探索不想腐的实现路径。舞弊风险因子理论把个别风险因子定义为因人而异、且在组织控制范围之外的因素。基于 GONE 四因素理论中的贪婪因子和需求因子，个人因素包括道德品质与动机两个方面。当一般风险因子与个别风险因子结合在一起，并且被舞弊者认为有利时，舞弊就会发生。根据舞弊风险因子理论，舞弊行为的产生受到个人道德水平和腐败动机的影响。因此，要实现不想腐，就必须提高个人道德水平、弱化腐败动机。

（一）提高个人道德水平

提高公职人员的道德水平，造就不想腐的内部动力。加强公职人员的品性修养，增强纪律意识和规矩意识，要以日常廉洁教育为基础，通过"三会一课"来强化党员干部的党性修养；要定期开展主题教育活动，增强公职人员的理想信念；要普及相关法律及党规党纪培训，增强法治观念。

1. 加强"三会一课"对党员的日常教育

"三会一课"制度是党的组织生活的基本制度，是党的基层支部应该长期坚持的重要制度，也是健全党的组织生活、严格党员管理、加强党员教育的重要制度，是我党经过长期实践证明的一种行之有效的党组织生活制度。加强"三会一课"建设，是增强党员党性修养、提高队伍素质的重要途径，也是塑造党组织内部廉洁政治生态、遏制贪污腐败的有效方式。

当前"三会一课"存在的问题主要是程序形式化、内容不规范、职能不到位、质量不够高等。究其原因，主要与党员素质不高、思想认识不到位、开展方式落后以及检查指导不力有关。因此，在"三会一课"建设中，需要着重强化理论指导，加强管理培训；严格议事制度，落实主体责任；抓好"关键少数"，坚持"民主集中"，探索改进路径，形成制度化、常态化的党员教育氛围，为防治贪污腐败打好内部基础。

2. 开展主题教育活动，坚定理想信念

反腐败工作不是一劳永逸的，随时面临腐败存量和腐败增量变大的风险。因此，要时刻警惕公职人员的权力滥用行为，对公职人员的思想道德教育时时在线。定期开展廉洁主题教育活动，增强公职人员理想信念，是拒腐防变、永葆清正廉洁本色的重要途径。

开展廉洁主题教育，需要在重视教育活动质量的同时，注重主题针对性和形式多样性，避免教育活动流于形式或出现娱乐化倾向。可通过廉洁教育警示片、廉政文化墙等形式，增进公职人员对于腐败问题的了解。还可以通过参观爱国教育基地，传承红色基因，坚守理想信念，筑牢自己抵御腐败的思想防线。在开展廉洁主题教育活动中，要牢牢把握廉洁的主题性质，注重主题教育活动的实效性，调动和激发广大公职人员爱国、爱党、敬业、守法的主动性和积极性。

3. 推动法律法规及党规党纪培训，增强法治观念

在依法治国背景下，作为公权力行使者，公职人员的遵纪守法意识关系着法治政府形象和法治国家发展。增强公职人员的法治观念，提高干部队伍整体法治水平，是依法治国背景下塑造个人道德品质、遏制贪腐行为的重要途径。树立不敢腐、不能腐、不想腐的思想自觉，需要以知法、懂法、守法、用法为基本要求，通过普及反腐败相关法律以及加强党规党纪培训，提高拒腐防变的法治意识。

增强反腐败法治观念，需要正确认识法治在"一体推进不敢腐、不能腐、不想腐"体制机制建设中的作用。作为人类文明的重要成果，法治是社会文明和政治文明的重要标志，具有规范、预防、威慑、惩戒、保障、教化、指引的多元功能。建立不敢腐、不能腐、不想腐的长效机制，需要通过彰显法治的威慑和惩戒功能，加大对腐败行为的惩戒力度和执法力度；需要利用法治的规范和保障功能，在权力结构优化和权力流程再造、监督执纪问责等方面探索不能腐的实现路径；需要依靠法治的教化和指引功能，对广大党政干部进行法治教育，培育法治意识和规则意识。在法治的轨道上反对腐败，要借用法治理念、法治精神来培育公职人员的法治情操。同时，要加强对党员领导干部的法治宣传教育，切实提高其规则意识、责任意识和平等观念，坚持法治思维和底线思维。

（二）弱化腐败动机

腐败的形成往往与公职人员的个人愿望和需要有关。当公职人员个人能力与自身需求不匹配，并且缺乏其他实现个人需求的途径时，其心理行为就会转向不当谋利，产生腐败动机。因此，从根源上弱化腐败动机，一是要以正向激励的方式，通过高薪养廉和正常晋升等渠道，满足公职人员个人需求；二是要合理加强负向激励，通过深化警示教育、伦理审查，对腐化行为给予警戒。

1.正向激励

对公职人员的正向激励包括薪酬激励和晋升激励两方面。在此，可以借鉴中国香港廉政公署的"养廉金"政策。中国香港廉政公署雇员的合约期为2.5年，一个雇员如果能够合格履职到期满，将获得2.5年总工资的四分之一作为奖金。这种机制可以发挥约束和激励的双重效应：其一，公职人员为求得四分之一的奖金，需要在合约期内尽职尽责，努力做好自己职责范围内的事务，起到约束行为的作用；其二，这一部分奖金作为酬劳，能够满足公职人员自身所需，激发工作积极性。

除薪酬激励外，正向激励还可以引入市场化、竞争性的人才制度，给予廉洁干事者合理的晋升渠道。实行竞争性人才制度可以为公职人员提供公平公正的能力发挥平台，避免造成因无法满足职位需求从而转向金钱需求的风险。研究表明，在公权力得到有效制约和监督的前提下建立有竞争力的公职人员薪酬、晋升制度，可以使广大党员干部尤其是基层干部不必腐，从而在内心深处彻底放弃腐败的欲念。

2.负向激励

人类受双重性的支配：一方面，人是社会动物，天生具有团结合作的意愿；另一方面，人又是单个的个体，有着纷繁复杂的欲望和要求。人类的双重本性难免会生出明显的矛盾：由于人的欲求无限，而满足人的欲求的资源是有限的，因此，人们欲求的矛盾和冲突在所难免。为消解二者的矛盾和冲突，通过适当的制度设计将矛盾控制在合理的秩序框架内非常必要。在执政过程中，基于公职人员人性中"经济人"与"公共人"的双重特性，需要建构公共行政伦理的双重维度，通过正向激励和负向激励共同发力，来保证政策实施合理有效和政治生态清正廉洁。对公职人员给予负向激励，需要加强伦理审查，控制公职人员自私自利的本性，将腐败的苗头消除在萌芽状态之内。

对公职人员负向激励可以从两方面入手：一是深化廉政警戒，通过警示教育基地、纪录片等形式，配合正向激励的相关薪酬制度、晋升制度宣传，以"胡萝卜加大棒"的恩威并施方式，引导公职人员自党杜绝贪腐行为；二是通过廉政伦理审查，完善公务员选拔录用考核制度，以严格的品德考核制度、行为跟踪制度彰显制度伦理，把廉洁奉公作为重要的考核标准确立下来。开展廉政伦理审查，需要将有无不良嗜好和犯罪前科、日常人际交往圈、家庭背景、社会关系、个人爱好和品德修养等具体细节纳入审查范围，还要注重公务员伦理品格的跟踪调查，调查公务员的私生活是否混乱、有无嫖赌行为、是否经常出入酒吧、有无与非法团体交往的行为，等等。通过一系列伦理审查保障措施，可以更好地锤炼公职人员忠诚、干净、担当的政治品格，使其具备胜任公务活动的素质，最大程度地避免贪腐行为发生。

第三节　落实一体推进"三不"体制机制的关键

反腐败是一项系统工程，要增强一体推进"三不"体制机制的同步性和协同性。目前，一体推进"三不"各个方面的建设进度存在明显差异，"不敢腐"的进展和成效较为明显，"不能腐"的建设相对滞后，而"不想腐"思想防线的构建最为缓慢。从不同层级来讲，中央层面和省级层面"不敢腐"的效果较为明显，而市、县层面"不敢腐"的建设进程则相对缓慢，惩治腐败的力度呈现出层级递减的趋势，基层"消除腐败存量，遏制腐败增量"还面临较大压力。这需要系统构建一体推进"三不"体制机制，增强反腐败的整体效应。

一、加强党对一体推进"三不"的统一领导

"三不"既相互融通，又各自独立，包含内因与外因、自律与他律的辩证关系。其任何一方面滞后都会影响反腐败体系的建设进程，

必须实现同向发力，在一体推进中充分调配各方面的力量，做好统筹协调工作。《中共中央关于坚持和完善中国特色社会主义制度　推进国家治理体系和治理能力现代化若干重大问题的决定》提出："必须健全党统一领导、全面覆盖、权威高效的监督体系，增强监督严肃性、协同性、有效性，形成决策科学、执行坚决、监督有力的权力运行机制，确保党和人民赋予的权力始终用来为人民谋幸福。"[①] 党的领导是中国特色社会主义制度的本质特征与最大优势。一体推进"三不"体制机制是一项长期的、复杂的、艰巨的系统工程，必须由最具权威性的主体——中国共产党实行统一领导。

党的统一领导是反腐败斗争发展的必然要求。在不同的历史时期，反腐败斗争有不同的历史要求，但领导问题永远关系到反腐体系建设的成败。纵览纪检监察体制的历史变革，不难发现，党的领导在反腐败斗争中具有鲜明的制度优势，能够对权力运行进行全方位、全过程的监督，使权力与监督能同时在场。同时，党在一体推进"三不"中的领导也是全面的。一是从组织方面来看，在一体推进"三不"建设的实践中，形成了党委统一领导与部署、各级纪委参谋协助、党政职能部门各司其职这一层层下达的领导体制与工作机制；二是从思想方面看，一体推进"三不"体制机制建设必须坚持以马克思主义为指导，坚持以邓小平理论、"三个代表"重要思想和科学发展观为思想基础，坚持以习近平中国特色社会主义思想为政治基石，坚守党的政治原则与政治纲领，在党的领导下运用中国特色社会主义理论来把握正确的反腐败斗争路线。

[①] 《中共中央关于坚持和完善中国特色社会主义制度　推进国家治理体系和治理能力现代化若干重大问题的决定》，人民出版社 2019 年版，第 43 页。

　　党的领导要与人民意志、法纪有机统一。在中国特色社会主义制度下，代表最广大人民的根本利益集中表现为坚持党的领导与人民民主专政，而法律的实质则是将人民的意志与党的主张上升为国家意志。因此，在一体推进"三不"建设中，党的领导与人民意志、法治密不可分。国家监察体制改革后，国家宪法确立了监察委员会作为国家监察机关的性质与地位——不再从属于其他行政机关或检察机关，由人民代表大会产生、受人民代表大会监督并对人民代表大会负责。此举将反腐败工作推向了新的阶段与起点，将反腐法治化与人民意志进一步融合。同时，《监察法》也明确了中国共产党对国家监察工作的领导，即一体推进"三不"由中国共产党以法治的方式，进行统一领导与全盘布局，进而推动反腐败工作高质量发展。

二、促进"三不"的衔接与统筹协调

　　思想是行动的指南，理论是实践的先导。"三不"作为一个有机整体，要处理好其实践中的不平衡、不协调、不充分问题，必须要有其统一的理念认知与思想共识，并将其具体地贯穿于纪检监察机关的线索受理、执纪问责、调查处置全过程中。一体推进"三不"体制机制是纪检监察工作向标本兼治转变的重要举措，是结果导向式的反腐战略，需要做好"三不"的衔接与统筹协调工作。

　　一是培养全局的系统思维，正确认识到构建一体推进"三不"体制机制是新形势反腐败斗争的新任务新要求。"三不"是一种理想的目标样态，要做好其谋划与落实，把握其内在逻辑，实现其内部贯通衔接。"三不"密不可分、有机联系，不能人为地割裂不敢腐、不能腐、不想腐的关系，甚至排出先后要素次序，将其看作顺序链闭环。要推动三者的贯通，培育宏观筹谋、总体规划的全局战略思维。在推进"不敢腐"时，并行挖掘"不能腐""不想腐"的功能，在党纪法律锁紧权力牢笼之余，根据线索查找体制机制的问题与漏洞，提出相应的纪检监察建议，同时用党的政策教育和道德教育转化审查对象，加强典型案例警示教育和党规党纪教育，使其真心悔悟；在推进"不能腐"时，时刻注意"不敢腐"的有效做法与不足之处，研究案件发生的机制和漏洞，提升法律法规与监察措施的针对性和实效性，同时也要注意挖掘"不想腐"的功效，研究腐败分子的心理活动，掌握其思想认识规律，使制度法规更加直切"要害"、深入人心、务实管用；在推进"不想腐"时，引入"不敢腐"的威慑作用与"不能腐"的约束作用，灵活调用警示案例、展示制度来固化成果，开展遵纪守法反腐倡廉教育。通过上述举措，促进"三不"之间的相互融合、同向发力。

二是培育正确的价值思维。古人云，"正气存内，邪不可干"。反腐败斗争不仅是净化政治生态的斗争，也是关于是非价值观的较量。列宁曾经说过"政治上有教养的人，是不会贪污受贿的"。[①] "要从思想道德教育这个基础抓起，不断夯实廉洁从政的思想道德基础、筑牢反腐倡廉的思想道德防线。"[②] 但仍有不少政府公务人员将工作建立在狭隘的价值观之上，只关注自身的利益，缺乏正确的价值导向和高尚的道德情操，致使工作效能大打折扣，更遑论"三不"的统筹共治。由此可见，正确的价值观思维是一体推动"三不"体制机制建设的关键，各级领导干部应在社会主义核心价值观的引领下，引导党员、干部和其他公职人员牢记党纪国法，坚守理想信念与初心，严守公私与

---

① 《列宁选集》第4卷，中央编译局出版社2012年版，第529页。
② 胡锦涛：《在中央纪委第七次全会上的重要讲话》，2007年1月9日。

权力界限，将廉洁奉公内化为自身需求，树立正确的世界观、人生观和价值观。

三是培育良好的战略思维。当前，一体推进"三不"体制机制缺乏战略思维，仍存在不少认知误区，导致"三不"之间存在割裂现象，进而削弱了三者之间的优势互补，妨碍了一体推进"三不"体制机制建设的进程，影响了反腐败斗争长效机制的构建。反腐败斗争是一项长期性、复杂性和艰巨性的系统工程，不能满足于一时一地的斗争成绩，要从大格局、长时段的战略角度来做好系统规划、整体设计与全程跟进，深入推进"四个全面"战略布局，以最终实现"两个一百年"奋斗目标与中华民族伟大复兴中国梦为斗争目标。在调查审查、巡视巡察和监督处置等工作中，应时刻将"三不"目标的实现及其长效机制建设作为考量因素，让"不敢腐""不能腐""不想腐"三个要素充分协调贯通，在解决突出问题的同时，系统推进反腐败体系的建设。

三、做好一体推进"三不"机制的顶层设计和分层对接

腐败现象与政治权力相伴而生，是寄生在各政治体制上的"毒瘤"。治理腐败顽疾，要以改革的精神，从制度上根治"政治之癌"，这就要求加快完善一体推进"三不"体制机制建设。这是一项政治性、政策性、系统性很强的复杂工程，涉及多方面的利益调整，事关反腐败工作成败的整体格局，零碎敲打、修修补补是不行的，要加强顶层设计，同时突出重点、精准打击，以重点工作的成效和关键环节的突破推动整体工作的开展。

（一）顶层设计

"不谋全局者，不足以谋一域。"反腐败工作涉及面广，牵涉利

益集团众多，必须从全局出发，做好相关政策的协同谋划。一体推进"三不"是党中央在推进反腐败工作中，审时度势、高瞻远瞩，利用科学的理论和方法策略，作出的适应当下反腐形势的系统设计谋划。在反腐败斗争的决战期，一体推进"三不"要立足于国家建设的政治高度，进行系统的规划布局，解决"三不"的不平衡、不充分问题。

当前，反腐败斗争虽然已经取得了压倒性胜利，但存量型、潜伏性腐败仍然存在。因此，新时代反腐败斗争必须明确新使命新任务新责任，完善强板、补齐短板，贯彻一体推进"三不"机制，做好顶层设计与战略布局。党的十八大以来，党中央对健全完善党和国家监督监察体系作出了全面部署，党的十八届六中全会修订了《中国共产党党内监督条例》；2016 年习近平总书记召开会议明确了国家监察立法工作布局；王岐山同志先后主持会议制定了国家监察体制改革、司法体制改革、党的纪律监察体制改革等方针；党的十九大将"健全党和国家监督体系"正式写入报告。这些举措彰显了党对反腐败斗争与一体推进"三不"顶层设计的高度重视。

（二）分层接洽

在顶层设计的战略部署下，要确保反腐措施能够层层落实，就要确保一体推进"三不"的整体化，确保能分层有机衔接各项制度、及时协同跟进各项改革措施、配套完善各领域具体制度。

首先，应抓住主要矛盾，重点突破。反腐败工作应以问题为导向，集中突破反腐败领域的关键环节与重难点问题，最大限度减少腐败的存量与增量。在一体推进"三不"战略中，应强化目标导向与问题导向，坚持以干部清正、政府清廉、政治清明为实现目标，坚定不移地推进反腐倡廉建设。针对反腐实践中的突出问题进行靶向施策，分出腐败问题的轻重缓急，做到精准打击。

其次，要因时因地制宜。十里不同风，百里不同俗。全国不同区域在经济发展水平、文化发达程度与社会环境条件均有差异。"三不"是互为补充、相互辅助的有机体系，而非并列平行或先后次序的线性结构。它在不同的历史时期有不同的侧重点，应实行灵活的战术战略，以应对不同地区、时域之需求。在党中央统筹谋划的基础上，开展一体推进"三不"试点活动应深入当地基层，了解该地域真实情况与切实需求，科学分析反腐败工作中出现以及隐藏的问题，为一体推进"三不"提供经验与教训，处理好顶层设计与地域对接的个性化差异问题，设计出科学合理的、各地区适配的体制机制，避免一刀切。

再次，要抓住"关键少数"。习近平总书记曾强调"统筹推进党的各项建设，抓住'关键少数'"。[①] 领导干部是党的队伍的"头雁"，也是肩负主体责任的关键少数，他们在关键岗位掌握关键权力、负责关键事项，一旦腐化必然引起塌方式、牵连性腐败，其危害不可小觑。也就是说，"关键少数"的清廉是政治生态清明的重点。抓住关键少数，不仅是法治要求，也是执政党的特点所决定的。中国共产党在反腐败斗争中，一直牢牢抓住"关键少数"，坚持反腐败"无禁区、全覆盖、零容忍"，牢固建立"关键少数""一把手"的廉洁理念与反腐责任意识，以此不断强化一体推进"三不"，进一步巩固反腐败斗争压倒性胜利的成果。

---

① 习近平：《决胜全面建成小康社会　夺取新时代中国特色社会主义伟大胜利——在中国共产党第十九次全国代表大会上的报告》，《人民日报》2017 年 10 月 28 日。

四、推动纪法贯通与法法衔接

纪法贯通指党的纪律和国家法律的贯通，法法衔接指《监察法》与《刑事诉讼法》及《行政法》等部门法的衔接。实现"纪法贯通，法法衔接"是进一步深化国家监察体制改革的精髓、巩固反腐败斗争压倒性胜利的重点，也是构建一体推进"三不"体制机制的关键。习近平总书记曾不断强调，要"把适用纪律和适用法律结合起来""在新的起点上深化党的纪律检查体制和国家监察体制改革，促进执纪执法贯通，有效衔接司法，推进反腐败工作法治化、规范化，为新时代完善和发展中国特色社会主义制度、推进全面从严治党提供重要制度保障"。[①]

纪法贯通的一个重要前提，即"纪法"规范系统具有不可比较性，"两把尺子、两种语言"是显示其差异的标志，并由此形成纪检与监察异权、异职（能）、异标（准）、异靶的四方面差异。但"党的纪律与国法都是国家治理体系的重要方式，是国家治理能力现代化的统一体，具有规范效力上的'形式'与'实质'辩证统一的特征"。[②]党纪与国法都以实现腐败治理效能化、贯彻从严治党、实现国家治理体系与治理能力现代化为目标，具有协同推进的衔接点。实现一体推进"三不"体制机制建设中的纪法贯通与有效衔接，应该稳固其立法基础、整合协调其组织机构、完善其程序流程。

（一）稳固立法基础

构建一体推进"三不"体制机制，贯通纪法与国法，要先明确了解"纪法衔接"的法理正当性与必要性，并致力于稳固其立法基础。

---

①　习近平：《在新的起点上深化国家监察体制改革》，《求是》2019 年第 5 期。

②　徐汉明：《国家监察权的属性探究》，《法学评论》2018 年第 1 期。

作为确定的一般化规则形式表达的法律，表面看起来是严谨而周密的，其规制的行为都要满足某些必要条件。但人类社会生活复杂而繁密，不确定性与不能预知的事项远超出法律的管束与指引，即"人类立法者不可能预知未来可能发生之所有可能情况的组合"[①]。因此，法"天生"存在空缺性，而这空缺性导致在法外之地存在许多腐败的灰色地带，对于一体推进"三不"机制建设、法治反腐体系的完善都有莫大的阻碍。此外，法律只能针对违法行为进行惩治，而腐败行为的起始远早于犯罪行为时期。所以，党纪对于填补法治反腐上的空缺性、弥补其预防功能有充分的必要性与正当性。

当前，现有的立法内容已为"纪法衔接"提供了基本的制度框架与规则指引，也为"纪法贯通"提供了一定的立法保障。监察体制改革启动之后，监察委员会的性质地位得到了进一步明确，为其与审判机关、检察机关、执法部门等其他机关的配合、制约关系提供了基本的原则和依据；提供了监察委员会、纪律检查委员会与其他国家机关的线索移送处置、立案调查协作等基本规则；提供了监委向检察机关移送起诉的基本规则，也提供了检查证据制度与《刑事诉讼法》中证据制度的衔接规则。[②] 在未来相当长一段时期，完善监察立法体系、巩固纪法贯通的立法基础仍将是反腐工作的重点。

（二）推动组织协调

"纪""法"分属两套不同的组织体系，做好纪法贯通，也就是整合与协调好两套体系下的机构、组织、职能和人员。在监察体制改革

---

① ［英］哈特：《法律的概念》，许家馨、李冠宜译，法律出版社 2011 年版，第 116—117 页。
② 江国华、何盼盼：《国家监察纪法贯通保障机制研究》，《中国高校社会科学》2019 年第 1 期。

之前，纪检监察室是权力的主要行使主体，既有对领导干部的日常监督权，也有针对问题线索的初核权、审查权，这不光会降低监督和调查工作的专业性，也会导致"灯下黑"问题，纪检监察室的干部很容易变为被"围猎"的对象。[1] 因此，当前各地在实践中逐渐形成了"执纪监督与执纪审查部门分设"，"违法违纪犯罪调查同步开展"等形式，也即对纪律检查权和监察权进行了有益的调配探索。这使得"纪""法"由"前后衔接"转为了"并行衔接"，避免了无谓的重复调查与复杂的证据交接问题，有利于推动纪法贯通，促进法治反腐体系的完善。

但同时也应注意，"纪法贯通"意味着党纪与法律的协同与合作，而并非汇通合并，在同步展开违法违纪犯罪立案与调查时，应避免权力的混用、借用与滥用，明晰各部门的权限与职能分设问题。基于此，合署方案应考虑职务犯罪与违法违纪调查部门单独的权限划分，当线索指向违法违纪与职务犯罪时，仅有相关调查部门能进行管辖与线索的制定，其他部门不能涉权，且要做好相应的案件线索转移。这也就要求配套的分案方法与办案程序要进一步改进，保障案件线索的及时移交与有序、充分流转。

（三）完善程序规则

"纪法贯通"并非空泛的概念，而是涉及每一细微之处，权力的划分与运行都要有相应的衔接。如上文所言，虽然整合协调组织体系能解决国家机关权力来源、机构设置、法定权限和人员配置等问题，但权力的控制与行使依赖于必要的程序条件，完善的程序规则是法治反腐的重要保障。

---

[1]　江国华、何盼盼：《国家监察纪法贯通保障机制研究》，《中国高校社会科学》2019年第1期。

保障监察权的正当行使，要做好线索受理与处置、立案调查、证据收集与处分处置等程序的衔接，并做好《监察法》及相应执纪规则的统一与融合，建立配套的机制细则，促进纪检程序、监察程序和司法程序的衔接与协同。例如，设立固定的案件监督管理部门同时接受纪委与监委职权范围内的线索受理，按程序将每条线索移送至相应部门，启动不同的调查程序。在其他调查流程中也应设立科学合理的程序，并设立严格遵循程序的保障机制。该做法不仅加快了纪委与监委两套体系的工作协同，也可有效提高纪检监察工作的整体法治化水平。

五、推动主体责任、监督责任贯通协同

党的十八大以来，明确党委负主体责任、纪委负监督责任，制定实施切实可行的责任追究制度是新形势下对反腐败工作作出的新决策、新布局，是对反腐败工作体系的丰富与完善，也是一体推进"三不"体制机制建设的重要推动力。

（一）落实党委主体责任

1860 年 2 月，马克思在致斐·弗莱里格拉特的信中曾说，"我们的党由于它的纯洁无瑕而出类拔萃。"① 要确保党风清廉、政治清明，就要厘清与落实各级党组织和党员领导干部管党治党的主体责任、监督责任与领导责任。若不能明晰各责任主体与执行主体，反腐败斗争就会流于形式。正如习近平总书记指出，"党政领导班子和领导干部是责任制的主体。责任主体是否负起责任，对责任制的贯彻落实情况

---

① 徐雷：《马克思恩格斯眼中的无产阶级政党纯洁性》，《学习时报》2018 年 7 月 11 日。

具有决定性作用，直接影响反腐败工作的总体成效。"①

　　党委主体责任是一种总体而全面的责任，为一体推进"三不"提供方向与能量。习近平总书记在十八届中央纪委三次全会上明确指出，党委的主体责任主要包括"加强领导，选好用好干部，防止出现选人用人上的不正之风和腐败问题；坚决纠正损害群众利益的行为，强化对权力运行的制约和监督，从源头上防治腐败，领导和支持执纪执法机关查处违纪违法问题。党委主要负责同志要管好班子，带好队伍，管好自己，当好廉洁从政的表率。"② 落实党委主体责任，最重要的就是责任主体要在党和国家发展命运的高度上来认识反腐败工作的重要性，在行动上敢于作为、敢于担当，坚定承担领导责任。在这一方面，习近平总书记率先垂范，作为"第一责任人"扛起了反腐败工作的领导责任，定期听取汇报、分析形势并及时进行考核审查与措施方案研究。在以习近平同志为核心的党中央的引领下，各级党组织和领导班子形成了一级抓一级、层层下压落实责任的格局，打造了明确责任、履行责任、述职（责）、督责、问责的责任链条。

　　落实主体责任，还要进一步完善相应的制度规范，科学配置党政机关以及内设机构的权力与职能，强调"党政一把手"对于班子成员的领导责任与监督责任，对于因监督不力或失职而引发问题的，不仅要对当事人进行惩治，也要对上一级领导进行追责。要强化"一岗双责"，明确单位主要领导班子的主体责任，增强其反腐败斗争和廉政

---

　　① 董瑛：《努力构建不敢腐、不能腐、不想腐的体制机制》，《马克思主义研究》2018年第10期。

　　② 董亚明等：《党风廉政建设中党委"主体责任"和纪检"监督责任"的落实》，《中共云南省委党校学报》2014年第4期。

建设责任意识。

（二）明确纪委监督责任

党的十八届六中全会指出"监督式权力正确运行的根本保证是加强和规范党内政治生活的重要举措"，"要完善权力运行制约和监督机制，形成有权必有责、用权必担责、滥权必追责的制度安排"。[①] 在一体推进"三不"体制机制建设中，有效的监督必然是重中之重。而纪检监察机关作为我国国家治理体系的重要组成部分，是党内监督的专门机关，承担相应的监督主责。顺应全面从严治党的时代要求与反腐败斗争全面展开的战略部署，纪委致力于强化监督、执纪、问责，以问责为主业，"既协助党委加强党风建设和组织协调反腐败工作，又督促检查相关部门落实惩治和预防腐败工作任务，经常进行检查监督，严肃查处腐败问题"。[②]

要严格落实纪检监督责任，首先要扎实推进纪检体制改革，制定修改相应的党内法规与国家法律，实现用制度管人管权管事。在党中央和自治区的统一部署下，实现纪委监督工作的具体化、程序化和法制化，减少双重领导体制所带来的监督受阻、监督不力等问题。其次，打铁还需自身硬，要做好纪检队伍防腐工作。要切实担负起监督、执纪、纠责问责等责任，坚持守土有责、守土负责、守土尽责，严肃查处腐败问题；要建立健全责任清单，完善纠错问责有效机制。最后，纪委应对资源富集、权力集中、资金密集的部门与行业加强监督

---

① 《中国共产党第十八届中央委员会第六次全体会议公报》，2016 年 10 月 27 日，见 http://cpc.people.com.cn/n1/2016/1027/c64094-28814120.html。

② 董亚明等：《党风廉政建设中党委"主体责任"和纪检"监督责任"的落实》，《中共云南省委党校学报》2014 年第 4 期。

监管，坚持推进审批监管、执法司法、工程建设、资源开发、金融信贷、公共资源交易、公共财政支出等重点领域监督机制改革和制度建设，广泛监督、重点监管，将腐败扼杀在萌芽状态之内。

（三）融通"两个责任"

"两个责任"是指党的十八届三中全会提出的落实党风廉政建设责任制，党委负主体责任，纪委负监督责任，制定实施切实可行的责任追究制度。"两个责任"是层层落实管党治党的基本要求，在反腐败工作实践中相辅相成、互为依托，是缺一不可的辩证关系。

党委主体责任是前提，党委能将经济社会发展与党风廉政建设统筹考虑，以积极的主体责任赋予纪委监督责任，为其提供基本的方向和引领，使纪委在承应监督责任的同时能严格审查自身队伍，做好主业主责与队伍建设。纪委监督责任是保障，各级纪委聚焦监督问责主业，协助党委做好组织协调与职能督促落实，弥补了权力运行过程监督乏力与同级监督困难等缺陷，是营造党内良好政治生态的有力保障。也就是说，党委主体责任与纪委监督责任是相互影响的有机整体，不能割裂开来。

然而，以上二者之间还存在一定差异，属于一个责任的不同位面，是一种双向驱动的完整工作体系。党委主体责任是总揽全局式的责任，而纪委监督是局部性的责任，纪委在党委的引领下发挥党内监督机关的主责。二者既有较强的相关性和依存性，也有相应的权责界限，要警惕"两个责任"的职权混乱与职能重叠，强调主体责任与监督责任的贯通合作。强化党委的主体责任是对纪委监督责任的协同强化，党委对于反腐败工作建设的全局把控与全盘布局能进一步明确纪委的监督主责，为其履行监督执纪问责提供必要的条件。反之，纪委主业主责的落实与行使，也能进一步促进党委的主体责任履行。总之，在"两个责任"的落实过程中，应坚持"权责法定"，避免党委主体责任包办一切、纪委监督责任越俎代庖，在二者各尽其职的前提下实现协同共治，做到一体推进。

第六章　一体推进不敢腐、不能腐、不想腐背景下深化国家监察体制改革

构建一体推进不敢腐、不能腐、不想腐体制机制，是坚持和完善党和国家监督体系的重要内容，是国家监察体制改革的时代背景，对国家监察体制改革产生了深远的影响，为国家监察体制改革的实施路径和战略举措提供了基本遵循。

第一节　一体推进"三不"对国家监察体制改革的影响

一体推进"三不"为国家监察体制改革指明了方向，同时也对国家监察体制改革提出了更高的要求。

一、要求进一步对加强党对国家监察体制改革的领导

党的领导是中国特色社会主义制度的最大优势，是中国特色社会主义各项事业取得成功的根本保证。历史和实践充分表明，唯有坚持和加强党的全面领导，才能稳步推进改革；唯有坚持和加强党的全面

领导，才能在改革的重要领域和关键环节取得重大突破；唯有坚持和加强党的全面领导，才能推动党和国家事业发生历史性变革。坚持和加强党的领导，既是国家监察体制改革的重要目标，又是国家监察体制改革取得理想成效的重要政治保证。毋庸置疑，深化国家监察体制改革是一项巨大且复杂的系统工程，关系到各方利益，甚至可能触及很多深层次的矛盾和问题，可谓牵一发而动全身。所以，国家监察体制改革必须由一个权威力量来领导，从而保证改革沿着正确的方向前进，而中国共产党就是这个权威力量。一体推进"三不"的过程，涉及纪检监察机关、审计机关、公安机关、检察院、法院、教育宣传部门等重要组织，必然需要党来协调各方面的工作，整合各类监督力量，这必然要求在深化国家监察体制改革过程中必须更加注重坚持和加强党的全面领导。

二、对党内监督与国家监察的融合创新提出了更高的要求

党内监督与国家监察的融合是中国特色国家监察最重要的制度创新。国家监察委员会的设立创新了中国特色社会主义监督体系，形成了党内监督与国家监察两大监督体系相互兼容、协调发展的格局。一体推进"三不"的反腐战略，对党内监督与国家监察融合创新提出了五个方面的要求：一是职能的融合创新。一体推进"三不"要求党内监督机关与国家监察机关更加注重内部职能机构之间的沟通，加强职能履行过程中的协作，真正做到"心往一处想，劲往一处使"。二是对象的融合创新。从实质上看，一体推进"三不"是实现反腐败治本目标的手段，这就要求在国家监察体制改革过程中坚

持对腐败"零容忍"，实现对所有行使公权力的公职人员的全面监督。第三，队伍的融合创新。人是事的载体，干部队伍的融合是其他方面融合的根本和依靠。第四，依据的融合创新。党内法规和国家法律的贯通，是国家监察体制改革顺利推进的保障。第五，手段的融合创新。监督手段的融合创新，是深化国家监察体制改革的助推器。

三、要求一体推进纪律检查体制改革、国家监察体制改革和纪检监察机构改革

在全面深化改革的历史背景下，一体推进党的纪律检查体制改革、国家监察体制改革和纪检监察机构改革，健全党和国家监督体系，既是全面深化改革的重要内容，也是全面深化改革的重要保障。

一体推进"三不"的提出，对以上三项改革的统筹推进提出了更高的要求，必须构建纪律监督、监察监督、派驻监督和巡视监督全覆盖的权力监督格局。第一，深化纪律检查体制改革，就必须强化上级纪委对下级纪委的领导和指导，加快推进纪律检查双重领导体制具体化、程序化和制度化。加强上级纪委对下级纪委的领导，是落实"两个为主"的需要。各级纪检监察机关必须强化示范引领作用，一级做给一级看，一级带着一级干，并健全完善传导机制，切实加强上对下的统筹、联络以及领导、指导。第二，深化国家监察体制改革，就必须把提升对公权力和公职人员监督的全面性、有效性作为着力点。要整合规范纪检监察工作流程，认真执行监督执纪工作规则、监督执法工作规定，实现与司法的有效衔接，严格依

规依纪依法开展工作。第三，深化纪检监察机构改革，就必须进一步深化转职能、转方式、转作风，不断提升履职能力。纪检监察机构要发挥合署办公的优势，逐步实现纪律监督、监察监督、派驻监督、巡视监督的协调衔接，形成"四个全覆盖"的权力监督格局。同时，推动纪检监察工作向基层延伸，不断提升人民群众的获得感、幸福感和安全感。

　　总之，一体推进"三不"要求从领导体制、组织模式、履职能力等方面协同深入推进三项改革，健全党和国家监督体系。

第二节　一体推进"三不"背景下党内监督与国家监察的融合创新

　　一体推进"三不"，体现了我们党对反腐败规律的深刻认识，是健全党和国家监督体系的必由之路。在一体推进"三不"的背景下，党内监督应与国家监察深度融合。党内监督与国家监察的融合创新，是中国特色国家监察制度创新的两项重要内容之一，另一项是国家监察领导体制创新。[①]

一、党内监督与国家监察融合创新的内在逻辑

　　国家监察体制改革是对中国特色社会主义监督体系的顶层设计，既要加强党的自我监督，又要加强对国家机器的监督，实现党内监督与国家监察的统一。不论从理论逻辑还是从实践逻辑上看，党内监督

---

① 杜治洲：《中国特色国家监察的制度创新与运行机制》，《河南社会科学》2019 年第 11 期。

与国家监察融合创新都具有极端重要性。从理论逻辑上看，党内监督和国家监察融合创新是国家治理现代化的必然要求。在我们党长期执政的条件下，国家治理体系事实上包含两个方面的重要内容：一是依规治党，即依据党章、党规和党纪来管党治党；二是依法治国，即依据宪法和法律来治国理政。依规治党和依法治国"一体两面"，必须同时发力，双轮驱动，相互促进、相得益彰，共同推进国家治理体系和治理能力的现代化。从实践逻辑上看，党内监督与国家监察融合创新是破解党的自我监督难题、提升反腐败斗争成效的迫切需要。国家监察体制改革以前，监察对象范围受到很大局限：行政监察法规定监察机关是人民政府行使监察职能的机关，依法对国家行政机关及其公务员和国家行政机关任命的其他人员实施监察。这样，依法履行公职的中国共产党机关、人大及其常委会机关、民主党派和工商联机关与政协机关、行政类事业单位和人民团体或群众团体机关、参照公务员法管理的人员、各级人大代表等都没有纳入监督范围。同时，改革前我国的权力结构中，监督主体分散于各级纪委及其机关、行政监察机关、预防腐败局和检察机关等，存在职能重叠、边界不清的现象，难以形成合力。纪律检查机关和监察机关自1993年合署办公以来取得了重要成效，但还存在诸多制约因素。因此，迫切需要建立集中统一、更高层次的国家监察组织，改革国家监察权的配置方式，整合现有的监督职能，提升监督效果。此外，我国80%的公务员、95%以上的领导干部是共产党员，党内监督和国家监察具有高度内在一致性（见图6-1）。

```
┌─────────────────────────────────────┐
│      党内监督与国家监察的融合创新        │
└─────────────────────────────────────┘
                  │
┌─────────────────────────────────────┐
│         党内监督与国家监察              │
│         融合创新的内在逻辑              │
└─────────────────────────────────────┘
```

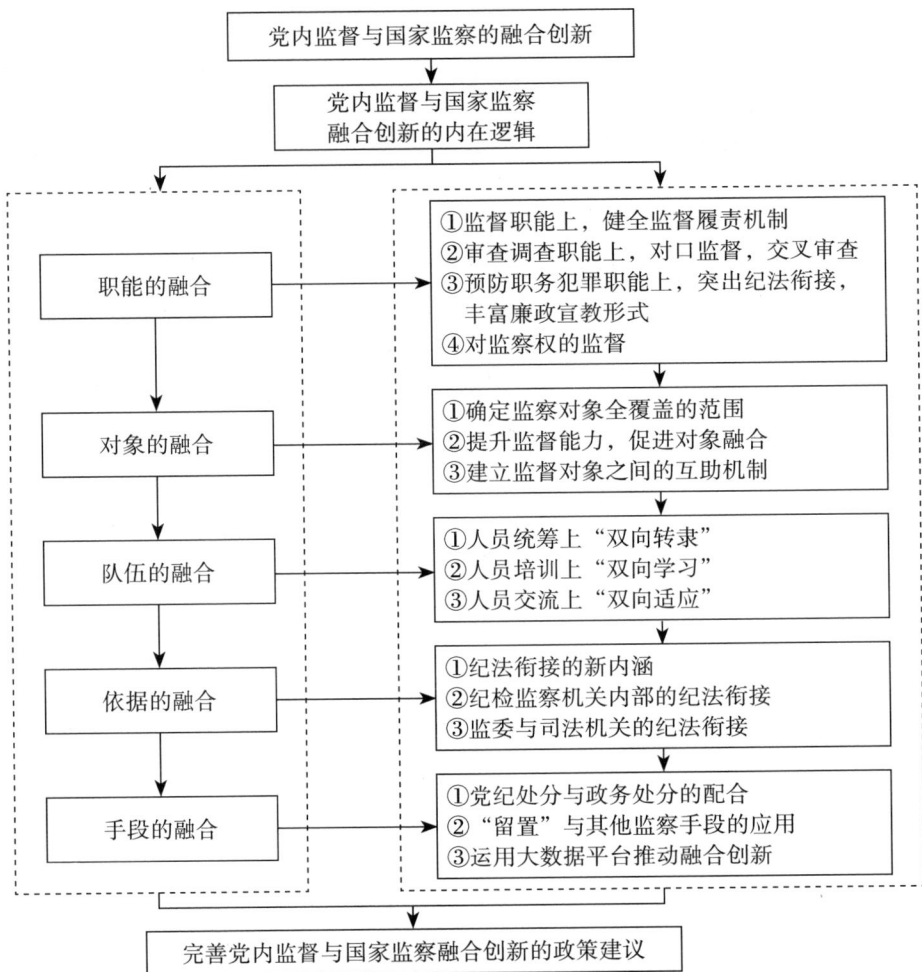

```
┌──────────────┐        ┌─────────────────────────────────┐
│              │        │ ①监督职能上，健全监督履责机制       │
│   职能的融合  │───────▶│ ②审查调查职能上，对口监督，交叉审查 │
│              │        │ ③预防职务犯罪职能上，突出纪法衔接， │
│              │        │   丰富廉政宣教形式                │
│              │        │ ④对监察权的监督                  │
└──────────────┘        └─────────────────────────────────┘
       │
┌──────────────┐        ┌─────────────────────────────────┐
│              │        │ ①确定监察对象全覆盖的范围         │
│   对象的融合  │───────▶│ ②提升监督能力，促进对象融合       │
│              │        │ ③建立监督对象之间的互助机制       │
└──────────────┘        └─────────────────────────────────┘
       │
┌──────────────┐        ┌─────────────────────────────────┐
│              │        │ ①人员统筹上"双向转隶"            │
│   队伍的融合  │───────▶│ ②人员培训上"双向学习"            │
│              │        │ ③人员交流上"双向适应"            │
└──────────────┘        └─────────────────────────────────┘
       │
┌──────────────┐        ┌─────────────────────────────────┐
│              │        │ ①纪法衔接的新内涵                │
│   依据的融合  │───────▶│ ②纪检监察机关内部的纪法衔接       │
│              │        │ ③监委与司法机关的纪法衔接         │
└──────────────┘        └─────────────────────────────────┘
       │
┌──────────────┐        ┌─────────────────────────────────┐
│              │        │ ①党纪处分与政务处分的配合         │
│   手段的融合  │───────▶│ ②"留置"与其他监察手段的应用      │
│              │        │ ③运用大数据平台推动融合创新       │
└──────────────┘        └─────────────────────────────────┘
                  │
┌─────────────────────────────────────┐
│   完善党内监督与国家监察融合创新的政策建议   │
└─────────────────────────────────────┘
```

图 6-1　党内监督与国家监察融合创新的基本内容

二、党内监督与国家监察在职能上的融合创新

在党内监督与国家监察的融合创新中，首要的是职能的融合创新。纪律检查机关的职能是监督、执纪、问责，监察机关的职能是监督、调查、处置。党的纪律检查机关与国家监察机关合署办公，是两大监督体系协调融合的起点。要对党内监督与国家监察职能融合创新进行研究，促进二者职能整合由"物理变化"向产生"化学反应"转

变。具体来看，主要包括以下几个方面的内容：第一，在监督职能的融合创新上，要以《监察法》为基础，以"依托纪检，拓展监察"为目标，以明确职责为关键，以创新方式为保障，建立健全监督履责机制。第二，在审查调查职能的融合创新上，着力探索执纪监督和审查调查分设的方案，充分整合执纪资源力量，实现执纪监督权和审查调查权分离，避免造成既是"监督者"又是"审查者"的局面，努力形成"对口监督，交叉审查"的工作格局。第三，在预防职务犯罪职能的融合创新上，着力发挥纪法衔接的合力。要以《监察法》的出台为契机，丰富廉政教育形式，督导各级各部门学习宣传《监察法》，深入基层开展党纪党规培训和预防职务犯罪教育，打通监察全覆盖的"最后一公里"。

三、党内监督与国家监察在对象上的融合创新

国家监察体制改革的目标，就是加强党对反腐败工作的统一领导，构建集中统一、权威高效的监察体系，实现对所有行使公权力的公职人员监察全覆盖。不仅实现党纪对党员的全覆盖，还以国家监察的方式，把原本对公务员的监督扩展到对广泛的公职人员的监督。党内监督与国家监察在对象的融合创新上主要包括以下问题：第一，监察对象全覆盖范围的确定。《监察法》规定了六大类监察对象，但是，具体如何确定每一类监察对象的范围，以及是否把人大代表、依法履行公务的聘用人员也纳入进来等，也是有待进一步进行理论探讨和实践摸索的重要问题。第二，提升纪委监委监督能力，促进监察对象融合。试点地区的统计数据也表明，监委成立以后监督对象的数量成倍增长。因此，如何拓展监督渠道，提升纪委监委的监督能力和监督效果，保证监察对象全覆盖，就是一个十分紧迫的现实问题。第三，建

立监督对象之间的互助机制。鉴于监督对象大幅增加的现实,应倡导理论水平高和职业操守好的公职人员主动帮助、提醒组织中行使公权力的其他人员,尤其是党员干部应该起到带头作用,以落实"四种形态"的要求,防止小毛病演变为大问题。

四、党内监督与国家监察在队伍上的融合创新

党内监督与国家监察融合创新中,最为明显的是队伍的融合,这也是极为重要的融合。要重点研究以下内容:第一,在人员统筹上,做到"双向转隶"。[①] 要坚持统筹调配、人岗相适、人尽其才的原则,优化人力资源配置,促进队伍快速、充分融合。熟悉法律知识和纪检监察业务的同志可以充实到审理部门,熟悉职务犯罪的转隶人员可以充实到执纪监督部门,预防职务犯罪方面的专业人才可以充实到宣传部门。第二,在人员培训上,做到"双向学习"。要将干部教育贯穿改革始终,建立和创新常态化集中学习机制,深化业务学习,增进相互了解,促进思想交融。第三,在人员交流上,做到"双向适应"。在新组织中的纪检监察干部,必须加强深度交流,培育团队精神,推动文化融合,促进共同进步,尽快相互适应思维方式和工作方法,推动工作效率的整体提升。

五、党内监督与国家监察在依据上的融合创新

党内监督的依据是党内法规,国家监察的依据是国家法律。国家法律高于党内法规,党内法规严于国家法律。党内法规和国家法律

---

① 左卫民、唐清宇:《制约模式:监察机关与检察机关的关系模式思考》,《现代法学》2018年第7期。

并行不悖，党纪不能替代国法，国法也不能替代党纪。党内监督与国家监察在依据上的融合创新，主要是指党内法规与国家法律的无缝衔接，也可称纪法衔接。纪法衔接上有以下几个问题值得注意：第一，监察体制改革后纪法衔接有新内涵。纪法衔接在不同的时期具有不同的内涵和外延。在监察体制改革之前与之后，其内涵、外延差别很大。第二，纪检监察机关内部的纪法衔接。主要研究执纪审查向依法调查的转化条件和方式，即纪委监委如何及时顺利地将严重违反党纪政纪同时涉嫌犯罪的监察对象实现监督执纪问责向监督调查处置转化。第三，监委与司法机关之间的纪法衔接。监委应加强与司法机关的沟通配合，将涉嫌职务犯罪且犯罪事实清楚、证据充分的被调查人移交检察院起诉，进入审判程序。

值得一提的是，2020 年 7 月开始实施的《中华人民共和国政务处分法》（以下简称《政务处分法》）也是党内监督与国家监察在依据上融合创新的又一重要体现。一方面，《政务处分法》将所有行使公权力的公职人员纳入约束对象，解决了对公职人员的管理监督薄弱、对国有企业和基层群众性自治组织中的公职人员处分缺乏法律依据等监督惩戒缺位的问题；另一方面，《政务处分法》将散见于不同法律法规中的处分依据统一起来，在处分情形、处分权限、处分程序和处分后果上与《中华人民共和国公务员法》等现行法律法规保持协调衔接，解决了对公职人员处分程序不规范、处分决定畸轻畸重等监督惩戒中科学性和公正性不足的问题。基于此，《政务处分法》不仅实现了法律之间的和谐统一，还强化了与党纪的衔接，推动党内监督和国家机关监督的有效贯通。

六、党内监督与国家监察在手段上的融合创新

党内监督与国家监察在依据上的融合创新，决定了党内监督与国家监察在手段上的融合创新。这种手段上的融合创新主要解决三个问题：第一，党纪处分与政务处分的配合使用。党纪处分是指对违反党章和其他党内法规的党组织、党员，依照规定进行纪律处理或者处分，由纪委作出；政务处分是对违法违纪应当承担纪律责任的公务员、事业单位工作人员进行处分，由监委作出。监察体制改革后，这两种方式需同时发挥作用。第二，"留置"及其他监察手段的结合应用。"留置"取代"双规"是依法反腐的重要体现，如何合理有效地运用"留置"措施和其他调查手段，是一个值得深入研究的重要问题。第三，运用大数据强化党内监督与国家监察的手段融合。在信息化时代，要运用"大数据+"的思维对监督数据进行收集、整理和分析，加强党内监督与国家监察手段的融合。①

第三节　一体推进"三不"与监察委员会职能履行方式的创新

一体推进"三不"对党和国家具有重要的理论和现实意义，它与监察委员会惩治腐败、预防腐败和廉洁教育的三项职能具有十分紧密的联系。在一体推进"三不"的背景下，监察委员会必须完善和创新职能履行方式，加强顶层设计，实现调查处置、制度预防、廉洁教育的有机结合和协同发展，为进一步推进我国反腐败工作的开展、巩固

---

①　杜治洲：《中国特色国家监察的制度创新与运行机制》，《河南社会科学》2019年第11期。

反腐败斗争压倒性胜利的成果提供强有力的保障。

一、监察委员会职能与"三不"之间的对应关系

2018 年 3 月，十三届全国人大一次会议表决通过《中华人民共和国监察法》，依法组建国家监察委员会。作为国家监察体制改革的标志性成果，国家监察委员会这一综合性国家反腐败机关整合了各预防腐败部门机构的职能和人员，是我国预防腐败战略的重要执行者，主要承担着惩治腐败、优化预防腐败制度和廉洁教育的工作任务，分别回应"不敢腐、不能腐、不想腐"的政治生态建设诉求。[①]

（一）通过调查处置惩治腐败行为——实现"不敢腐"

监察委员会具有国家权力监督机构的属性，首要职能就是对权力进行监督。为保证监察机关的有效履职，《监察法》赋予监察委员会必要的监察权限和调查手段，并对各项监察权限的使用主体、适用对象、适用条件、审批权限和程序等作了明确的规定。[②]《监察法》的颁布赋予了监察委员会履行监察职能所需要的谈话、讯问、询问、查询、冻结、调取、查封、扣押、搜查、勘验检查、鉴定、留置 12 项监察措施，将公务员和参公管理人员等六类监察对象纳入监督范围，为监察委员会贯彻实施权力监督策略，进而提升权力监督效果提供了坚实的制度保障。监察委员会通过对公职人员依法履职、秉公用权、廉洁从政从业以及道德操守情况进行监督检查，对涉嫌贪污贿赂、滥

[①] 杜治洲、刘姝君：《一体推进"三不"与监委的职能履行方式创新》，《廉政文化研究》2020 年第 11 期。

[②] 李庚：《为什么要赋予监察机关相应的监察权限——确保惩治腐败的有效性和威慑力》，《中国纪检监察》2018 年第 6 期。

用职权、浪费国家资财等职务违法和职务犯罪进行调查，对违法涉案公职人员依法处置问责的方式，①倒逼领导干部正确对待权力、谨慎使用权力、不敢滥用权力，使"不敢腐"的社会震慑不断得到强化。各级纪检监察机关必须始终用铁的纪律维护党的团结统一，坚决查处在贯彻党中央决策部署上打折扣、做选择、搞变通的典型案例，加大重点领域和关键环节的反腐力度，严肃查处政治问题和经济问题交织的腐败案件，持续强化不敢腐的震慑作用。②首先，监察机关对于腐败问题的"零容忍"态度，彰显我国惩治腐败的坚定决心和信念——实现"不敢腐"的目标，就是要有腐必反、有贪必肃。其次，监察委员会不断强化惩治手段的彻底性和长效性，将有利于长期保持惩治腐败的高压态势，绝不容许有法上之权、法外之人，绝不姑息任何贪腐和徇私行为。最后，利用监察委员会查办案件所起到的警示作用，将不断向全社会释放违纪违法必究、执纪执法必严的强烈信号，时刻警醒党员干部绷紧纪律之弦，坚决遏制腐败现象的滋生和蔓延。

（二）通过优化预防腐败制度减少腐败机会——实现"不能腐"

剖析腐败问题的发生，制度是一个极其重要的影响因素。制度具有根本性、全局性、持久性和稳定性，制度不完善和管理不严格不仅会给腐败行为提供可乘之机，还会导致权力滥用的现象发生。基于此，治理腐败必须加强对权力的约束，创新和完善国家反腐败制度建设，依靠法治思维和法治方式推进反腐败工作，把权力牢牢地关进制度

---

① 中央纪委宣传部：《深化国家监察体制改革　健全党和国家监督体系》，《求是》2018年第9期。

② 江琳：《纪检监察机关深化标本兼治，一体推进不敢腐、不能腐、不想腐——巩固发展反腐败压倒性胜利》，《人民日报》2020年1月13日。

的笼子。国家监察委员会整合了过去分散的预防腐败职能，提升了预防腐败机构的独立性和权威性，大大提高了我国预防腐败体系的有效性。根据《监察法》的规定，监察委员会具有提供监察建议的重要职能，发挥着优化权力运行制度的重要作用。依照《监察法》的具体要求，监察委员会主要通过以下几种形式提供监察建议：一是纠正行为。监察机关根据检查、调查结果，对各类违法违纪应当予以纠正、撤销或处罚的行为提出监察建议，从而遏制腐败行为的进一步发展。二是督促行为。通过督促被监察的部门建立廉政、勤政方面的规章制度，及时指出存在的苗头性、倾向性问题，使各单位及时认清现实问题的性质和危害，并敦促其整改。三是完善制度。在对惩治腐败的生动实践进行系统总结和深入剖析的基础上，加强反腐败体制机制创新和规章制度建设，降低腐败收益和腐败成本之间的比率，用更加科学、更为有效的手段实现对权力的有效制约。三种提供监察建议的形式相互配合、相互补充，为制度优化提供有力支持。必须认识到的是，制度建设是长期任务，要把"当下改"和"长久立"结合起来，构建靠制度管权、管事、管人的健全机制，减少腐败发生的机会，扎紧"不能腐"的笼子，以制度建设保证党的作风不断优化。

（三）通过廉洁教育弱化腐败动机——实现"不想腐"

廉洁教育作为一种改变社会价值观的反腐败战略，在反腐败战略体系中处于基础性地位。如果人们能够普遍认识到腐败的危害，认识到廉洁的重要性，都能自觉抵制腐败，腐败将大大减少。[①]党的十八大以来，伴随管党治党从"宽松软"向"严紧硬"的转变，社会对广

---

① 任建明、杜治洲：《腐败与反腐败：理论、模型和方法》，清华大学出版社 2009 年版，第 182 页。

大党员干部的思想道德修养提出了更高的要求，如何培养更崇高的理想信念、更坚定的政治立场、更伟大的道德情操，成为监察委员会行使廉洁教育职能时的关键任务。监察委员会依照《监察法》和有关法律规定对公职人员开展廉洁教育，综合正面引导和反面警示的方式，对其依法履职、秉公用权、廉洁从政从业及道德操守情况进行监督检查，意在通过思想道德教育引导公职人员自觉抑制腐败动机，增强"不想腐"的思想觉悟和行动自觉。从实施的主体来看，监察委员会的廉洁教育职能主要由宣传部门和审查调查部门承担，伴随着社会的不断发展，廉洁教育的形式已经变得多种多样。一方面，监察委员会的宣传部门主要发挥教育推广作用。利用媒体宣传、公众教育等途径，通过开展形式多样的廉洁教育活动，强化纪律教育、政德教育、家风教育，以生动化的展示和可视化的讲解向国家公职人员发送和传递反腐倡廉信号，引导广大党员干部发扬廉洁作风、守住道德底线、抵制腐败诱惑。另一方面，监察委员会的审查调查部门主要发挥警示教育作用。以反面典型人物和反面典型案件为依托，通过反面警示和震慑效应，强化公职人员和社会公众对腐败危害和反腐败重要性的认识，培养"知敬畏、存戒惧、守底线"的秉公守法意识，使铁的纪律转化为党员干部的日常处事习惯和自觉行为遵循，最终实现"查处一案、警示一片、规范一方"的治本目标。

二、创新监察委员会职能履行方式的基本路径

在一体推进"三不"战略目标的指引下，监察委员会必然要创新体制机制、优化布局，以系统思维推进反腐败工作，实现各项职能的有机融合、一体履行和长效发展。为进一步健全权力运行制约与监督

体系，监察委员会要从自身的职能履行方式出发，在顶层设计上建立框架规范，在惩治工作中回应制度建设和廉洁教育，在制度优化中巩固惩治效力和教育影响，在宣传教育中防治腐败和维护制度权威，通过配合联动的方式构筑起有效的腐败防线。

（一）对监察委员会职能的一体履行进行顶层设计

监察委员会的实质是反腐败机构，在今后深入推进反腐败斗争的进程中，需要新整合的监察委员会加强统筹协作，逐步完善顶层设计，从而充分发挥我们的制度优势，进一步将制度优势转化为治理效能，尽早实现监察委员会的高效运转。首先，要对监察委员会的惩治、预防和教育三项职能进行准确定位，厘清各个职能间的互动关系，从而使三者协同发力、相辅相成。监督惩治是前提，能够维护制度的权威、提供教育的参考，必须严肃执行、绝不姑息；制度预防是保障，为惩治提供依据、为教育确立原则，需要不断优化、切实有效；廉洁教育是底线，能够深化惩治的示范效应、促进制度深入人心，应当全面开展、靶向治疗。其次，要关注监察委员会职能一体履行的操作主体、实施过程和推行方式。要明确反腐败工作中的主体参与和责任分配，在预防和惩治腐败时注重纪法协同、法法协同，实现《监察法》与党规党纪，《监察法》与刑法、刑事诉讼法的衔接协调。要注重党委主体责任与纪委监督责任的统一，各级党委要落实好主体责任，做好严抓党风廉政建设的本职工作。各级纪委要履行好监督责任，更好地发挥党内监督专门机关的作用。最后，在廉洁教育方面，要整合具有廉洁教育功能的主体，实现各类主体的广泛参与和共同作用。充分发挥宣传机关、国家教育培训机构、非政府公共部门的各自优势，体系化运用廉洁教育资源，着眼透彻说理，创新教育手段，与时俱进地开展廉洁教育工作，营造良好社会氛围。

（二）以履行惩治职能带动制度预防和廉洁教育

监察委员会惩治职能的发挥，必然伴随着对制度权威性的强化以及为廉洁教育提供新的素材和视角。当前查办腐败案件中提出的"一案一总结、一案一建议、一案一整改"任务要求，充分说明了监察委员会的惩治职能与预防和教育职能是一体多面的。在当前惩治腐败的高压态势下，一些党员干部仍不收敛、不收手，顶风违纪。对此，监察委员会必须坚持惩治腐败力度不减、节奏不变、尺度不松，以坚定的决心和有力的措施开展执纪审查，形成持续震慑，巩固"不敢腐"，进而促进"不能腐"和"不想腐"。在处理腐败案件的过程中，通过腐败调查，发现制度漏洞，提供监察建议，促进法规制度的进一步完善，推进预防腐败制度建设，从而巩固腐败防范机制，提高预防腐败的效果，构建起更加严格、科学的"不能腐"约束机制。与此同时，要通过腐败案件的震慑作用提升廉洁教育的效果。监察委员会应将各类腐败大案要案及时向公众公开，日常开展"以案说纪、以案说法、以案说德、以案说责"等警示教育活动，推动全社会形成遵守制度的良好氛围。这不仅丰富了反腐败斗争的时代内涵、时代要求和时代元素，充实了我国关于反腐败斗争的实践经验和理论成果，更为深入开展反腐倡廉社会教育提供了重要突破口和有力切入点，将充分发挥典型腐败案件强有力的反面警示作用，让广大领导干部反思制度问题，提高廉洁自律意识。

（三）以履行预防腐败职能深化腐败惩治和廉洁教育

优化预防腐败制度，旨在科学地引导人们的行为动机和行动倾向，通过用制度管权管人管事，从根本上遏制腐败，建立规范化的权力运行体系，保证"权力在阳光下运行"。监察委员会预防腐败职能的履行，既总结了惩治腐败的实践成果，又延伸了廉洁教育的创新发展，在反腐败斗争中具有核心地位，发挥着决定性作用。监察委员会通过研究新形势下腐败问题的特点和规律，针对基层腐败案件暴露出来的问题和薄弱环节，督促相关责任部门健全完善监管机制，规范基层权力运行，为夺取反腐败斗争的最终胜利提供了坚实保障。未来我们仍需要进一步压实政治责任，把制度的刚性立起来，明确新时代问责的指导思想和基本要求，进一步筑牢"不能腐"的制度防线。"不能腐"制度体系的逐步构建，将使监察委员会惩治工作有证可考、有据可依、有章可循，使"不敢腐"的行动更加深入、更有效力。同时，加强制度意识、规则意识方面的廉洁宣传与教育活动，对提升廉洁教育效果具有积极意义。以制度规范为蓝本，通过廉洁教育向社会大众尤其是公职人员传播廉洁知识和廉洁文化，不仅有助于筑牢"不能腐"的制度之笼，还有助于丰富廉洁教育的具体内涵，提升教育行动的指导意义，增强"不想腐"的道德约束和思想觉悟。监察委员会履行制度的制约和监督职能，不仅是"不能腐"目标的实现路径，更是实现"不敢腐"和"不想腐"目标的重要保证。

（四）以履行廉洁教育职能助力惩治腐败和制度预防

各级监察委员会挂牌成立之后，组织开展了思想道德教育、警示教育、党纪国法教育等一系列廉洁教育活动，对党员干部和公职人员增强"不想腐"的自觉发挥了积极作用，同时对腐败的预防、发现和惩治也产生了积极影响。在强化思想建设的过程中，实现政治效果、纪法效果和社会效果的有机统一，是当前反腐败工作中不容忽视的问题。从廉洁教育的惩治效应来看，监察委员会应通过履行廉洁教育职能，开展各种植根基层的主题教育活动，并将警示教育融入案件审查调查、审理、处分决定、执行的全过程，在整个社会范围内构筑起坚固的思想堤坝，使反腐倡廉的号召深入人心、氛围更加浓厚，进而提升个人对腐败问题的认知，提升腐败行为被发现和检举的概率，从而提高惩治腐败工作的效率和质量。从廉洁教育的制度预防效应来看，监察委员会的廉洁教育使制度内涵得到外化、预防效力得到强化，这种宣传和教育是对反腐败制度建设的进一步分解和剖析，同时也是对制度改革成果的进一步巩固和发展，实现制度优化从理论到实践的平稳过渡。当前应以习近平新时代中国特色社会主义思想武装全党，培养坚定的理想信念、强大的政治定力和崇高的道德修养，以"不想腐"机制的柔性策略助力"不能腐""不敢腐"的强势诉求，这将为新时代一体推进"三不"体制机制提供强大的思想引领，从根源上抑制腐败动机，从而系统性地预防腐败。

监察委员会的惩治、预防和教育功能，分别对应"不敢腐""不能腐""不想腐"的任务目标，它们并非相互独立的单元，也不是简单的线性关系，而是彼此交织、相互影响、共同作用的有机整体。构建科学的反腐败体系并非一日之功，如何发挥监察委员会各项职能的优势，在顶层设计和基层实践中彰显反腐效力，打通腐败惩治、预防和教育之间的内在联系，形成各项职能的交叉渗透和相互借力，从而实现一体推进不敢腐、不能腐、不想腐，是新时代纪检监察工作面临的重大课题，也是决定未来我国反腐败工作能否跨上新台阶、实现新突破的关键所在。

第七章　大数据助力一体推进不敢腐、不能腐、不想腐

随着现代信息通信技术的快速发展，大数据技术逐渐渗透到人们的生活和工作中，在腐败治理领域同样发挥了重要作用。2021年8月，中共中央、国务院印发的《法治政府建设实施纲要（2021—2025年）》，明确提出了"全面建设数字法治政府"的目标要求和基本路径。这标志着运用互联网、大数据、人工智能等技术手段促进政府治理，提升法治政府建设数字化水平，已经成为大势所趋。本章研究内容主要包括：大数据时代的腐败治理；大数据助力一体推进"三不"的机理；大数据助力一体推进"三不"的实践及运行模式。

第一节　大数据时代的腐败治理

2017年12月，习近平总书记在主持中共中央政治局集体学习时强调，大数据在国家治理中具有十分重要的地位，要运用大数据提升国家治理现代化水平。习近平总书记指出，要建立健全大数据辅助科学决策和社会治理的机制，推进政府管理和社会治理模式创新，实现政府决策科学化、社会治理精准化、公共服务高效化。同时，各级领

导干部要加强学习，懂得大数据，用好大数据，增强利用数据推进各项工作的本领，不断提高对大数据发展规律的把握能力，使大数据在各项工作中发挥更大的作用。

一、大数据时代的到来

人类文明大概经历了五次演变：语言的使用；文字的创造；印刷术的发明；电报、电话、广播、电视的发明和普及；计算机技术与现代通信技术的普及应用。每一次演变都推动了人类文明向前迈进。目前，人类正经历着第五次信息技术革命，"互联网""大数据""人工智能"等名词不断出现在人们的视野中，数据逐渐成为一种影响社会进步与发展的重要元素，对数据的处理技术也将成为人类认识和改造世界的基本工具。虽然大数据技术在很多领域得到广泛的应用并取得了一定的成果，但大数据驱动国家治理才刚刚起步，有关大数据驱动腐败治理的研究也刚刚开展起来。

"大数据"这一概念起源于计算机领域，随着信息技术的不断发展，逐步延伸到国家和社会治理领域。"大数据"一词最早出现在阿尔文·托夫勒（Alin Toffler）的代表作《第三次浪潮》（The Third Wave）一书中。在 1997 年的电气与电子工程师协会（IEEE）第八次会议上，迈克尔·考克斯（Michael Cox）再次提到大数据（Big Data），并将可视化领域中设备存储能力的局限称为"大数据问题"。1998 年约恩·马西（Jone Mashey）提出了有关数据的四个难题：难理解、难获取、难处理和难组织，并用"大数据"来描述这一挑战。2008 年《自然》杂志推出"大数据"专刊，计算机社区联盟发表论文《大数据计算：在商业、科学和社会领域创造革命性突破》。2021 年，维克托·迈尔－舍恩伯格（Viktor Mayer-Schnberger）在《大数据：一场将改变我们生活、工作和思维方式的革命》（*Big Data:A Revolution That Will Transform How We Live, Work and Think*）一书中指出：数据分析将从"随机抽样""精准求解""注重因果"的传统模式转变为大数据时代的"全体数据""近似求解"和"只看关联不问因果"的新分析模式。2014年以后，大数据的概念体系基本形成，推动着小数据时代向大数据时代过渡。

互联网、大数据、云计算等现代信息技术的广泛应用，其强大的数化、记录和传播事实的能力驱动物理世界与社会世界各方面加速进入信息化和数字化的高级阶段，其结果就是数据信息量的爆炸式增长，社会各个领域的数据不断形成。[①] 根据互联网数据中心（Internet Data Center，IDC）预测，到2025年，全球数据总量将达175ZB，媒体娱乐、金融服务、医疗保健以及制造等行业推动数据快速增长，世界上49%的数据将存储在公有云环境中，这一转变主要依赖于物联网传感器充斥世界所推动的，这些传感器不断捕获、记录和分析业务环境中的数据。正如希捷首席执行官戴夫·莫斯利（Dave Mosley）所述："数据技术正在成为生产力扩展、数据货币化和价值创造的核心。"[②] 因此，许多国家尤其是发达国家非常重视抢占数据领域，加快大数据方面的投入与建设。2012年，美国政府宣布了《大数据研究与开发计划倡议》（*Big Data Research and Development Initiative*），共

---

① 张红春、邓剑伟、邱艳萍：《大数据驱动的透明政府建设——媒介选择与政民互动重构》，《北京理工大学学报》（社会科学版）2020年第4期。

② 《IDC：2025年全球数据总量将达175ZB 近半数据存储于公有云》，2018年12月14日，见 http://www.fjii.com/kj/jsc/2018/1214/198131.shtml。

包括三点内容：（1）收集、存储、保存和管理、分析和共享大量数据所需要的先进核心技术；（2）利用这些技术加快科学和工程发现的步伐，以增加国家安全；（3）扩大开发和使用大数据技术所需要的劳动力。[①] 欧盟在《第七科技框架计划》（FP7）的项目中，决定对大数据相关项目投入巨额研究资金。日本的《大数据时代的人才培养》提出要培养新的科学所需要的人才以及数据科学家的培养；[②] 虽然中国的大数据起步相对较晚，但国家非常重视大数据的建设和发展。2011 年《物联网"十二五"发展规划》提出了把信息处理技术作为关键技术；2012 年中国《"十二五"国家战略性新兴产业发展规划》提出要加强基础软件、云计算软件、工业软件等关键软件的开发；2014 年，大数据首次被写进中国《政府工作报告》，并将大数据上升为国家战略；2019 年，党的十九届四中全会首次提出将数据作为生产要素，这为大数据的未来发展指明了方向。同时，在中央的高位部署和推动下，各地也积极推进了大数据相关改革，建立大数据（发展）管理局，积极利用大数据来推进地方治理创新，探索形成富有特色的改革典范，例如贵州省大数据发展管理局、重庆市大数据应用发展管理局等。可以看出，我们已经进入一个新的时代，即大数据时代，我们的每一个行为都将被转化为数据而得以保存，这为国家治理和社会发展带来巨大便利，但我们必须充分认识到大数据技术是一把双刃剑，未来如何充分开发其有益的一面而避

[①] Weiss, R., Zgorski, L., "OBAMA ADMINISTRATION UNVEILS 'BIG DATA' INITIATIVE: ANNOUNCES \$200 MILLION IN NEW R&D INVESTMENTS", 2012 年 3 月 29 日，Available:https://bigdatawg.nist.gov/pdf/WhiteHouse_big_data_press_release.pdf.

[②] 刘大北、贾一苇：《日本〈大数据时代的人才培养〉倡议：制定背景、研究方向、计划及举措》，《电子政务》2015 年第 10 期。

免不利的一面，有待进一步研究。

二、大数据时代腐败呈现的新特点

随着现代信息技术的发展，大数据技术在给人们生活和工作带来各种福利的同时，也为腐败等一些非法活动带来了新的机会。相较于小数据时代的腐败，大数据时代的腐败具有一些新的特点：

（一）数据腐败的出现

在进入大数据时代之前我们所处的是小数据时代，其典型的特点就是数据规模小、数据处理技术有限，因此这个时期的数据价值没有被有效地开发出来。但随着大数据时代的到来，数据呈现爆炸式的增长，海量的数据以及数据处理技术的不断发展使得数据价值被深度挖掘，成为国家发展的重要战略资源。2019年10月，党的十九届四中全会将数据作为生产要素与劳动、资本、土地等传统生产要素并驾齐驱。2020年4月，党中央公布了《关于构建更加完善的要素市场化配置体制机制的意见》，明确要加快培育数据要素市场，推动各区域数据交换与共享，充分发挥数字经济对其他产业的带动作用。数据作为一种新型的生产要素被写入中央文件，为数据要素发展指明了方向。

数据腐败是指部门工作人员利用所掌握的数据特权进行数据买卖、数据传播等一系列非法活动以谋取私利。数据腐败本质上是权力腐败在大数据时代的一种新的表现形式，数据作为一种有价值的资源，数据多寡将代表权力大小，拥有的数据越多则意味着拥有的权力越大，使原来以权力为核心的腐败转变为以数据为核心的腐败。数据腐败是大数据时代的产物，是一种虚拟腐败，它拓宽了腐败的范围、改变了腐败形式，使腐败不再仅仅局限于物质或者金钱等实物。伴随着数据要素在各个产业中的不断发展和应用，数据腐败也将成为未来腐败的一种普遍形式。数据腐败产生的原因主要有两个方面：一方面，在大数据时代，数据信息的不对称将会直接导致数据腐败的产生。在行政过程中，由于信息公开程度的不同，执行者会掌握更多的数据，相应地从数据中获益会更多，利用数据进行腐败的机会也会增多；相反，掌握数据少的人，从数据中获得的信息会更少，其利用数据进行腐败的机会少且对掌握数据多的人的行为也很难进行有效监督。因此，数据信息的不对称会导致数据腐败的产生。另一方面，获取数据的时间差也会导致数据腐败行为的发生，数据价值的强弱与数据获取时间具有很大的相关性。大数据时代抢占数据先机就等于抢占了利益资源，腐败者将稀有的数据资源非法卖给利益相关者，利益相关者充分利用手中独有的数据资源获取更多的市场份额以获取暴利，但随着数据的逐渐公开，更多利益相关者也获得相关数据并进入市场产生竞争，使数据价值得以瓜分，此时的数据价值则会降低，因此，获取数据的时间差会导致数据腐败。

（二）腐败的技术性增强

大数据技术给腐败行为带来了技术上的变革，技术的发展使得腐败行为易于伪装，伪装程度随着技术增强也逐渐增强，为腐败行为披上一层合法纱衣。

一方面，腐败的智能化导致腐败越来越隐蔽。大数据技术使得腐败手段更加智能化和技术化，腐败行为由原先的权力与资金的线下交易转变为权力与数据、股份等线上交易，增强了腐败行为的隐蔽性。除此之外，这种智能化的腐败手段使权力具有很大的扩张性，即权力借助虚拟手段无限放大并急剧升值，权力对接耦合所实现的政治价值就会超过一般期值，具有发散性、膨胀性的特点。①

另一方面，腐败的智能化导致腐败越来越便利。例如，QQ币充值、电子礼品卡、微信红包、网店提货券、支付宝转账等成为大数据时代新的腐败形式，这种技术化的腐败方式使行贿者和受贿者在不见面的情况下就能够完成各项腐败操作，腐败变得越来越"轻松"，而这无疑增加了监督的难度。总之，大数据时代腐败的智能化增强了腐败的隐蔽性和便利性，利用高新技术实施腐败已经成为一个新的犯罪增长点。②

（三）腐败呈现集团化趋势

随着大数据技术的发展，腐败行为越来越呈现集团化的趋势。传统腐败行为往往受到时空的限制，通常集中于某一地域，涉及的人员少、金额小、危害小。但随着大数据等现代信息通信技术的发展，腐败分子利用大数据技术建立严密的关系网和厚厚的保护层。跨区域腐败屡见不鲜，涉及的人员和区域范围广泛，大数据技术增加了腐败个案向一个庞大腐败组织转变的可能性，该组织呈现虚拟化特点，组织中的成员往往通过网络进行联系，具有极强的隐蔽性。中国工程院李国杰院士指出：数据背后是网络，网络背后是人，研究网络数据实际上是研究人组成的社会网络。③大数据技术扩大了社会网络的范围，加深了腐败程度，使腐败行为越来越呈现集团化的趋势，而这比传统

---

① 《警惕腐败手段智能化》，见 http://roll.sohu.com/20130821/n384666971.shtml。
② 杜治洲：《电子政务在预防和惩治腐败中的作用》，《信息化建设》2007 年第 7 期。
③ 李国杰：《大数据成为信息科技新关注点》，2012 年 6 月 27 日，见 http://www.cas.cn/xw/zjsd/201206/t20120627_3605350.shtml。

腐败的危害性更大。

三、大数据时代给腐败治理带来新的机遇

大数据时代的到来所引发技术变革，虽然为腐败治理带来了巨大的挑战，但同时也给腐败治理提供了新的机遇，主要表现在以下几个方面：

（一）大数据可以科学揭示腐败发生发展的规律

万事万物的产生与发展都有其自身的规律，一切腐败现象背后也都存在一定的规律，都有腐败的共同"密码"可寻，找到这个密码，就无异于找到一把反腐的钥匙。① 因此，掌握腐败产生与发展的规律是治理腐败问题的关键。以前受到技术条件的限制，人们无法大规模地、精确地记录腐败行为产生的数据，也就无法计算其中的相关关系，不太容易掌握腐败行为的发展规律。而进入大数据时代，我们可以通过技术手段将一个时期或者一个区域的所有腐败案件实现跨时空整合，采集各种各样的腐败数据类型，并对其进行分析和处理，从中找出这些数据之间的相关性，以此研究腐败行为发生和发展的规律，从而提出有效的反腐措施。

（二）大数据实现对腐败行为的科学预测

腐败行为预测，是指根据公职人员过去和现在的行为数据，运用已有的技术或经验对未来该公职人员是否有腐败意图的判断，即根据行为数据来预测未来腐败的可能性。传统上的腐败预测属于经验型预测，更多的是依靠工作人员的经验来进行预测，具有一定的主观性；

---

① 杜治洲、常金萍：《大数据时代中国反腐败面临的机遇和挑战》，《北京航空航天大学学报》（社会科学版）2015 年第 4 期。

而大数据时代的预测属于技术型预测，更多的是依赖大数据这一先进技术进行预测，即根据公职人员产生的客观数据来预测其是否具有腐败倾向，这种预测具有很强的客观性和科学性。

大数据时代，对腐败行为的科学预测主要源自于数据留痕。基于物联网、云计算等先进技术实现的数据留痕大大提高了预测的科学性，使预测更加贴合事物运转的规律。例如：如果人们想买东西，都会在网上浏览相关产品、进行物价对比，互联网的搜索查询功能会在服务器上保留人们的历史搜索数据，把这些数据收集起来，利用大数据技术进行分析与挖掘，不难发现隐藏在数据背后的规律，从而依据规律对未来行为进行预测。同理，通过分析公职人员的工作和生活数据，对其行为以及行为背后的规律有一定的把握，从而实现对腐败行为的科学预测。可以看出，人们在享受网络带来便利的同时，也无偿贡献了自己的"行踪"，每个人在大数据时代都将是透明性的存在，"过去做了什么"可以以数据的形式进行还原，"未来想做什么"也可以以数据的形式进行推测，这无疑提高了腐败预测的科学性。

（三）大数据可以有效监测反腐舆情

现代信息技术的快速发展，尤其是移动互联网的发展，为公众参与各项公共事务提供了条件。反腐败作为一项重要的公共事务离不开社会公众的支持和参与，社会公众尤其是年轻的网民通过网络来表达自己对反腐败工作的意见，可以极大地促进腐败治理的效果。同时，网络公开化便于反腐机构了解公众心声，监测反腐舆情。大数据在反腐舆情监控和预测方面可以发挥重要的作用：一方面，大数据技术有助于对反腐舆情的监控。社会公众通过网站、微博、短视频等客户端了解反腐现状，他们的浏览记录、评论和转发等都将成为反映人们反腐态度的数据，反腐机构通过对这些数据来了解社会公众对反腐败的心声。另一方面，大数据助力反腐舆情预测。大数据利用现实数据挖掘数据背后的相关关系，预判事物未来发展趋势。这种预测功能主要体现为通过监控网络关注热点、分析各种消息的传播途径和传播方式来预测事物在未来的变化趋势并采取应对措施。[①]

第二节　大数据助力一体推进"三不"的机理

一体推进不敢腐、不能腐、不想腐，既是对过去反腐经验的深刻总结，也是对未来反腐趋势的准确把握，为未来的反腐工作指明了方向。随着大数据时代的到来，技术性腐败越来越多，这给腐败治理带来了极大的挑战。因此，一体推进不敢腐、不能腐和不想腐，必须跳出仅依靠制度的思维模式，适当引入技术手段。

一、大数据技术强化"不敢腐"的震慑

"不敢腐"是通过严厉的惩治使腐败分子不敢实施腐败行为，它是一体推进"三不"机制的基础和前提。大数据时代，信息技术的快速发展强化了"不敢腐"的震慑作用，这种震慑作用主要源于惩治腐败的无禁区、全覆盖和零容忍的态度。

（一）大数据技术推动反腐全覆盖、无禁区，提高腐败发现率

"全覆盖""无禁区"是指反腐范围的全面性和彻底性，大数据技术使得反腐不受时间和空间的限制，提高了腐败的发现率。现实中，

---

① 杜治洲、常金萍：《大数据时代中国反腐败面临的机遇和挑战》，《北京航空航天大学学报》（社会科学版）2015 年第 4 期。

　　许多腐败分子以为"天高皇帝远"，自己的腐败行为不容易被发现，于是肆无忌惮大胆搞腐败。而在大数据时代，现代信息通信技术打破了时空的限制，公众通过短视频、微博和官方举报平台等途径可以随时随地曝光腐败者的腐败行为，并通过网络得到快速传播，形成舆论压力，进而引起官方的关注，推动纪检监察机关查处腐败分子。这种网络曝光腐败的现象，在很大程度上强化了"不敢腐"的震慑作用。

　　1. 大数据技术推动反腐全覆盖

　　"全覆盖"，指反腐针对的不只是党政机关干部，而是所有公权力行使者。反腐对象的扩大增强了反腐败的复杂性，增大了反腐败的压力。党的十八大以来的高压反腐使"不敢腐"的目标初步实现，但持续性地强化"不敢腐"以巩固当前的反腐成果还需要技术的支持。

　　反腐对象的"全覆盖"可能导致有限的人力、计算能力与持续增长的反腐任务之间发生矛盾。在人力、物力和计算能力有限的条件下，官方有可能根据腐败的严重性和危害性的大小来进行选择性惩处，而搁置一些小的腐败或潜在的腐败行为，这些看似很小的腐败都有可能成为未来的大腐败事件。因此，传统反腐工作，由于客观条件的限制很难实现"全覆盖"。进入大数据时代，Apache Hadoop 的分布式文件系统的应用，为海量数据的处理提供了技术支持，能够低成本、快速和精准地发现相关目标的特征和活动轨迹，弥补传统腐败治理中的人力、物力和计算能力的有限性。同时，大数据技术依托互联网、物联网和移动互联网等网络技术调查腐败、警醒小腐败和发现潜在的腐败，增强了反腐的力度和反腐辐射力，不遗漏任何腐败的蛛丝马迹，实现了对所有公职人员"全覆盖"，强化了"不敢腐"的震慑作用。

2. 大数据技术推动反腐无禁区

"无禁区"即反腐没有例外、没有盲区，不允许有不受制约和监督的权力存在，不允许有特殊党员和特殊官员存在，不管职位高低只要触碰腐败的高压线都应当受到应有的惩罚。在大数据技术不断应用于权力监督的背景下，不论职位高低，所有官员都纳入监督的范围，为实现反腐无禁区提供技术上的支持。大数据的这种支持主要表现在以下两个方面：

一是大数据技术提高了反腐数据处理的速度、广度和深度。大数据可以有效处理海量的数据，无禁区的反腐必然带来反腐数量的激增，这就要求较高的数据处理能力，映射归约（Map Reduce）这一并行的数据处理技术的应用，大大提高了对海量数据的处理速度，扩大了数据处理的广度。同时，大数据技术的应用也增加了反腐的深度，运用大数据技术深度挖掘腐败证据，通过对腐败官员相关数据处理和行为轨迹还原，再现腐败发生过程，实现数据来源追溯，从而助推反腐啃"硬骨头"。

二是数据形式多样化为反腐败供技术支撑。随着现代通信技术的快速发展，数据形式更加多样化，传统的文字、图片等静态的形式向视频、音频等动态的形式转变，动态的数据形式使得数据呈现更生动、更客观、更能还原事实真相。一段视频、一张图片、一段文字都有可能成为反腐切入点，使反腐败机构能透过廉洁表象深挖其腐败的本质。可见，更多的数据表现形式克服了传统反腐过程中由于形式的有限性而造成的反腐有禁区、有盲区，从而实现反腐无禁区。

（二）大数据技术强化反腐态度，增强反腐信心

零容忍的反腐态度是实现"不敢腐"的第一步，持续反腐不仅需

要保持高压的态势，同时也需要猛药去疴的决心和刮骨疗毒的勇气。零容忍态度主要包含两个层面：一是中央政府的反腐态度；二是公众对腐败的态度。中央政府的零容忍反腐态度显而易见，并产生了明显的效果，但要巩固反腐成果还离不开公众对腐败的零容忍态度。公众的零容忍态度将会对腐败分子起到巨大的震慑作用，这种震慑作用主要源于舆论压力。传统反腐模式中，公众对腐败事件的看法往往被忽略，而进入大数据时代，人们通过网站、微博、微信和视频软件等途径来表达自己的反腐态度，并通过转载和点击率得以迅速传播，形成舆论压力，从而引起反腐败机关的关注，对腐败分子起到强大的震慑作用。

综上所述，现代信息技术的发展提高了反腐手段的技术含量，助力反腐实现全覆盖、无禁区，从而提高了反腐效率。同时，大数据技术为公众参与反腐提供了便捷途径，增强了公众的反腐信心。

二、大数据技术筑牢"不能腐"的铁笼

权力是滋生腐败的根源，强化对权力的制约和监督是反腐败的关键。随着互联网和人工智能等现代信息技术的发展，大数据技术逐渐渗透到人们生活和工作的各个方面，也就不可避免地影响权力运行方式以及对权力的制约模式，为筑牢"不能腐"铁笼提供技术上的支持。习近平总书记在十九届中央纪委四次全会上强调推动形成不断完备的制度体系和严格有效的监督体系，指出了"不能腐"建设的两个关键词，即制度与监督。[①]

---

① 邓联繁：《一体推进不敢腐不能腐不想腐的深刻内涵》，《人民论坛》2020 年第 Z2 期。

（一）大数据技术增强制度刚性

制度是约束人们行为的规则。目前我国反腐败制度体系日趋完备，但制度刚性仍然不足。因此，运用大数据技术强化制度刚性成为完善反腐败制度体系不可或缺的一步，这不仅仅是对反腐败数据的收集、整理和处理，也是大数据技术的逻辑结构嵌入反腐败制度的一个过程。大数据技术嵌入是大数据技术强制力转化为反腐败制度构建与完善的强制力的过程。大数据技术的"嵌入点"与反腐败制度的组成要素不断融合，将大数据技术的某些技术优势赋能给反腐败制度，促进大数据技术的各种优势与制度构建的流程与框架相互融合。通过技术刚性增强制度刚性，运用技术优势弥补制度的不足，从而加固制度这一铁笼，使制度建设更加严谨，无漏洞。因此，运用大数据技术完善反腐败制度体系，可以使反腐败制度结构更加完善，制度能力更强，制度反腐更具刚性。

（二）大数据技术完善监督体系

1. 大数据技术改变监督主体结构

传统监督以体制内的政治监督为主，监督主体主要是纪检监察机关等专门机关，这些官方监督主体负责腐败治理的全过程，包括发现腐败、调查腐败和惩治腐败等环节，公众较少参与。进入大数据时代，监督主体之间的结构关系发生了变化，公众成为发现腐败和治理腐败的重要主体。目前，以公众为主体的非政治监督主要处于前端的腐败发现环节，调查腐败和惩治腐败等环节仍然以政治监督主体为主，但最终的调查结果会通过网络平台向公众反馈。可以看出，大数据技术扩大了监督主体范围，改变了监督主体结构，由原先的单一政治监督主体转变为以政治监督为主、公众监督为辅的监督结构。

2. 大数据技术强化对高层领导的监督

领导干部是党执政兴国的重要力量，在党和国家发展过程中发挥着十分重要的作用。党政领导干部尤其是高层领导干部掌握着巨大的权力和大量的资源，影响着国家政策的制定，同时他们的工作作风会对下属产生较强的示范作用。因此，预防高层领导腐败是腐败治理的关键之一。高层领导的个人意志往往会对制度的制定产生重要影响，这在一定程度上干扰了制度的科学性和公平性，也降低了制度对高层领导的约束力。因此，在监督力量有限和制度刚性不足的前提下，单纯依靠制度来防止高层领导权力滥用就面临着相当大的挑战。而辅之以大数据技术，通过技术和制度两种手段构筑限制权力的"铁笼"，就可以增强制度刚性，从而提升监督效果。例如：通过计算机程序固化行政办公流程，压缩自由裁量权；通过线上办公有效避免暗箱操作和不合规的情况发生。

3. 大数据技术实现权力运行的公开透明

一方面，政务信息是权力运行的重要载体，政务信息公开是权力运行透明化的重要表现形式。有一些政府部门掌握着大量的数据，却不愿意与其他部门进行数据分享与合作，导致部门之间数据断裂，阻碍了反腐败工作的正常开展。进入大数据时代，技术的发展为政务信息公开提供了技术上的支持，倒逼政务信息公开。即使有些政府部门主动公开政务信息的积极性不高，大数据技术的应用也会迫使政府部门不得不公开政务信息，这在一定程度上提高了政务信息的公开度。

另一方面，介入工具的好坏在一定程度上影响着权力运行的透明度。政府部门开展政务工作需要特定的工作场所，这在空间上与公众相分离，造成公众不能直接对政府部门的权力运行状况进行监督，必须通过一定工具介入政府工作过程中以提高政府工作的透明度。因此，介入工具的好坏关系到公众介入的情况，也直接影响着公众对政府权力运行的监督。在传统权力运行模式中，这一介入工具没有很好地运用或者说没有得到重视，政务工作缺乏必要的公众的监督，这也成为一些党政机关信息不公开的理由。但随着现代信息技术的发展，大数据技术作为公众介入政府工作过程的重要工具，大大提高了政府权力运行的透明度。通过对政府工作过程中产生的数据分析，实现了对政务工作的最大程度的记录与还原，缩小了介入工具呈现的政务工作情况与实际政务工作情况的差距，从而实现政府权力运行的透明化。

三、大数据技术提高"不想腐"的自觉性

"不想腐"是公职人员内心对腐败的认知，是自律的体现。思想决定人的行为，行为是思想的外在表现，腐败行为源于思想的变质，思想上的变质源于精神上的贫瘠。因此，要从根本上遏制腐败，就需要补足精神之钙，在思想上预防腐败。廉洁教育作为补足精神之钙的重要途径，在提高"不想腐"的自觉性方面发挥着重要作用。以往的廉洁教育通常以讲座、学习班等形式为主，这种教育形式具有固定化、间断性和一般化的特点，教育效果不佳。而运用大数据技术开展廉洁教育，可以实现廉洁教育的跨时空性、持续性和个性化，大幅提升公职人员"不想腐"的自觉。

（一）大数据技术实现廉洁教育的跨时空性

随着反腐的不断深入，公职人员教育的全覆盖与廉洁教育资源的

有限性之间的矛盾日益突出，单纯依靠传统的廉洁教育模式很难化解这一矛盾。大数据技术突破时空限制，促进廉洁教育资源的有效整合，实现廉洁教育的可持续性，为解决这一矛盾提供了新路径。

1. 空间轴：大数据技术整合廉洁教育资源

一方面，大数据技术整合网络教育资源。在传统的廉洁教育模式中，教育形式单一，且由于经费的原因很多部门不愿意投入较多的资金用于廉洁教育，导致廉洁教育在短期内很难实现大规模的发展。进入大数据时代，运用大数据技术充分挖掘和发现网络廉洁教育资源，既节约了部门经费，也丰富了廉洁教育形式。公职人员在家或在自己的办公场所，通过连接网络视频就可以参加一些高水平专家的廉洁教育讲座，可以有效解决资金缺乏和形式单一等问题。另一方面，大数据技术整合各地区教育力量。在传统廉洁教育模式中，教育力量有限和专业能力不足，且由于经济发展的不平衡，导致各个地区的廉洁教育资源分配不均，成为制约廉洁教育大规模开展的瓶颈。进入大数据时代，不同地区的反腐专家通过视频录制或远程廉洁教育方式，使得经济落后和缺乏专业教育人员的地区同样可以享受到其他地区的廉洁教育资源。

2. 时间轴：大数据技术实现廉洁教育的可持续性

可持续性廉洁教育是实现"不想腐"自觉性的基本前提，间断性教育在短时间内对思想教育会有一定的效果，但并不能长期保证人们的自觉性。公职人员的时间、精力、部门经费的限制，可能导致廉洁教育的频率下降。进入大数据时代，借助大数据技术优势可以有效解决廉洁教育间断性问题，主要体现在以下三个方面：第一，公职人员在利用大数据技术提升工作效率的前提下，有较为充足的时间和精力接受廉洁教育。第二，网络上有许多可以共享的网络教育资源，各单位和部门可以针对自身存在较大的问题，获取相关内容学习资料（视频、图片、文字等），而不需要另请专家线下授课，这就节省了大量的教育资金。第三，廉洁教育的大数据，清晰记录了每一位公职人员的学习情况，这为下一次廉洁教育方案的制订提供了重要的参考依据，从而提高廉洁教育的针对性、系统性和可持续性。

（二）大数据技术实现廉洁教育的个性化

传统的廉洁教育模式往往是对多数公职人员进行统一教育，例如：通过授课、培训、参观廉洁教育基地等方式进行，注重廉洁教育的普遍性，而忽略廉洁教育的个性化。随着反腐的不断深入，大众化的廉洁教育很难满足公职人员个性化的需求。而大数据技术可以为公职人员提供个性化的廉洁教育方案，主要体现为廉洁教育内容、教育对象和教育方式的个性化。

1. 大数据技术为个性化的廉洁教育内容上提供了技术上的支撑

运用大数据技术分析公职人员的日常浏览记录以及工作行为的留痕数据，可以有效推测出公职人员在廉洁教育方面的不足，据此制订廉洁教育方案、选定教育内容，然后利用网络、手机 APP、短视频等方式进行实时推送。

2. 大数据技术为个性化的服务对象提供了技术上的支撑

随着信息技术的快速发展，我们可以根据用户不同的年龄、教育程度、社会背景、廉洁教育的学习情况、相关工作内容等方面制订不同的廉洁教育方案，[1]大数据技术通过对公职人员的相关数据进行挖掘

① 杜治洲、常金萍：《大数据时代中国反腐败面临的机遇和挑战》，《北京航空航天大学学报》（社会科学版）2015 年第 4 期。

分析，得出公职人员在廉洁教育方面的不同需求，根据不同需求进行层次分类，不同层次制订不同的教育方案，以适应不同的公职人员需求。

3. 大数据技术实现廉洁教育方式多样化

数据形式的多元化促进了廉洁教育方式的多样化，公职人员可以通过微博、网站、短视频等信息接收平台实现教育内容的接收与学习。这种教育方式既给廉洁教育带来了便利，也满足了公职人员的平台使用偏好。例如，有的公职人员喜欢浏览短视频，有的公职人员喜欢浏览微博，因此，可以根据平台使用频率来选择教育内容的推送平台，实现廉洁教育方式的多样化。

四、大数据技术夯实一体推进"三不"的协同性

一体推进"三不"的外在表现是"不敢腐""不能腐""不想腐"在腐败治理过程中的协调与合作，一体推进使"不敢腐""不能腐""不想腐"的属性互相增强，形成叠加效应，提升腐败治理的有效性。大数据技术助力一体推进"三不"主要指以一体推进"三不"的相关大数据为核心，以数据价值的实现与再实现为主线，贯通腐败治理的主体责任和监督责任，使"不敢腐""不能腐"和"不想腐"既统筹协调又因地制宜。

（一）大数据技术贯通主体责任和监督责任

各级党委是党风廉政建设的主体，承担反腐的主体责任；纪委履行反腐败的监督责任，认真监督执纪和问责。腐败治理既离不开领导者也离不开监督者。只有将党委的主体作用与纪委的监督作用贯通起来，才能更好地提高腐败治理效能。但在现实的反腐工作中，主体

责任和监督责任存在缺位错位、互动互融不够协调、责任界限模糊不清、互联互通不够到位、责任落实缺少统筹、互促互进不够有力等问题,①影响了腐败治理效果,而大数据等现代信息技术手段可以促进两个责任的贯通。

首先,大数据技术强化党委对纪委监委的统一领导。大数据技术简化审批程序和工作流程,提高同级党委工作效率,平衡党风廉政建设和其他工作的权重,从而使党委有更多的精力和时间投入党风廉政建设中去。其次,党委办公数字化流程为纪委监委实施监督执纪提供了便利,大数据技术依托数据留痕,实现对党委领导和开展的工作进行电子化记录(例如,将党委开展的党风廉政建设情况通过图片、文字、视频等方式传输到大数据管理平台),便于纪委监察实施全过程和实时性监督。最后,大数据技术帮助纪委监委有效识别问题点和风险点,可以快速有效地从海量数据中锁定问题,对同级党委在党风廉政建设过程中承担的责任进行警醒和督促。

(二)大数据技术实现三者贯通,做到统筹协调

首先,"不敢腐"是对已经存在的腐败进行打击,以震慑潜在的腐败分子。一体推进"三不"要求在"不敢腐"中挖掘"不能腐"和"不想腐"的因素,注重他们之间的影响关系。简单来说,"不敢腐"不仅要求对腐败进行惩治,也要求对已经发生的腐败案件进行数据分析,运用大数据技术深度挖掘腐败产生的制度外部因素和理想信念内部因素,针对产生原因提出相对应的腐败治理措施。

其次,在推进"不能腐"中,大数据技术的运用使权力运行更加

---

① 《疏通堵点衔接断点　贯通协同形成合力——宝鸡开展推动"两个责任"贯通联动一体落实改革试点工作纪实》,2020 年 12 月 17 日,见 http://www.baojinews.com/p/346391.html。

公开透明，尤其是数字化办公的引入，刚性的办公流程压缩了公职人员的自由裁量权，政务工作实现数据留痕，便于后期审查与追踪。一方面，大数据实现数据留痕，扩大了监督的覆盖面，提高了腐败发现率，促进了"不敢腐"的实现；另一方面，根据实际腐败案件数据，利用大数据相关性分析来研究腐败分子在腐败过程中的心理活动和思想认识的规律，然后有针对性地对其进行教育和引导，促进"不想腐"的实现。

最后，在推进"不想腐"中，运用大数据技术深入挖掘"不敢腐"案例的经验教训，根据实际腐败案例中暴露出来的思想问题有针对性的教育，依托实际的腐败案例，提高廉洁教育的科学性和针对性。例如，以视频、图片、文字等方式呈现"不敢腐"中的典型案例进行警示教育。同时，基于大数据技术的权力运行公开透明以及网格化的监督方式在一定程度上能够抑制腐败动机的产生，使人们"不想腐"。

（三）大数据技术实现精准识别，因时因地制宜

"不敢腐""不能腐""不想腐"协同并不是"一刀切"的协同，而是因时因地的协同。地方不同，遇到的腐败问题也会有差异，"三不"所突出的重点也应有所不同。例如，如果某地腐败发生率很高，那么重点是要突出"不敢腐"的威慑力和惩罚力度，即应当以"不敢腐"为主，"不能腐"和"不想腐"为辅；随着腐败存量的递减，反腐的主要矛盾由"不敢腐"转向"不能腐"和"不想腐"，此时"三不"的反腐手段应当以"不能腐"和"不想腐"为主，辅以"不敢腐"。总之，"三不"作为主要矛盾是在不断运动变化的，其变化依据则是腐败的实际状况。

在中国，各省、市、区的腐败程度和总体状况具有一定的差异性，尽管全国各地都在一体推进不敢腐、不能腐、不想腐，但各省、市、区面临的腐败问题不尽相同，单纯地照搬使用必然会带来"水土不服"的非适应症状，难以真正地融入当地的反腐败工作中去，也很难取得良好的腐败治理效果。例如，有的地方是由于打击和惩治腐败的力度不够等原因造成腐败现象严重；有的地方则是由于制度和监督等方面的原因造成腐败的滋生；有的地方是因为对公职人员的廉洁教育不到位而导致思想堤坝崩塌产生腐败。各个地方或部门引发腐败的因素不同，所以，对引发腐败因素的精准识别将成为一体推进"三不"建设的关键。只有精准发现问题，才能准确地诊断问题，一体推进"三不"才会有的放矢，精准发力。大数据技术依托海量数据实现对腐败问题的精准定位，通过相关性分析和可视化工具，精准识别和侦破较为隐蔽的腐败问题，有效连接各个部门的信息数据，通过数据关联提炼已有数据的规律和趋势，精准识别存在的腐败问题，然后针对性地采取一体推进"三不"的措施。可以看出，大数据技术的运用对腐败问题的精准识别起到了提质增效的作用。

第三节　大数据助力一体推进"三不"的实践及运行模式

大数据技术已逐步开始在我国反腐败工作中不断推广应用，并且取得了一定的成绩。笔者对贵阳市成立的"数据铁笼"和沈阳市的"正风肃纪大数据监督平台"进行案例研究时发现，它们在借助大数据技术实现一体推进"三不"方面的实践具有较强的启示意义。

一、贵阳市运用大数据技术实现一体推进"三不"的主要做法

面对严峻的腐败形势，贵阳市依靠大数据产业优势构建"数据铁笼"，把能够纳入网络的行政权力全部纳入网络运行，将行政权力置于社会公众的监督之下。①"数据铁笼"可以及时发现腐败问题，能够对各个部门各个领域实行监督全覆盖，对腐败实时预警。

（一）"数据铁笼"情况简介

2015 年，贵阳市展开"数据铁笼"计划，其主旨在于利用大数据技术来铸造权力的铁笼，利用大数据技术的刚性限制权力使用的"任性"。针对这项计划，贵阳市政府成立专门工作领导小组，统筹、领导"数据铁笼"项目的建设和实施；同时，制定出《贵阳市全面推进"数据铁笼"工程建设的指导意见》和《贵阳市 2016 年全面推进"数据铁笼"工程建设工作实施方案》这两个关键性的文件，对后续的"数据铁笼"构建工作指明了方向。

"数据铁笼"大体包括五项工作内容：（1）建立一个体系：以全面从严治党为核心，构建包括行政决策权、行政监督检查权、行政审批权等在内的权力体系；（2）制定数据图层标准和数据代码标准：通过这两个标准推动数据共享与融合，实现信息化、数据化、自流程化和融合化；（3）解决三个问题：回答并解决好"问题在哪里、数据在哪里、办法在哪里"的问题，把数据筑成笼，在笼子里找问题，笼子外找办法；（4）抓好四个关键：根据权力的风险点，重点抓好重大决策、行政审批、行政执法和党风廉政四个关键；（5）推进五个统一：

_____
① 《数据铁笼方案介绍》，见 http://www.zcreate.com.cn/service/datacage。

推进"一图""一卡""一机""一库""一平台"的统一。通过以上五项内容的构建，进一步优化、细化、固化权力运行流程和办理环节，让权力在"阳光"下清晰、透明、规范运行，真正实现"人在干、云在算、天在看"，[①] 依托大数据技术构建起科学的权力运行模式。

（二）"数据铁笼"在"三不"方面的具体应用

1. 不敢腐：提高腐败发现率

（1）"数据铁笼"持续强化了"不敢腐"的震慑力。"数据铁笼"依托大数据提高了腐败曝光度。一旦腐败行为被曝光，就会通过多种途径转发并迅速传播，达到强震慑的效果，解决了惩治震慑效应不够、影响不足的问题。大数据时代，借助视频、音频、图片、文字等载体通过网站、APP 等专业平台对性质比较恶劣、情节较为严重且广泛引起社会关注的腐败案件进行通报曝光，形成较强的舆论压力，最大限度地发挥警示震慑作用。例如，贵州省纪委监委网站对三起涉黑涉恶腐败和"保护伞"典型问题进行了公开通报，对一些潜在腐败人员起到了强大的震慑作用。

（2）"数据铁笼"激发敬畏心和恐惧心。"数据铁笼"编织的数据监督网使得监督全覆盖、无禁区，激发了公职人员对制度的敬畏心和对腐败的恐惧心。例如，晴隆县光照镇社保所副所长陈某慑于大数据"监督网"的威力，在恐慌中煎熬了十多天后，最终向纪检监察机关交代了自己贪污挪用群众养老保险金的违纪事实。[②] 大数据的"监督网"使得腐败者内心恐慌，也能激发未实施腐败但有腐败意图的人的恐惧

---

① 《"数据铁笼"覆盖贵阳市政府所有组成部门》，2016 年 3 月 22 日，见 http://hhht.nmgbb.gov.cn/hmq/ywgzhm/201603/t20160322_50917.html。

② 《一体推进"不敢腐不能腐不想腐" 持续营造风清气正政治生态》，2019 年 1 月 18 日，见 http://www.gzdis.gov.cn/xwhc/mtjj/201902/t20190207_2245255.html。

心理。

2. 不能腐：压缩自由裁量权

（1）权力运行数据化、规范化。"数据铁笼"实现了对权力运行整个过程的数据化，减少了权力运行的人为因素。"数据铁笼"通过固化政务工作流程使权力运行流程更刚性，运用计算机程序设定指令限制工作人员的自由裁量权，使权力运行受到人为因素的影响更小。数据留痕是权力运行结果最直接的体现，通过数据痕迹还原权力运行整个过程，从而使权力运行整个过程数据化。例如，贵阳市白云区将实际公车的加油记录、使用公里数和维修记录、节假日公出报备记录等与通过大数据技术获取的公务加油卡加油数据进行比对，发现公车私用或私车公养等问题线索。

（2）打破信息壁垒，强化监督力度。"数据铁笼"依托大数据平台发现更多隐藏的、微小的腐败行为，提高监督精细化程度。传统监督模式更多地依赖专门机构，由于受到人力、物力和时间等方面的限制，这种监督往往比较粗放、不全面，具有一定的滞后性。而依托大数据技术构建的"数据铁笼"变人为监督为数据监督、事后监督为过程监督，使权力运行过程中每一个环节的风险都能够被及时发现、预警。[①]大数据监督使得监督更加精细化、全面化和实时性，进一步提高微腐败发现率。例如，"数据铁笼"在民生领域的应用就取得了良好的成效。首先在信息采集方面，通过采集民生资金发放、户籍、车辆、人口计生等基础信息，引入了公职人员的个人信息、工商数据、民政数据、房产信息异常分析等 10 个比对模型，打通了与民政、人

---

① 《贵阳：大数据让腐败无所遁形》，2019 年 5 月 31 日，见 http://www.gywb.cn/content/2019-05/31/content_6133981.htm。

社、住建等主管部门的数据共享信息壁垒；[1]在资金使用方面，实现了对民生资金的 24 小时不间断实时监督。截至 2018 年 3 月，利用"数据铁笼"发现民生资金问题数据 7.4 万余条，通过线下核实发现违规问题 3117 个，立案 21 件，追回资金 50 万余元。[2]

3. 不想腐：多元化的教育途径

信念是人的灵魂，是糖衣炮弹的坚强盾牌。人如果缺乏信念，就很容易陷入腐败的沼泽之中。现实生活中，由于人的贪婪性，再加上缺乏道德和理想信念的教育和约束，人的恶的一面就会显现出来，贪婪、自私会对人的行为产生重大影响，在关键时刻也很容易犯错误。因此，理想信念内化于心和常态化的教育就尤其重要。贵州省积极在党建领域探索运用现代信息技术，为从严治党新常态下加强党员干部教育管理工作拓展了新途径，例如，贵州省纪委监委对网站进行了改版，利用视频进行警示教育。新版网站立足"传递声音、传导压力、形成震慑、指导工作、交流经验"的工作思路，强化了视觉效果，图片、视频占比大幅提高。通过 H5、MG 动画视频及图解图说等方式，对相关典型案例进行解读，策划推出《敲响警钟》等警示教育视频节目，让警示教育与广大党员干部"零距离"。[3]大数据技术使得廉政教育突破了时间和空间的限制，使得公职人员获取教育的途径更加多元化、生动化，提高了公职人员对廉政教育的接受度。

---

① 《我省搭建大数据监督平台　查处一批基层"蝇贪"》，2018 年 7 月 19 日，见 http://www.ccdi.gov.cn/yaowen/201807/t20180710_175346.html。
② 《贵州：扎紧数据铁笼，构建监督执纪大数据平台》，2018 年 3 月 11 日，见 http://www.ccdi.gov.cn/yaowen/201803/t20180309_165801.html。
③ 《贵州省纪委监委网站改版　推出警示教育视频》，2019 年 2 月 13 日，见 http://www.ccdi.gov.cn/yaowen/201902/t20190212_188459.html。

4. 不敢腐、不能腐和不想腐的协同推进

在一体推进"三不"的大形势下，贵州省依托大数据技术从实践的角度来探讨了如何一体推进"三不"，并取得了一定的成果。例如，贵阳市白云区针对"公车私用"问题运用大数据技术进行治理，体现了白云区借助大数据实现一体推进"三不"的过程。在"不敢腐"方面，运用大数据技术比对 3 万多条加油数据，精准识别隐形的腐败问题。对于查出的公车私用问题进行监督执纪问责，给予党纪政务处分、诫勉谈话、询问示警约谈、预防提醒谈话等方式进行惩罚。在"不能腐"方面，白云区结合实际制定公务用车油卡"备案制""一卡制""专人管理制"和"公示制"四项制度。[①] 在"不想腐"方面，在全区通报典型案例，曝光"私车公用、私车公养"等突出问题，达到教育一片、震慑一方的效果。白云区通过以上三大措施的协同配合，有效解决了"公车私用和私车公养"问题。

二、沈阳市大数据助力一体推进"三不"的主要做法

在继贵阳市"数据铁笼"后，沈阳市也积极探索利用大数据技术治理腐败。2018 年，沈阳市纪委监委与中国科学院计算机技术研究所深度合作，探索利用大数据技术开展反腐倡廉工作，其成果就是"正风肃纪大数据监督平台"。"正风"，即正社会之风，遏制腐败之风，营造廉洁风气，从而使党员干部在良好的环境下"不想腐"；"肃纪"，即严肃纪律，对违反纪律者给予严惩，使党员干部"不敢腐"；"监督"，即监视督促，大数据技术实现对权力运行全流程的透明化，使

①《白云区精准发力治理"私车公养"》，2019 年 3 月 21 日，见 http://gz.people.com.cn/gb/n2/2019/0321/c194849-32761100.html。

党员干部"不能腐"。可以看出，该平台的构建深刻体现了"不敢腐""不能腐"和"不想腐"的内涵。

（一）"正风肃纪大数据监督平台"简介

"正风肃纪大数据监督平台"将大数据监督与正风肃纪监督相互融合，该平台包括"一库四系统"。"一库"即正风肃纪监督大数据库，采集自 2016 年以来，沈阳市大数据局等市县两级共 836 家政府职能部门的基础数据、业务数据和政府投资项目数据，总量 2.92 亿条。"四系统"主要是指正风肃纪监督公示系统、数据采集系统、问题管理系统、综合分析系统。[①] 该平台基于"一库四系统"打破了数据壁垒，将沈阳市多个部门产生的相关数据整合为一个大数据库，建成监督公示、数据采集、问题管理和综合分析四大系统，真正形成了对公共物资、公共资金以及公共权力运行全过程的现代化监督体系。在沈阳市"正风肃纪大数据监督平台"建设后，各个行政单位的大数据监督平台也相继成立，例如：执法局正风肃纪大数据平台、水务集团正风肃纪大数据平台、公安局正风肃纪大数据平台以及民政局正风肃纪大数据平台等，各个行政单位根据本部门的业务机构构建相应的大数据监督平台。"正风肃纪大数据监督平台"涉及医保、民政、科技和招投标等多个领域，并在这些领域取得了一定的成效。例如：在民生领域，沈阳市运用该平台一天就发现了 81641 笔问题资金，涉及 9608人，经民政部门自查自纠，挽回损失 5000 万元。[②] 在政府工程招投标

---

① 《沈阳：正风肃纪用上大数据》，2019 年 3 月 25 日，见 http://news.syd.com.cn/system/2019/03/25/011735577.shtml。

② 《科学家进沈阳纪委　用大数据揪出贪腐苍蝇》，2019 年 6 月 28 日，见 https://www.jfdaily.com/news/detail?id=160180。

领域，一家外地公司在沈阳市投标 531 次，只中标一次，中标率明显偏低；沈阳市一家水务公司中标率达 90% 以上，涉嫌暗箱操作。[①]

（二）"正风肃纪大数据监督平台"在一体推进"三不"中的作用

1.提高微腐败发现率，使党员干部不敢腐

大数据时代，几乎所有行为都会通过数据留下痕迹，这就大大提高了腐败发现率。"正风肃纪大数据监督平台"将大数据监督运用到腐败治理领域，充分利用技术优势，实现监督全覆盖，大大提高了微腐败的发现率。例如：通过公车 GPS 定位系统，对全市 2706 台公车的具体出行轨迹随时反馈，有效解决公车私用和私车公养问题；通过大数据监督平台对全市 21061 张公用加油卡进行调查，有 9591 张存在问题，违纪金额最多达 50 万元。可以看出，通过"正风肃纪大数据监督平台"将原来"小来小去"的贪占通过平台予以曝光，进一步提高了微腐败发现率，激发了公职人员的敬畏心，使他们不敢腐。

2.改变传统监督模式，使党员干部不能腐

监督是腐败治理的重要手段，监督模式是整个监督过程的关键。传统监督模式包括自上而下监督以及外部监督等方式，侧重于人为监督；现代监督模式则是借助电子化监督工具，实现监督程序化。例如"正风肃纪大数据监督平台"融合大数据监督，改变了传统模式的监督范围、监督方式、监督主体，大大提高了监督有效性。首先，在监督范围上，"正风肃纪大数据监督平台"通过"大数据库"实现数据采集全覆盖，这为数据监督和数据分析奠定了广泛的数据基础，实现监督对象的全覆盖。其次，在监督方式上，"正风肃纪大数据监督平

---

① 《大数据"透视"推进"不能腐"》，2019 年 6 月 29 日，见 https://baijiahao.baidu.com/s?id=1637633723326095423&wfr=spider&for=pc。

台"实现被动监督向主动监督、事后问责向事前预警转变，大大提高了监督有效性，使得监督常态化。再次，在监督主体上，该平台扩大了监督主体的范围。传统监督模式更多的是依赖专门纪检机构，外部主体参与较少。而该平台扩大了外部参与主体，为权力的外部监督提供便利，沈阳全市 13 个区县和市直部门的所有资金、项目、政策依据，相关人员信息均支持一键举报，群众可以用手机、电脑随时随地查询部门公开信息、项目信息、资金信息，[①]为跨时空监督提供了便利途径。最后，该平台实现了权力的"再监管"。利用大数据技术不仅仅实现对被监督主体的监管，同时也实现对监督者的再监管。在传统监督模式下，监督者和被监督者容易结成利益联盟，形成群体或区域性大腐败，因此单靠举报，监督机关很难及时全面掌握情况。而通过大数据监督平台对相关大数据进行对比分析可以发现问题，从而打破这种监督困境，大数据技术可以有效破解此类监督失灵问题，实现对监管者的再监管。

3. 实施信息化警示教育，使党员干部不想腐

腐败多源于公职人员思想的麻木堕落，其表现就是精神缺钙，对糖衣炮弹的免疫力不足。因此，对公职人员的补钙成为日常工作中必不可少的一部分。"补钙"即通过警示教育等手段向公职人员注入理想信念的"药物"以帮助其恢复精神机能，使其能够牢记使命，坚守初心。对此，沈阳市构建正风肃纪大数据监督平台警示教育展示馆，该馆采用全息影像、虚拟现实、增强现实等科技手段，彰显了大数据监督的巨大威力，充分发挥了正风肃纪大数据监督的反腐和警示教育

---

① 《辽宁沈阳市综合运用大数据推进正风肃纪监督》，见 https://xw.qq.com/cmsid/2019102
3A05KQZ00?f=newdc。

作用，通过参观取得警示教育成效，强化领导干部廉洁意识，持之以恒正风肃纪，全力建设风清气正的政治机关，[①]使他们"不想腐"。同时，依托大数据等现代信息技术，实现大数据警示教育馆的"线上＋线下"相结合的参观模式，通过网络直播模式，提高警示教育范围，让党员干部随时随地能参观警示教育馆，以补精神之钙。

三、贵阳市和沈阳市大数据反腐的启示

贵阳市"数据铁笼"和沈阳市"正风肃纪大数据监督平台"在实践中取得了一定的成效，打开了腐败治理的新思路，为其他城市构建大数据反腐模式提供了经验借鉴。

（一）权力结构和技术结构要相互适应、相互融合

对权力结构、运行流程等方面进行梳理，详细列出权力清单，是大数据技术有效发挥作用的基本前提。大数据技术将自身所具有的优势嵌入到权力结构中去，针对权力结构的漏洞或风险点进行完善和管控，将权力结构的"软性"和技术"刚性"进行很好的融合，通过大数据技术来固化行政权力在使用过程中的流程，压缩其自由裁量权。根据权力运行流程图制定大数据技术监督范围和深度，将权力运行的整个过程置于大数据监督之下，进一步提高监督力度。如果一个行政单位的权力结构和大数据的技术结构互不适应，则大数据技术在该领域很难发挥作用。"数据铁笼"和"正风肃纪大数据监督平台"在构建数据监督平台时，针对不同领域采用不同的监督平台，既保证了数据信息的整合，也保证了不同领域监督平台的独立性。

---

① 《人大常委会组织参观沈阳正风肃纪大数据监督警示教育展示馆》，见 https://syzfsjjd.gov.cn/#/newsDetails?id=7d96198b45714046baae29803cc16e2d&types=4。

（二）加强顶层设计和领导支持

不论是贵阳市"数据铁笼"还是沈阳市的"正风肃纪大数据监督平台"都得到了政府的大力支持。贵阳交管局于 2015 年成立信息工作领导小组，统筹、领导"数据铁笼"项目的建设和实施；同时制定出《贵阳市全面推进"数据铁笼"工程建设的指导意见》《贵阳市"数据铁笼"工程建设规范》两个具有指导性的文件，市政府主要领导亲自挂帅，成立"数据铁笼"建设领导小组办公室；沈阳市"正风肃纪大数据监督平台"构建时，在数据采集与整合环节受到部门数据保密的阻碍，不愿意贡献本部门的业务数据，但沈阳市委市政府坚定支持大数据采集，把它列入政务公开要求，才推动"正风肃纪大数据监督平台"的顺利构建。因此，大数据技术在腐败治理的作用效果和政府的支持力度呈正相关性，完善的方案设计和高层领导的支持是大数据有效发挥作用的前提。如果没有好的推行方案和领导的大力支持，大数据技术很难在反腐败工作中发挥作用。

（三）数据流通是大数据技术反腐的前提

小数据时代，由于涉及部门间的业务机密且同级部门之间不存在隶属关系，这就造成了数据信息的分割，这种数据分割严重限制了信息技术在反腐败领域的运用。因此，数据的跨部门流动是大数据技术反腐的关键。中科院计算技术研究所研发团队成员方金云说："数据是资源，数据越多的部门越不希望交换数据"，这种部门的分割性导致数据的分散性，阻碍了大数据技术在反腐败领域的应用。因此，应当将数据共享与流通合法化，积极推动政务数据公开，这是决定未来大数据能否在腐败治理中发挥作用的关键。贵州省在这方面作出了巨大努力，贵州省政府加强政府网站集约化建设，实现政府数据"聚通用"，建立完善标准规范，先后编制了《中国·贵州政府门户网站云平台数据交换标准》《贵州省政府系统门户网站群栏目架构标准》等规范，并以文件形式印发，实现了中国·贵州政府门户网站云平台与其他政府网站技术平台、云工程之间数据交换共享制度化和规范化；同时大力推进全省政府网站数据共享工作，积极与省内其他云平台实现数据对接。[①] 通过以上措施，贵州省为"数据铁笼"构建提供了坚实的数据流通基础。沈阳市"正风肃纪大数据监督平台"建设中，建立大数据库，采集和整合多部门数据，突破数据壁垒和实现数据整合成为该平台建设中的关键一步。可以看出，两市在运用大数据技术治理腐败时，均实现了数据跨部门流通，这也是两市在反腐领域成功运用大数据技术的关键所在。

---

① 《贵州省：加强政府网站集约化　实现政府数据"聚通用"》，2017 年 7 月 6 日，见 http://www.gaxq.gov.cn/xwdt/jrtt/201812/t20181211_1965108.html。

第八章　我国一体推进不敢腐、不能腐、不想腐的实践探索

　　一体推进不敢腐、不能腐、不想腐，是回望历史的新总结，也是因应形势的新部署。一体推进"三不"的论断来源于具体实践，同时指导和推动着具体实践，伴随着反腐败斗争工作的开展而不断丰富发展。面对腐败这样一大全球性难题，反腐败一直都是世界各国关注的共同议题。腐败的治理能力反映着一个国家治理能力的现代化水平，更影响着人类社会的长远发展，面对腐败问题，全世界都在积极探索实践不同的方案和策略。作为世界大国，我国紧紧立足党和国家的反腐败伟大实践，创造性地提出"一体推进不敢腐、不能腐、不想腐"的重大战略，体现了从治标为主到标本兼治、从硬性约束到思想自觉的渐进过程，表明我们党的反腐败斗争当前已经进入全新的发展阶段，开辟出了新的发展局面。[①]

　　站在新的历史起点，在一体推进"三不"理念的指导下，全国上下从三个维度全面布局，系统地展开了新一轮的反腐败实践，取

[①]　姚文胜：《一体推进不敢腐不能腐不想腐的探索思考》，《中国纪检监察报》2020年8月20日。

得了重要的成效，也积累了宝贵的经验。我国一体推进"三不"的实践探索为其他国家和政党解决腐败问题提供了新的思路，展现了中国智慧，受到国际社会的广泛关注和重视。在此背景之下，一些省、市、区响应号召，立足实际，率先垂范，积极履行主体责任，研究部署工作方案，创新地区具体实践，一体推进"三不"，有效地改进提升了干部队伍的作风形象，巩固发展了反腐败斗争的压倒性胜利，净化优化了政治生态和发展环境，推动完善了治理体系和治理能力。①

其中，浙江省开展了对"一案五必须"制度、三项改革、四责协同等机制的探索，走出了一条契合中央精神、富含时代特征、彰显浙江特色的治理腐败之路；河南省周口市淮阳区在乡村治理中实现试点、巡察、问责等手段的综合应用，形成了乡村政治生态不敢腐、不能腐、不想腐"三不"一体推进，社会生态自治、法治、德治"三治"融合发展的乡村治理格局；深圳市光明区以组织队伍建设打开反腐突破口，率先成立"三不"一体推进办公室，核定专门编制，配备专门人员，统筹"三不"一体推进具体工作，大大提升了行政效率，巩固了反腐成果。这些地区的先进做法都充分展现出了我国反腐工作上取得的重大实践成果，堪称典范，值得推广。因此，本章将以这三个代表性地区的反腐工作为基础，分析我国国内一体推进不敢腐、不能腐、不想腐的实践探索，探讨其突破性和创新点，反思现实问题，更好地指导未来的反腐工作。

----

① 董林、魏剑等：《一体推进"三不"的中原实践——河南持续深化以案促改工作的调查思考》，《河南日报》2020年10月19日。

第一节　浙江省一体推进"三不"的探索

2019 年 1 月，习近平总书记在十九届中央纪委三次全会上提出一体推进不敢腐、不能腐、不想腐的明确要求。之后，党的十九届四中全会将构建一体推进"三不"体制机制作为坚持和完善党和国家监督体系重要内容。一体推进"三不"，凝结着对腐败发生机理、管党治党规律和当前形势任务的深刻洞察，是适用于全面从严治党各方面的科学思路和有效方法。为打通不敢腐、不能腐、不想腐三者的内部联系，实现统筹规划、协调推进，浙江省采取了多项反腐新举措，并开展了众多丰富生动的实践。

一、浙江省一体推进"三不"的具体实践

（一）腐败惩治：在推进"不敢腐"中挖掘"不能腐"和"不想腐"的功能

党的十九大以后，我国各项工作不松劲、不停步、再出发，"打虎""拍蝇""猎狐"多管齐下，全面从严治党取得新的重大成果。在此背景之下，浙江省坚持无禁区、全覆盖、零容忍，坚持重遏制、强高压、长震慑，腐败案件查处率大大提升，腐败惩治的作用得到充分发挥，为腐败预防和廉洁教育工作提供了有力支持。在浙江省 2019年 5 月开展的"警示教育月"期间，省纪委监委通报审查调查的 18名党员干部中，包括 2 名省管干部、6 名厅级干部和 10 名处级干部，涉及机关、高校、国企、医院等各个行业。其中，外逃 25 年的职务犯罪嫌疑人、国家外汇管理局浙江省分局管理检查处原干部袁国方选择主动回国投案，有力地显示了国内惩治腐败高压态势形成的强大震

慑和追逃政策的强大感召力。

一方面，深挖腐败问题，督促整改。从查处的案件来看，违纪违法问题发生，往往不是偶然的，而是必然的。一些人本来思想上已有"漏洞"，再加上制度和监督也有"漏洞"，就难保不出事情。基于此，浙江省各级纪检监察机关在查处案件的同时，注意挖掘背后的深层次问题，用好用活纪律检查建议书和监察建议书，督促相关单位拿出切实方案，填缺补漏，将"不敢腐"和"不能腐"贯通起来。

另一方面，重视党性教育，改造思想。浙江省纪委原副书记、省监委原副主任暨军民曾说道："纪检监察机关是政治机关，查办案件不是最终目的，我们还要善于做人的思想政治工作。"也就是说，对于反腐败工作，惩治这一手绝不能松，但不能就案办案，一定要让审查调查对象深刻认识到自己的错误，促使他们思想转化，并唤起更多人的初心，在"不敢腐"中激发"不想腐"。

（二）制度整改：在推进"不能腐"中贯通"不敢腐"和"不想腐"的实践

通过对审查调查对象的自身腐化堕落轨迹进行分析，纪检监察机关以此发现制度原因，梳理各项岗位工作的廉政风险点，从而提出有针对性的政策整改建议，督促有关单位进行系统性、行业性整改工作，加强内部监督，进一步发现、惩治腐败行为，并以制度为基础开展廉洁主题教育。以浙江省被审查调查对象金谷为例，作为浙江机场集团有限公司、杭州萧山国际机场有限公司原党委委员、副总经理的金谷反思自己的腐败行为，在忏悔书中就人权、事权和财权等方面，关于财政资金监管、干部管理和招投标制度改革等具体事务提出了对党风廉政建设的几点建议。该建议发函由浙江省纪检委传递到省发改委，省发改委以此开展警示教育活动、安排处室进行研究并拿出整改方案，并在 24 天后将整改情况向省纪委监委作了报告。这一案例正是浙江省纪检监察机关在推进"不能腐"的时候贯通"不敢腐"和"不想腐"实践的生动体现。[①]

一方面，腐败的有效治理离不开严密的制度。浙江省纪委监委在查办案件中发现，一段时间以来领导干部在房产交易方面的违纪违法问题频发，经过两个月深入调研后，《浙江省防止领导干部房产交易违纪违法行为规定》出台实施，为领导干部房产交易行为划出了红线，填补了相关党纪空白。针对许多案件暴露出来的公款存放中的违纪问题，浙江省出台了《关于防止领导干部在公款存放方面发生利益冲突和利益输送的办法》，以此为标准，反腐工作逐步走向规范化道路。

另一方面，制度的健全为廉洁教育和廉政文化发展提供了基础性支持，促进党员干部思想道德水平的进一步提升。浙江省纪委监委第十一审查调查室主任林祥荣说："制度严密了，投机成功的可能性就小了，一些蠢蠢欲动的人在评估行为的风险成本后，往往会打消念头，从而首先实现被动的'不能腐'，再结合当前的主题教育，使党员干部的思想觉悟不断提高，达到主动意义上的'不想腐'。"

（三）警示教育：在推进"不想腐"中体现"不敢腐"和"不能腐"的约束

在反腐败斗争过程中，"不想腐"是控制贪腐行为的最后心理防线，是关乎遏制腐败动机的软机制、软实力。为使廉洁教育入脑入心，不断增强针对性、实效性，使党员干部、公职人员知敬畏、存戒惧、

---

① 申晚香、刘一霖、颜新文：《浙江把反腐败作为系统工程，多措并举、标本兼治——统筹谋划 一体推进"三不"》，《中国纪检监察报》2019 年 7 月 19 日。

守规矩、拒腐蚀，浙江省持之以恒抓思想教育、抓清廉文化建设，使"不想腐"成为许多党员干部的思想共识。2019 年，浙江省委将 5 月确定为"警示教育月"，经过为期一个月有力、有序的工作，全省共组织党员干部参观各类警示教育展 9942 批次、43.8 万人次；召开警示教育大会 1.1 万场；召开专题组织生活会、专题讨论会 2.2 万场。在"警示教育月"活动的震慑感召下，当月主动投案党员干部达 40 人，截至 2019 年 6 月 24 日，又新增投案人数 33 人。将警示教育作为一体推进"三不"的重要一环，放到整个反腐工作的全局中来部署，已经成为浙江省的重要工作导向。在"警示教育月"期间，衢州市供销合作社原党委委员、副主任高金坚是全省主动投案"第一人"，谈起自己主动投案时的想法，他说道："警示教育片中的细节直接触动了我，让我意识到对抗组织只是徒劳，只有主动投案自首，向组织彻底坦白交代，争取组织宽大处理才是唯一出路。"

浙江省十分重视警示教育的制度化和常态化。浙江省将警示教育融入日常的工作当中，以制度促进教育，用教育宣传制度，在"不想腐"中强化"不能腐"的制度约束。如宁波市江北区创新新任"一把手""三交底"廉政谈话制度，即纪委书记对新任"一把手"一对一谈话的时候，交底三张清单，分别是党委书记履行主体责任清单、问题清单和单位廉政风险清单。"谈话的过程既是对新任'一把手'压实责任的过程，更用本单位发生过的问题给他们敲响警钟。"江北区纪委监委有关负责人如是说道。此外，杭州市也把警示教育与一体推进"三不"机制相结合，总结经验做法，建立长效制度。杭州市市委制定出台《关于深入开展廉政风险排查防控工作的意见》，专题部署全市廉政风险排查防控工作，计划用三年时间基本建成全市廉政风险防控体系。①这些举措都为警示教育的规范化运转提供了有力的支持。

二、浙江省一体推进"三不"的特点分析

（一）作为系统工程，多措并举治理腐败问题

"三不"重要论述的提出和实践，为浙江省党风廉政建设和反腐败工作带来了巨大的变化和飞跃。"三不"内在一致、相辅相成、相得益彰，浙江省系统谋划、一体推进、同向发力，扎实推进纪检监察工作高质量发展，走出了一条契合中央精神、富含时代特征、彰显浙江省特色的治理腐败之路。

浙江省委把"三不"一体推进作为清廉浙江建设的主线来抓，积极作为，成果显著。为更深层次、更高水平推进"三不"，2017年6月浙江省第十四次党代会作出"建设清廉浙江"的决策，与富强浙江、法治浙江、文化浙江、平安浙江、美丽浙江共同形成"六个浙江"的战略部署。2018年7月，浙江省委十四届三次全会专门作出推进清廉浙江建设的决定，不断深化一体推进"三不"的浙江实践，全省各级纪委监委紧扣一体推进"三不"开展清廉浙江建设"八大行动"。2018年7月，浙江省纪委十四届三次全会审议通过关于服务保障清廉浙江建设的"八大行动"，各级纪委监委聚焦主责主业，充分发挥监督保障执行和促进完善发展作用，助力"三不"一体推进在浙江省不断迸发出蓬勃生机和活力。浙江省坚持"三不"统筹联动、有机融合，增强总体效果，牢牢守住惩治这个"后墙"和底线，

---

① 申晚香、刘一霖、颜新文：《浙江把反腐败作为系统工程，多措并举、标本兼治——统筹谋划一体推进"三不"》，《中国纪检监察报》2019年7月19日。

党的十九大以来全省运用"四种形态"处理数、"打虎""拍蝇""猎狐"数及"四风"问题查处数均持续上升,反腐败斗争压倒性胜利不断巩固发展。同时,强化以案促管、以案促改,.督促补上管理漏洞和制度短板,使权力运行监督制约机制不断完善;强化以案示警、以案促教,协助党委持续开展"警示教育月"活动,大力推进清廉文化建设,不忘初心、牢记使命的思想根基不断夯实。①

在一体推进"三不"这一重要论述的指引下,浙江省将反腐败作为系统工程进行重点推进,采取多项举措相结合的方式开展反腐败工作实践,从宏观层面明确了新时代反腐败的新方向和新目标,有力推动了治理腐败效能的全面提升。

（二）立足地区实际,创新反腐工作协同模式

针对全面从严治党存在的各方责任不清、协同不力、传导不够等诸多问题,浙江省积极探索实践"四责协同"机制。浙江省把党委主体责任、纪委监督责任、党委书记第一责任和班子成员"一岗双责"的横向协同协作与纵向压力传导结合起来,构建主体明晰、有机协同、层层传导、问责有力的管党治党责任落实机制,变单兵作战为同向发力。

"四责协同"中横向协同是关键。全面从严治党"系统化"作战胜过各方责任主体的"单兵"作战,只有形成党委牵头主抓、党委书记靠前指挥、班子成员守土有责、纪委全程监督的履责链条,才能推动各方优势互补、同频共振、同向发力。杭州市下城区查处一起住房建设系统窝串案,涉案金额1400余万元,涉案人员达8名。案件查

---

① 浙江省纪委监委课题组:《"三不"一体推进的浙江溯源和实践》,《中国纪检监察》2020年第4期。

办后，该区纪委监委及时督促该区住建局党委召开民主生活会，自查自纠、排查廉政风险点，切实压实主体责任、第一责任人责任和"一岗双责"。该区住建局党委对照案件举一反三，组织实施房源清理，制定完善空置房管理办法以及三级审批等多项制度，收回空置直管公房33套、涉案直管公房2套。由此可见，全面从严治党只有各方形成合力，才能推动问题整改、标本兼治。

与此同时，全面从严治党责任也需要纵向传导，推动责任从主要领导向班子成员传导，从市县向乡镇（街道）、开发区（园区）、村（社区）延伸，从上级单位向下属单位和基层党支部传递。浙江省牢牢牵住管党治党"牛鼻子"，通过专项检查、履责报告、述责述廉、约谈提醒等方式，构建"党委书记—班子成员—下级党组织负责人""上级纪委—下级纪委—下级党委"等多条纵向责任链条，一级督促一级干，确保责任落实到底。2020年，针对日常监督检查中发现的党员干部和公职人员违反中央八项规定精神和"四风"等问题，金华市婺城区委书记蔡艳向全区19个乡镇（街道）、42家部门单位一把手发出"廉动令"。各基层党委根据自身实际，面向乡镇党员干部开展学习教育、自查自纠，实现责任从上至下传导。同时，各单位纪委也开展专项检查，确保责任落细落实。

（三）着眼形势变化，积极开展巡视加强整改

浙江省着眼新时代的形势变化，深刻把握党中央以全面从严治党新成效推进国家治理体系和治理能力现代化的战略部署，主动将巡视工作融入一体推进不敢腐、不能腐、不想腐体制机制，不断加强巡视工作的质量和效力。

一是发挥巡视的震慑作用，让干部心存敬畏而"不敢腐"。浙江

省委高度重视巡视成果的运用，在集中交办巡视发现的问题和线索的同时，充分发挥巡视的震慑、遏制作用。例如，要求实行"报结制"，责令被巡视单位逐一报结巡视反馈问题的整改情况；省委书记、省长带头一对一约谈部分管党治党责任不落实、问题较为突出的党组织负责人；巡视办增加问题线索，并对问题线索分类移交，由接收单位运用监督执纪"四种形态"给予处置。①从党的十八大以来，浙江省委提高政治站位，全力实现巡视全覆盖。据统计，2012年至2017年的5年间，浙江省委共开展15轮巡视，共巡视255个单位党组织，对6个县（市、区）、7所省（市）属本科院校开展"回头看"。通过巡视，共发现被巡视单位党组织问题4159个，领导干部问题线索5733件，涉及厅局级干部193人、县处级干部1423人；根据巡视移交的问题线索，纪律处分7246人，组织处理2556人，移送司法机关919人。②浙江省的巡视监督可以说是"严"字当头，不回避、不遮掩、不留情是统一要求，高度重视、严格落实、坚决杜绝、严肃查处是长期态度。巡视工作的积极开展将有利于始终保持惩治腐败高压态势，持续强化不敢腐的震慑，用最严明的纪律、最有力的震慑来维护制度权威，让敬畏制度成为常态。

二是发挥巡视的战略作用，让干部明晰制度而"不能腐"。在一体推进不敢腐、不能腐、不想腐中，不能腐是关键，旨在让胆敢腐败者在严密制度和有力监督中无机可乘，这就需要重制度、强监督，以

① 颜新文、金强锋：《集中交线索　限期要结果　浙江多措并举做好巡视"后半篇文章"》，《中国纪检监察报》2018年4月7日。
② 颜新文、汪志建：《浙江省委坚持问题导向——增强巡视监督震慑力》，《中国纪检监察报》2017年7月11日。

巡视引领，靠巡视落实。自 2003 年试点以来，浙江省的巡视工作就走在全国前列。2017 年，浙江省发布《中共浙江省委巡视工作规划（2017—2021）》，按照推进全面从严治党、建设"六个浙江"的要求，持续深化政治巡视，查找政治偏差，突出"关键少数"，建立督查督办报告、通报制度，督促被巡视党组织和相关部门加强制度建设。根据中央有关巡视监督无死角、无例外的要求，浙江省委持续加强对巡视工作的领导。省委巡视机构积极履职，在巡视范围上，进一步拓宽领域；在巡视方法上，进一步加快节奏，提高质量和效率；在巡视手段上，进一步提高发现问题能力，推动问题线索快查快办；在成果运用上，进一步探索向被巡视党组织主要负责人和领导班子双反馈、整改落实情况双报告、整改情况向党内和社会双公开的"三双"制度，实行被巡视党组织主要负责人、巡视组长、巡视办负责同志三方签字背书制度，强化主体责任和"一岗双责"，确保件件有着落。① 浙江省对巡视工作积极落实，抓好巡视整改和成果运用，致力于解决体制机制制度问题，充分发挥了巡视在推动改革、促进发展中标本兼治的战略作用。

三是发挥巡视的教育作用，让干部提升觉悟而"不想腐"。在巡视工作开展的基础之上，浙江省积极探索"后半篇文章"，将"巡""查""改"无缝衔接，推动巡察单位主动对标找差、自查自纠，提升整个巡察工作的质量和效率，推动干部加强思想修养，严格按照制度履职尽责、善于运用制度谋事十事。以台州市为例，台州聚焦群众关心关切的焦点、难点、痛点问题，注重讲好巡察"微故事"，唱

① 颜新文、汪志建：《浙江省委坚持问题导向——增强巡视监督震慑力》，《中国纪检监察报》2017 年 7 月 11 日。

响监督"好声音"。为积极开展对巡视工作的宣传普及，台州市发动各级巡察干部，积累工作中的案例、事例，围绕工作部署、成效做法、特色亮点等内容进行宣传，如在浙江省纪委网站、清廉浙江公众号、清廉路桥微信公众号等平台上刊登巡察小故事，从典型案例中警示教育；开展巡察工作干部的先进事迹宣传，发挥榜样力量，树立精神标杆，激发领导干部"对人民负责"的初心使命感和"为人民服务"的干事热情。这些举措使人民群众切实了解到当前反腐败工作的成果和进展，增强了群众的获得感、幸福感和安全感。同时也使各级领导干部和公职人员进一步强化了底线意识，增强拒腐防变的自觉性和坚定性，引导广大党员干部加强理论武装、加强党性修养、加强自我改造，有力地推动了干部队伍建设的均衡发展和整体提升。

（四）探索建立"一案五必须"制度，深化标本兼治

近年来，浙江省多个地市在严肃查处党员干部违纪违法案件同时，不断强化审查调查"后半篇"文章，探索发展"一案五必须"制度，做到每查结一起典型案件都必须进行案件通报、必须进行查摆剖析、必须进行警示教育、必须进行整改建制、必须进行回访督促，力求做到查处一个、警示一批、教育一片。以宁波市的具体实践为例，自"一案五必须"施行以来，宁波市纪委监委坚持查处一起、通报一起，通过典型案例通报会、民主生活会、警示教育片等形式，以及微信、网站等渠道，宁波市分层分类通报曝光了162批次典型案件，其中包括市管干部11批次，让震慑常在。此外，以案件为契机，宁波市重视完善不同行业、不同领域的制度设计和运行机制建设，针对案件暴露出的系统漏洞发出《监察建议书》敦促整改，推动相关系统、行业、领域引以为戒，力促标本兼治。同时，宁波市将思想政治工作贯彻整

个过程，不仅对涉事相关单位开展警示教育活动，用"身边事"警醒"身边人"，还对受处分的党员开展回访督促工作，帮助其端正思想、重燃斗志、造福社会。通过这一系列措施，宁波市在反腐败工作中真正实现了固本培元，为反腐败工作的进一步推进打下了坚实基础。①

反腐败斗争不仅要治标，更要治本。浙江省多市要求贯彻落实"一案五必须"制度，督促各级纪检监察组织用好本地本系统查处的典型案例资源，及时摄制警示教育片或编印案例汇编，加强剖析研判，推动针对性查补漏洞、建章立制。该项制度在引导广大党员干部知敬畏、存戒惧、守底线，督促案发单位举一反三、完善制度，化解和防范廉政风险隐患，一体推进不敢腐、不能腐、不想腐领域产生了积极的影响。

（五）统筹推进"三项改革"，强化对权力的制约监督

创新发展，改革先行。浙江省坚决扛起先行先试责任，坚持把改革作为重大政治任务，一体推进党的纪律检查体制、国家监察体制、纪检监察机构"三项改革"持续深化，不断推动制度优势转化为治理效能。

一是深化纪律检查体制改革，推进反腐败工作双重领导体制规范化、具体化。浙江省积极探索建立健全党委领导下的决策执行机制，把党的领导具体体现出来、固化下来，变"结果领导"为"全过程领导"，保证党对反腐败工作的决策权、审批权、监督权，并将这一制度优势逐渐转化为治理效能。自 2019 年以来，浙江省纪委监委进一步加强对下级纪委监委的领导，重点抓好查办腐败案件以上级纪委监

①　朱建峰、杜玲玲：《"一案五必须"治标更治本》，《中国纪检监察报》2020 年 2 月 5 日。

委领导为主，线索处置和案件查办在向同级党委报告的同时必须向上级纪委监委报告工作，着力解决个别纪检监察机关在线索处置、立案查处、处分处理等环节不愿报、不敢报等问题。"改革后最大的感受就是我们同省纪委监委机关的联系更加密切了。"驻浙江省委宣传部纪检监察组组长俞慧敏表示，自2019年以来，该组及时向联系监督检查室报告问题线索，并在联系室协调指导下联合开展初核调查，工作效率得到大大提高。[①]

二是深化监察体制改革，探索纪法贯通、法法衔接有效途径。作为全国监察体制改革最早的三个试点省份之一，浙江为国家监察体制改革提供了浙江经验。随着改革进入"深水区"，浙江省纪委监委持续加强制度建设、措施运用，不断探索纪法贯通、法法衔接的有效途径，为各级纪检监察机关依规依纪依法履行职责提供了重要的制度保障。省纪委监委坚持以监督执纪工作规则、监督执法工作规定为核心，全面修订完善《浙江省监察业务运行工作规程》和《监察留置措施操作指南》，先后两次系统梳理、精练合并委机关现有108项相关制度，出台《纪律审查和监察调查信息发布规范》等6项制度。各地各单位也纷纷开展探索实践，进一步提升纪法贯通、法法衔接的履职水平。

三是深化纪检监察机构改革，推动改革优势转化为治理效能。2018年年底以来，浙江省纪委监委高起点推进纪检监察机构改革，先后两次对委机关各部门和派驻机构进行调配组建。省属派驻机构由35家减少至25家；派驻机构编制数平均达到9.8名，实现设置更科学、力量更集中、监督更有力。浙江省还继续深化内设机构调整，进

---

① 颜新文、杨文虎、王璐怡：《打造权威高效党内监督和国家监察体系——2019年我省全面深化"三项改革"综述》，《浙江日报》2020年1月7日。

一步健全执纪监督和执纪审查部门分设、职责分开，执纪监督、执纪审查、案件审理各环节互相协调、互相制约的组织机制，并创造性地成立信息技术保障室，为监督和审查提供技术支持和保障。一年来，委机关及派驻机构干部已轮岗超过 82 人次，其中派驻机构之间交流 60 人次，机关与派驻机构间交流 22 人次，真正实现打通使用、一视同仁。2019 年，各派驻机构发现问题线索的数量大幅增加。省直派驻机构共处置问题线索 407 件，比上年增长 50.2%；立案 84 件，比上年增长 23.5%。① 此外，浙江省纪委监委还分类推进高校、省属企业、省属金融企业纪检监察体制改革，并指导督促市县两级全面完成新一轮派驻机构调整和人员调配。

三、浙江省一体推进"三不"存在的问题与展望

（一）重点领域的监督制度有待进一步完善

在开展巡视工作的过程中，干部群众反映的问题、巡视组发现的问题，都成为未来一体推进"三不"工作所要面临的重要课题。具体来说，在党风廉政建设和反腐败工作方面，一些领导干部插手土地出让、工程建设、房地产开发问题反映集中，领导干部"一家两制"、利益输送出现新的表现形式，手段隐蔽，一些地方农村基层侵害群众利益现象突出，有的领域监管不够，落实"两个责任"不平衡。在落实中央八项规定精神和作风建设方面，顶风违纪现象时有发生，形式主义痼疾顽症仍比较突出，一些干部担当精神不强，一些部门存在"中梗阻"。在执行政治纪律方面，一些地方少数党员参教信教，个别

---

① 颜新文、杨文虎、王璐怡：《打造权威高效党内监督和国家监察体系——2019 年我省全面深化"三项改革"综述》，《浙江日报》2020 年 1 月 7 日。

党员干部参与群体性事件影响恶劣。在干部选拔任用方面，有的地方选拔任用工作不够规范，执行干部政策法规有偏差，有的选人用人视野不够开阔，有的干部交流力度有待加大。①

有些地方、部门和单位在肯定成绩的同时没有清醒地看到一些腐败现象，没有认真执行党风廉政建设责任制，对权力运行监督不力。这就导致了地方和部门损害群众利益的不正之风比较严重。面对这些问题，浙江省未来必须高度重视，采取有力措施，认真加以解决。

（二）一体推进"三不"的制度化和常态化有待进一步探索

当前，浙江省为实现警示教育的制度化和常态化作出了重大努力，但如何将"不敢腐"的强力震慑、"不能腐"的制度约束和"不想腐"的思想指引，充分融入各级单位的日常工作当中，仍然是未来反腐败工作面临的新的挑战。

对纪检监察机关来说，不仅要加强对权力的制约和监督，保证权力正确行使，严厉惩治腐败行为，还要以决策和执行为重点环节，以人财物管理为重点领域，通过科学配置权力，健全权力运作程序，完善监督措施，逐步建立健全权力制约监督机制，防止权力失控、决策失误、行为失范。同时，要深入贯彻落实《中国共产党党内监督条例（试行）》，推动党内监督工作深入开展，并拓宽监督渠道，发挥人大、政府专门机关、政协、司法机关的监督作用，加强社会监督和舆论监督，提高监督的整体效能。

---

① 中央纪委监察部网站：《中央第五巡视组向浙江省反馈巡视情况》，2014 年 11 月 4 日，见 http://www.ccdi.gov.cn/special/zyxszt/2014del_zyxs/fkqk_2014del_zyxs/201411/t20141117_30659.html。

第二节　周口市淮阳区一体推进"三不"的探索

自一体推进"三不"提出以来，河南省始终积极探索"三不"协调联动的实现途径和具体办法，将"建立纪检监察机关贯彻落实一体推进不敢腐、不能腐、不想腐的协调联动工作机制"列入年度重点工作。作为突出代表，周口市淮阳区在推进廉洁乡村建设过程中开展了诸多实践并取得了丰富成效。①

一、周口市淮阳区一体推进"三不"的具体实践

（一）以案明纪，以案促改，净化政治生态

淮阳区纪委监委相关负责人表示："相较于其他地方、其他单位的案例，身边事更能警示身边人，对身边人更能起到强大的心理震慑效应。"自 2018 年 7 月以来，淮阳区纪委监委创新以案促改形式，开展"以案促改直通车"专项活动。

淮阳区把以案促改贯穿始终，成立工作组，每入驻一个行政村就在党员会、干部会、群众动员会上用已治理村的典型案例进行警示教育。具体来说，"以案促改直通车"采取同级通报原则区到乡、乡到村、村到人的直达模式，哪里出问题就在哪里开现场会，让身边事教育身边人，促进以案促改工作常态化。总结会时，用正在治理村的案例对全乡警示教育，案情通报既说干部违纪违法案例，又讲村民涉法案件，以此扩大震慑效应，促进干部警醒，促使群众打消顾虑、敢于检举、勇于发声，全区被治理的村已有多人主动投案和主动

----

① 汉高祖七年（公元前 200 年）设置淮阳郡，2019 年 8 月河南省人民政府对周口市部分行政区划进行调整，撤销淮阳县，设立周口市淮阳区。

交代问题。同时，淮阳区围绕扶贫项目审批、扶贫资金拨付、农村危
房改造、农村低保办理、土地拆迁补偿、集体资产处置等近两年发生
在扶贫领域的案件进行汇总分析，筛选 20 起典型案例，深刻剖析违
纪违法问题根源，多角度查找总结违纪违法问题形成原因及教训，建
立起扶贫领域腐败和作风问题典型案例库，作为全区党员干部廉政警
示教育的"地方教材"。面对村庄内群众反映的存在的腐败和作风问
题，淮阳区委成立工作组，由纪委监委牵头对村庄实施综合治理。多
项活动的开展，推进以案促改工作向基层延伸，对基层的"微腐败"
起到了有效的预防作用，以此警醒广大基层党员干部引以为戒，心存
敬畏。

（二）建章立制，落实责任，规范权力运行

针对治理工作中发现的问题，淮阳区完善村级事务管理制度，推
行"微权四化"廉政体系，[①]让村级班子在"四议两公开，两审一监督"[②]
制度的框架下履职用权，用制度规范办事流程，用制度管控权力行
使，用制度防控工作风险。淮阳区积极推行"逢六"村务日制度，即
每月农历初六、十六、二十六为全区"村务日"，坚持有事谈事、民
主议事、集中办事，解决群众办事儿难的问题。

有些村以前之所以乱，不是没制度，是因为有制度不学不用，用
制度不严不实，用权力不科学不规范。在治理过程中，淮阳县坚持破
与立相统一，坚决撤换软、散、瘫、恶、乱的村级班子，坚决杜绝恶

---

① "微权四化"，即权力清单化、履职程序化、监督科技化、问责常态化。
② "四议"，即村党支部会提议、村"两委"会商议、党员大会审议、村民代表会议或村
民会议决议；"两公开"，即决议公开、实施结果公开；"两审"，即包村干部审核、站所长审核；
"一监督"，即村务监督委员会全程监督。

人治村和宗族势力把持基层政权的现象，着力建立肌体健康的村级组织。通过召开党员会、群众会、设立求贤箱、张贴求贤榜、发放求贤信、上门走访等形式，充分征求群众意见，推荐贤人、能人、威信高的人。按照程序推选"三委"班子成员，严把政治关、廉洁关，将有污点的人挡在门外，使新组建的村级班子政治强、作风正、人品端，清白干净、群众认可。通过建章立制，完善体制机制，优化人才队伍，淮阳区立起制度刚性，夯实乡村治理根基，促进了地区发展水平的进一步提升。

（三）整治民风，拒腐防变，筑牢思想防线

为营造反腐倡廉的良好氛围，淮阳区大力实施廉洁教育，坚持祛邪和扶正两手抓。一手惩治纠正社会中存在的不良风气。通过走访座谈，广泛收集民意，摸清各类问题，对不孝顺父母的子女予以训诫，对长期酗酒滋事、恃强凌弱的村民予以教育转化或治安处罚，对长期侵占集体资产、霸占他人财产的予以惩治。另一手大力弘扬新风正气，办实事办好事。例如，淮阳区纪委监委充分利用村级广播，结合农村广播在全县 497 个行政村播放廉政"好声音"，宣传反腐倡廉政策法规，把廉政教育渗透到千家万户；[①]通过开展送戏下乡、送医下乡、送温暖、送技术下乡及五好家庭、好媳妇、好婆婆、致富能手评选表彰等活动，引导群众树立以"诚、孝、俭、勤、和"为核心内涵的文明乡风。值得一提的是，淮阳区还以太昊陵景区为切入点，创新载体，将廉政文化与旅游文化相融合，全方位、多层次推进廉政文化教育，

---

① 周口市纪委监委：《淮阳县：全县村村响起廉政"好声音"》，2019 年 3 月 15 日，见 http://www.hnsjct.gov.cn/sitesources/hnsjct/page_pc/gzdt/jcfc/article48b4069d7d194e7da4a7c99cb599e5dd.html。

深入挖掘本地特色廉政文化元素，共建设了30多处生动活泼的廉政文化景观，涉及革命传统教育、古今廉政名人故事、修身从政箴言等多种廉政文化内容。通过在主干道上设置路灯宣传标语，在主要路段处设置大型户外廉政文化宣传版面等方式，淮阳区景区实现"寓教于'游'，润物无声"的文化传播新形式，廉政文化和旅游文化的结合更为营造风清气正的良好社会氛围作出了积极贡献。①

二、淮阳县一体推进"三不"的特点分析

（一）优化乡村治理，保障各项反腐工作顺利开展

综合治理是淮阳区学习贯彻习近平新时代中国特色社会主义思想的具体实践，是全面厚植党的执政基础，促进乡村振兴的"淮阳方案"。在一体推进"三不"工作中，淮阳区委担负起政治责任，区纪委充分发挥职能作用，探索乡村治理的新路径，采取多方参与、多措并举、多元共治的乡村治理模式，不断深化乡村治理实践，为反腐工作提供了有力保障。

淮阳区以综合治理兜底，对巡察村居中发现的问题严重、线索集中、群众反映强烈的行政村，由区委巡察办提请县委研究决定，分别交由4个工作组开展百村综合治理。一是依靠群众找乱根，通过政策宣传、信息公开等手段鼓励大家揭发检举违纪违法行为，在走访和调查中汇总问题线索，进行分类移交转办。二是打开路、零容忍，开展惩治贪腐、扫黑除恶、依法治防行动，对基层问题矛盾大排查、大起底，让贪腐干部得到处理，让村霸恶人得到打击，让群众切实体会

---

① 赫健茹、王宜楠：《寓教于"游"多层次推进廉政文化教育》，《河南日报》2018年7月13日。

到反腐工作的实际效用。三是以案促改贯全程，充分利用典型案例开展警示和教育活动。四是助力扶贫促精准，将反腐工作与精准扶贫相联系，实现治理与发展的相互促进。可以说综合治理行动的开展惩治了腐败，匡正了风气，建强了村级班子，密切了党群干群关系，促进了扶贫政策的精准落实，提升了群众的满意度，收到了一招多效的效果，成为一体推进"三不"的实践典范。

（二）开展地区试点，示范腐败治理的综合施策

2018 年 10 月 9 日，淮阳区巡察村居工作作为周口市试点启动，在工作中将巡察村居与综合治理进行了有机衔接，建立起筛选甄别乱村，分类处置乱村，兜底治理乱村的联动格局，探索出了一条"巡察村居先行，案件查办紧跟，综合治理兜底，三不一体推进"基层治理新路子。区委明确综合治理工作由区委主导，纪委监委牵头，公检法协同配合，组织、信访、扶贫、民政等部门积极参与。此次治理坚持问题导向，以扶贫领域腐败和作风问题专项治理为切入点，深化巡察结果运用，结合扫黑除恶、村级组织建设、化解信访矛盾等工作，将以案促改贯穿始终，推进乡村治理实践，以巡察村居全覆盖，综合治理 100 个村以上为目标，对基层政治生态、社会生态综合施策，实施依法治理、源头治理、系统治理。

示范试点工作为治理基层腐败发挥了重要的引领作用，不仅能够将实践中的经验做法充分提炼和应用，促进各地区工作的完善优化，同时也能够充分让老百姓看到腐败治理的实际效果，增强反腐信心，坚定必胜信念。

（三）建立联动格局，有机衔接乡村巡察和治理

在具体实践中，淮阳区重点突出巡察的"全面体检"作用，通过

巡察村居全面排查问题线索，联动格局构建巡察治理新体系在试点村中得到了生动体现。

一是通过多种渠道筛选对象。结合区群工部掌握的信访问题高发村、纪检监察掌握的信访举报高发村、组织部门掌握的软弱瘫痪村、扶贫办掌握的扶贫落后村、公安局掌握的治安刑事案件高发村、乡镇掌握的工作推进不力村这六个渠道，淮阳区按照"先难后易、突出重点、分批进行、全面覆盖"的原则开展巡察。二是专业部门共同参与。淮阳区以巡察专职人员为主力，抽调纪委监委、财政、审计、公安等单位人员全程参与，发挥部门专业优势，提升巡察精准度。巡察人员与群众面对面交流，贴近群众排查线索，将问题线索分类处置，对巡察中发现的苗头性倾向性问题，立行立改；对发现的一般性问题，督促相关职能部门进行整改；对发现的违纪违法问题，根据职责权限，分别移交纪委监委或公安机关进行查办；对问题特别严重的行政村，由巡察机构建议县委开展综合治理。联动格局的形成提升了政府行政的质量和效率，加快了对问题的发现、处置和预防，大大提升了基层的治理水平。

（四）明确主体责任，协调各级反腐败职能的发挥

"三不"一体推进离不开组织协调和多方共建，只有明确主体责任，完善问责机制，才能真正调动各方力量，共同促进反腐工作的顺利开展。从碎片化治理到系统化治理，从被动整改到主动出击，离不开不同主体责任的积极承担和全面落实，离不开各个专业部门的共同参与和协作。

在淮阳区治理过程中，纪委监委作为牵头部门，充分发挥了统领协调的作用，通过转职能、转方式、转作风，既实现靠前监督，又

做到到位不越位、尽职不越权,在查处扶贫领域腐败和作风问题违纪违法的乡村干部上起到了积极的表率作用。在此带动下,淮阳区实现了各个工作组一组多能,优势互补形成合力:政法部门依法依规打击"村霸"和黑恶势力违法行为;信访部门全面收集群众诉求分类移交转办;扶贫部门重点检查落实惠民惠农政策;组织与民政部门着力夯实基层政权,建强班子。通过探索完善"日常工作各司其职""疑难问题会商研判"的工作模式,淮阳区发挥兵团效应,构建"各美其美,美人之美,美美与共,天下大同"的格局。这是基层治理的成功实践,也是未来反腐实践工作的重要前进方向。

（五）发动群众力量,开展腐败惩治、预防和教育

在探索推进反腐工作的过程中,淮阳区十分重视群众力量的发挥,着力强化社会风气的建设引导,积极依靠群众找乱根、治乱象、塑新风。一方面是倾听群众声音,破解腐败难题;另一方面是动员群众参与,普及反腐观念。面对群众反映腐败问题的实名举报信件,淮阳区信访部门和纪检监察部门迅速行动,通过立案审查等环节对涉事公职人员进行了有效惩治,获得了群众的广泛好评。此外,纪检监察人员还主动了解群众关心的热点、难点、焦点问题,聚焦群众身边的不正之风和腐败问题,走入田间地头、深入群众家中对问题线索进行逐个梳理、核查,及时发现和查处基层的腐败行为,持续向群众身边的"微腐败"亮剑,有效地促进了反腐理念深入人心。

作为反腐败斗争中最根本的力量源泉,人民群众的支持和参与对当前的反腐败工作来说尤为重要。淮阳区积极调动人民群众反腐热情、借助群众开展权力监督的做法,不仅推动了反腐败工作的顺利开展,更赢得了群众的信赖和支持。

三、淮阳区一体推进"三不"存在的问题与展望

（一）一体推进"三不"的纵深发展面临挑战

通过长期的探索与实践，淮阳区实现了"从碎片化治理到系统化治理、从局部治理到全面治理、从部门治理到综合治理"的工作方式的有效转变，对不敢腐、不能腐、不想腐的一体推进产生了积极的促进作用。但是，未来打造社会生态自治、法治、德治"三治"融合发展的乡村治理格局，实现一体推进"三不"的纵深发展，对淮阳区来说仍然任重道远。

在脱贫攻坚市级督导巡察中，督导组曾指出"扶贫领域腐败和作风问题突出"，"村'两委'班子内耗，战斗力不强，个别群众反映疑似存在黑恶势力"等问题；一些村庄中存在村干部私占低保、危房改造等扶贫领域腐败和作风问题。具体来看，一是一体推进"三不"上还不够平衡，表现为减存遏增的压力还比较大，一些纪检监察干部主要精力仍然在查办案件上，对推动不想、不能思考不够，工作不够深入。过去那种就事论事，由单个部门针对某一问题独立开展治理，往往是"雨过地皮湿，治标不治本"，问题容易反复。二是部分纪检监察干部素质能力与新时代纪检监察工作要求还有一定差距，表现在监督的专业化程度不高、充分运用党的理论和政策开展思想工作的能力不强等。三是一些党组织管党治党责任压得还不够实，表现为有的党组织开展谈心谈话、提醒教育还不够经常、不够及时，效果也不理想，有的党员领导干部主体责任、"一岗双责"履行不到位，因本系统、本单位违纪问题频发而受到问责。

（二）一体推进中"三不"的综合治理有待加强

当前，面对基层综合治理能力尚需提升、干部作风建设亟待加强

的现实问题，未来淮阳区仍然需要坚持采取多方参与、多措并举、多元共治的乡村治理模式，积极开展多样化的乡村治理实践。

一方面，要继续推进多部门联合行动，深化综合治理。为了从根本上解决问题，淮阳区必须积极行动果断决策，进一步推进纪委、法院、检察院、公安局、组织、民政、扶贫、信访等多部门配合联动，开展综合治理。一是要紧盯重点领域，切实增强人民群众获得感：紧盯建设工程、土地出让、招标投标、项目审批、选人用人等重点领域和权力集中、资金密集、资源富集等案件易发多发的行业部门，针对案件暴露出来的普遍性问题，开展重点整治、专项整治，坚决防止同类问题重复发生。二是要全区着眼基层抓好延伸，服务保障乡村振兴：围绕发生在群众身边的不正之风和腐败问题，采用更加生动形象、群众喜闻乐见的方式，务实创新地进行以案促改，持续推进以案促改在基层乡村社区取得实效，服务保障乡村振兴战略的实施，推动基层全面从严治党。

另一方面，要着力治理群众身边的不正之风和腐败问题，夯实乡村治理根基，为实施乡村振兴奠定坚实基础。一是持续保持高压态势，让"不敢腐"的震慑力越来越强。要用铁的纪律保障各项制度的执行，不断增强不敢腐的震慑。二是进一步健全完善长效机制，让"不能腐"的笼子越扎越密、越扎越紧。今后，淮阳区不仅要继续推行好"微权四化""逢六村务日"等成熟的制度，实现对权力运行的监督制约。同时，针对查处的案件深入查摆思想政治建设、纪律作风建设、监督管理等方面的问题和薄弱环节，进一步健全完善制度机制，规范工作流程，不断扎紧织密制度牢笼。三是进一步丰富廉洁教育载体方式，不断增强"不想腐"的自觉。淮阳区应当积极利用创新手段开展廉洁教育活动，用足用好现有各类廉政教育基地，通过评选表彰、村规民约、文艺演出等形式，深入挖掘孝义廉政文化资源，广泛开展廉政文化教育；分类编制警示教育教材，拍摄警示教育教材，拍摄警示教育微视频，深入开展"以案四释"工作，常态开展回访教育，多渠道、全覆盖、针对性开展警示教育，不断强化不想腐的自觉。只有通过长期持续的综合治理才能铲除让群众身边的腐败问题生根发芽的土壤。

第三节　深圳市光明区一体推进"三不"的探索

作为深圳市设立的功能新区，光明区虽然发展历史不长，但是发展速度领先，治理能力突出。光明区在深圳市纪委和光明区委的坚强领导下，各级纪检监察机关忠诚履职、真抓实干，不松劲、不停步，党风廉政建设和反腐败工作取得新的明显成效，交出了正风反腐的亮眼"成绩单"，并获第二届中国廉洁创新奖提名奖，其发展历程具有积极的借鉴意义。

一、光明区一体推进"三不"的具体实践

（一）多措并举持续强化"不敢腐"的震慑

为不断强化"不敢腐"的震慑，光明区采取多种方式着力提升腐败的发现概率、加大腐败的惩治力度，形成了强有力的腐败治理机制。一是拓展监督举报渠道，畅通民意反馈表达。光明区三次制发共10万张集举报、监督、警示功能于一体的"廉政监督服务卡"，发动一万多名监察对象走街串巷进入千家万户主动发放，并在微信平台开

通"四风"一键举报窗口，使投诉举报渠道更加畅通，"监督网"越织越密，同时也对监察对象发挥了有效的警示和提醒作用。此外，光明区还建立了面向广大群众的举报激励机制，在全市率先开展"悬赏扫码"，最高可获得 10 万元的悬赏，积极发动群众参与监督，主动举报涉黑涉恶腐败及"保护伞"问题线索。二是健全基层工作机制，完善基层监督体系。光明区通过成立 6 个派出街道监察组和 31 个社区纪委，成功形成区、街两级纪检监察机关直接办案，社区纪委参与监督、协助办案的格局，有效提升了行政治理能力和治理效果。同时，光明区还建立了"快查快审"工作机制，针对存在的"微腐败"、违反中央八项规定精神等事实简单的案件或因违法或犯罪已被行政机关、司法机关作出处理事实清楚的案件等，建立党纪政务案件适用快查快审机制，精准有效运用"四种形态"，抓早抓小，提高纪检监察机关执纪执法工作质量和效率。三是强化队伍考核指导，提升干部队伍建设。为了进一步充实办案力量，光明区按照上级文件要求将力量向办案方面倾斜，将直接参与办案人员数量提升到上级要求的 70%。通过出台《光明区办事处纪工委监督执纪工作综合考评方案》、举办各类办案业务学习培训、召开案件督办会、实行委领导包案等措施，光明区大大加快了问题线索的移交办理，加强了对基层工作的指导和考核。

　　光明区多措并举的积极实践，使全区不敢腐的震慑越来越强。2019 年上半年立案数同比增长 270%，增幅位居深圳全市、全省第一，全年实际立案 149 宗 149 人，移送司法 13 人，在减少腐败存量、遏制腐败增量方面取得明显成效。① 同时，街道纪工委实现历史上办案

---

　　① 人民网：《深圳光明区保持高压态势一体推进"三不"机制》，2020 年 3 月 8 日，见 http://sz.people.com.cn/n2/2020/0327/c202846-33907661.html。

零的突破，平均立案 10 宗，超过全市平均水平。此外，光明区还深挖彻查涉黑涉恶腐败和"保护伞"，共立案 24 宗 24 人，位居全市第三。重点查处的华光大门诊涉恶腐败及"保护伞"案成为全市第一宗渎职类案件、第一个零口供案件。

（二）结合实际充分扎紧"不能腐"的笼子

在强化"不能腐"的制度约束上，光明区积极制定行为规范、开展风险防范、整改重点领域、整治关键问题，为预防腐败行为提供了有力保障。

一是明确规章，规范行政。在市纪委和区委的指导下，光明区研究制定《中共深圳市光明区委落实全面从严治党主体责任实施办法（试行）》，并开展廉政风险点集中排查"灭租"行动，以"单位＋个人"的形式，指导督促各单位干部职工开展排查，消除可能引发"寻租"现象的廉政风险点。该行动共排查出廉政风险点 6405 个，建立防控措施 7585 个，各单位修订完善重点领域规章制度 338 项。

二是以案促改，深化改革。为了推动以案促改工作制度化、规范化、常态化，光明区出台了以案促改工作意见，对案例剖析、警示教育、查摆分析问题、问题整改落实、完善制度机制等各个环节的任务要求进行了明确，共制发纪律检查建议书和监察建议书 8 份，出台倪飞案剖析及"以案促改"工作意见，促进各单位各部门以案警示、以案促改工作的推进。另外，光明区还充分结合"三不"一体推进工作和深化重点领域改革工作，治标的同时不忘治本。例如，针对典型违法事件反映的深层次问题开展体制机制改革，加强廉政风险防控。

三是巡察监督，防范风险。利用创建巡察人才库、共性问题库、协审人才库巡察数据"三库",光明区成功实现"巡审结合"的创新工作模式。创设巡察中发现共性问题整改机制,分析梳理出 20 个方面的共性问题,组织全区各有关单位开展自查自纠,各部门单位自查发现本单位相关问题 429 个,制定相应整改措施 702 项,推动完善制度 112 项。针对企业中存在的腐败隐患,光明区还牵头成立企业不行贿联盟,搭建企业反腐交流平台,加强对重点企业的廉洁宣传与指导,结合深圳市纪委发布实施《反贿赂管理体系》深圳标准,形成营造一流营商环境的强大合力,为企业提供反腐败支持和服务。

在此基础上,光明区将不能腐的制度笼子越扎越牢。如在倪飞案"以案促改"工作中,围绕项目审批、招标、执法权滥用等问题,细化《政府采购管理办法》《安监办工作人员管理规定》《违纪违法服务商"黑名单"》等制度机制 9 项。在巡察发现共性问题整改机制落实中,围绕 20 项共性问题,各单位制定相应整改措施 702 项,推动完善制度 112 项。

（三）创新形式逐步构筑"不想腐"的堤坝

通过综合运用文化宣传、思想教育、心理疏导、组织关怀等手段,光明区在促进"不想腐"的工作推进中取得显著成效,并获得了创新发展。一是对腐败的综合治理。面对众多"微腐败"现象,光明区运用"打击、堵漏、疏导"等手段综合治理,出台了《光明区纪委监委关于加强公共管理辅助人员队伍廉洁建设的意见》,充分发动各部门积极参与,畅通职业上升渠道、优化薪酬管理,组织各种健康身心的学习、交友活动,体现组织关怀,遏制腐败滋生。二是对纪律的培训强化。通过举办全区科级以上干部党章党规党纪教育培训班,制作倪飞忏悔录等警示教育片,结合典型案例召开全区警示教育大会,分批分层召开各单位警示教育会议，光明区实现对全区约 1.3 万名监察对象的教育全覆盖；成立第一届党风廉政宣讲团，开展多样化的廉洁宣传活动，使党风廉政教育在全社会范围内得以推广。三是对文化的宣传教育。光明区十分重视廉洁文化进校园、进社区、进企业等"六进"活动的开展，不仅组织了"廉明颂"主题书画展、廉政书籍发放，宣传制品投放等活动，还动工建设了廉政文化长廊，新羌社区、圳美社区廉政文化公园等，大大丰富了文化设施，为大众提供了更多接受廉洁文化教育的机会和途径。

伴随着不想腐的自觉逐步形成，反腐倡廉的良好风气蔓延开来，"三不"一体推进形成了自首效应。在此感召下，2019 年光明区已有 10 人主动自首，干部作风实现了质的转变。推诿扯皮少了，主动担当多了；饭局酒局少了，回家吃饭多了；打牌唱歌不再吃香，锻炼健身蔚然成风。这些可喜的变化彰显了光明区的反腐成效，更增强了当地对未来进一步推进反腐工作的信心。

二、光明区一体推进"三不"的特点分析

（一）构建一体推进"三不"的领导格局

在光明区对一体推进"三不"的探索过程中，领导格局的构建成为其现实举措中的突出亮点。《中共深圳市光明区委关于一体推进不敢腐不能腐不想腐　建设廉洁先行示范城区的行动方案》的印发，对光明区一体推进不敢腐、不能腐、不想腐作出具体部署。为形成统一、协调、完善的组织领导架构，统筹各项反腐工作的开展，光明区采取以下几项具体举措，并获得了显著成效。一是强化区委对"三不"一体推进工作统一领导。区委成立一体推进"三不"领导小组，

区委书记任组长，成员由区委常委组成，负责组织、领导全区一体推进"三不"工作。二是发挥纪检监察机关督促推进作用。在区纪委监委成立"三不"一体推进办公室，为区纪委监委机关内设机构，单独核定行政编制，负责统筹"三不"一体推进具体工作，为"三不"一体推进在光明区落实提供坚强组织保障。三是完善相关部门配合协作机制。将各级党组织、全体领导干部乃至普通党员都明确为一体推进"三不"的责任主体，充分发挥相关职能部门作用，形成"三不"一体推进工作合力。[①] 该区在全市率先建立了巡察人才库、问题线索库、协审人才库"三库"，探索巡察数据和资源的信息化运行和系统化管理；在全市率先开展"巡审结合"，推动巡察和审计工作联动、成果共享。[②]

一体推进"三不"推动全区良好政治生态的形成，更促进了全区各项工作的开展与落实。2019 年机构改革，光明区 140 余名干部的提拔中，无一人被投诉存在"跑、要、送"。各级党组织管党治党政治责任不断压实，光明区重大工作推进迅猛、鲜有投诉，创下了 22 天完成 182.21 万平方米土地整备的"光明速度"。

（二）重视基层纪委的作用发挥

为了改善基层纪委"不敢办案、不会办案"的工作难题，光明区重点推进惩治威慑"先手棋"，调动起基层纪委的工作积极性和主动性，使其作用得到有效发挥。在组织机构方面，光明区邀请市纪委领

---

① 南方 + 客户端：《光明区出台建设廉洁先行示范城区行动方案》，2020 年 7 月 2 日，见 http://static.nfapp.southcn.com/content/202007/02/c3720650.html。

② 王保红、姚文胜、郭实华：《即知即改扩大巡察效果》，《中国纪检监察报》2019 年 11 月 21 日。

导、干部、专家授课，传授办案经验，委领导分片联系各单位加强办案指导和案件督办，形成区、街两级纪检监察机关直接办案，社区纪委参与监督、协助办案的格局，使直接参与办案人员达到70%，大大充实了办案力量，提升了办案效率。在案件处置方面，光明区自2018年以来陆续在安监、城管等领域开展专项整治，查处各类违纪违法案件34宗。据统计，光明区2019年共立案135宗（实际立案177宗），增幅全省第二、全市第一，移送司法14人。六街道纪工委平均立案数由历史上的零立案增长到平均10宗，高于全市平均水平。光明区基层纪委在工作实践中探索出了一套更为高效、更加科学的腐败惩治体系，形成了反腐败的高压态势。近一年时间已有7人主动自首，足见其基层反腐的强大震慑。

（三）加强权力运行的制约监督

光明区为强化主体责任，率先研究制定了落实全面从严治党主体责任实施办法，明确界定责任主体、责任内容、监督检查程序和结果运用、容错纠错等，使各级党组织、全体领导干部乃至普通党员都成为一体推进"三不"的责任主体，并针对责任落实的标准进行了明确规定。在过去，反腐工作通常是以纪检监察机构一家为主，而经过改革后，全区的力量和资源得到充分的调动，区委统一领导、纪委督促推进、各单位具体落实的领导体制和工作体制逐步形成，所有公职人员人人参与一体推进"三不"的工作格局为开展权力的制约监督提供了保障。与此同时，群众的参与支持也成为制约监督权力运行的重要渠道。在政府的努力之下，广大群众看到了政府反腐的决心，提升了对政府工作的信任感，参与社会治理的热情也日益高涨。光明区本级信访举报自收件占比从2013年的34%逐步上升到2019年的78.5%，越级举报情况有效缓解，光明区纪检监察机关获得了群众的理解配合，更赢得了群众的支持信赖。比如，群众来电反映菜市场菜价上涨，在区纪委监委的介入下，背后的"喝茶费"等现象得到制止，菜价也应声下跌，群众商户纷纷拍手叫好；通过群众反映在公益停车场被无故锁车，区纪委监委查出临聘治安员乱索费私吞问题。①一体推进"三不"工作的深入开展维护了广大人民群众的合法权益，让人们有了更多实实在在的获得感。

（四）开展腐败防控机制的全面建设

面对众多存在于群众身边的腐败行为，光明区从小处着眼、从细处入手，打开拒腐防变的"突破口"，开展了腐败防控机制的全面建设。首先，实施廉政风险点排查"灭租"行动，采取"纪委监委—单位—个人"的方式，组织全区监察对象围绕权力运行、办事流程分析查找自身履职中可能出现的廉政风险点，形成个人廉政风险"体检报告"，进行风险原因分析和防控措施制定。"灭租"行动覆盖全区所有单位和风险岗位，实现了对公职人员的全覆盖式排查。其次，光明区还创设巡察中发现共性问题整改落实机制，建立了"巡察共性问题库"，对每轮巡察发现的问题进行分析、提炼，梳理共性问题，促进相关单位自查整改，实现"巡察一轮，带动一片"的巡察效果最大化。此项目入选深圳市纪检监察系统 2019 年度"十佳创新项目"。最后，光明区也十分重视各部门的协作，在创新机制中实现以点带面式发展。各部门在开展"微腐败"综合治理、廉政风险点集中排查"灭租"行动、巡察中发现共性问题整改等工作中积极配合、广泛参与、主动作为，

---

① 陈健鹏：《"打、堵、疏"结合，走出惩治"微腐败"新路子》，《南方杂志》2018 年第 21 期。

牵头开展多项富有成效的工作。如组织部门牵头出台《深圳市光明区机关事业单位专干管理办法》；区工业和信息化局牵头组建"企业不行贿"联盟等；区应急管理部门牵头建立完善安全生产技术服务供应商库、违纪违法服务商"黑名单"等；财政、审计等部门加强对资金使用、政府采购等关键环节的监管；文体教育等部门组织开展文体活动、教育培训等。诸多腐败防控机制的建立，巩固了现有的反腐成果，也为预防腐败的发生构筑了坚实屏障。

（五）强化廉政教育的重要作用

近年来，为提升廉政教育的实施效果，光明区纪委监委不断丰富廉政教育载体，结合现实性需求优化教育方式，以创新性的思维开展多样化的廉政教育宣传活动，推动廉政理念入脑入心，其代表性举措有以下几个：一是通过成立党风廉政宣讲团。光明区从全区各单位分层次选聘出了64名讲师，组成了第一届党风廉政宣讲团，面向全区各机关事业单位和全社会开展宣讲。2020年，光明区纪委监委面向全区各机关事业单位、区管企业等累计开展了117场党风廉政宣讲活动，受教育党员干部、监察对象共计1万余人，实现全区所有单位廉政宣讲全覆盖。二是打造原创廉政教育节目。节目《墨韵说廉》将中国传统文化与廉洁文化宣传紧密结合，由纪委监委干部现场书写习近平总书记系列讲话中关于廉洁主题的用典，结合典型案例解读党纪党规，把宣传优秀传统文化和解读党纪党规、典型案例等有机融合，寓文于教，让广大观众在感受优秀传统文化的同时接受廉政教育、增强廉洁意识。三是推出"以案明纪"专栏。光明区选择区内外发生的典型案例在主流媒体和微信公众号中发布，精心选择身边典型案例进行分析解读，如《炒股被处分，公职人员不能炒股吗？》《党员干部能来一场说走就走的旅行吗？》等，推动广大党员干部从案例中汲取深刻教训，让广大党员干部对规矩和"红线"更为明确、更加敬畏。①在创新发展中，光明区推动廉政教育更好地服务于廉政建设，使教育内容更接地气、更有针对性，也为反腐工作注入更多生机与动力。

三、光明区一体推进"三不"存在的问题与展望

（一）克服办案基础薄弱和实践经验缺乏的问题

尽管目前光明区在一体推进"三不"领域取得了许多成绩，但客观来讲，作为一个正在发展中的新功能区，光明区在反腐工作中仍然存在一些短板劣势，在组织机制、基层实践上面临一些亟待解决的问题。一方面是光明区原有办案基础较为薄弱。光明区成立（2018年9月）之前，区纪检监察系统原有办案基础比较薄弱，立案数在全市排名靠后，街道纪工委在2018年6月之前历史上的立案数均为零。其原因包括基层纪检监察机关人员配备不足，办案能力有限，缺少专业化、规范化的办案队伍，长期以来存在分散多处办公等问题。另一方面是尚无可借鉴的经验做法。在制定落实全面从严治党、"三不"一体推进主体责任实施办法过程中，中央并未出台系统性的履行办法，全国各地也无可参考的实施意见。如何协调不同层面的行动主体，将理论与地区实际科学结合，创出一套富有实效、兼具特色的反腐工作体系，是光明区所面临的重要挑战。

在此背景之下，光明区主动应对、积极行动。首先，编织编密"监督网"、形成区、街道、社区三级办案格局、充实办案力量、加大培

---

① 《光明区：丰富廉政教育载体　筑牢"不想腐"的堤坝》，2021年1月6日，见http://www.ljsz.gov.cn/jcfc/content/post_58797.html。

训力度、抓案件督办、抓办案工作基地建设、抓办案安全等"十剑齐发"加强办案工作。同时，与中国社科院法学所合作，由中国社科院法学所4位教授、2位博士后、2位硕士及区纪委监委共计14位同志组建课题组共同开展研究，最终探索形成落实全面从严治党主体责任实施办法及三个层面党组织落实主体责任评价指标。此外，邀请专家成立全面从严治党智库（深圳·光明），借鉴中国香港廉政公署的典型做法和先进经验，理论与实际相结合，探索形成一体推进"三不"各方面的研究成果。一系列做法彰显了光明区创新图变、积极作为的治理态度，但客观来说，其实际效果还需要在再实践中得到充分检验。这些举措能否在未来实现规范化、常态化、可持续的发展，才是今后对光明区治理能力的真正考验。

（二）优化一体推进"三不"的同向发力运行机制

"三不"是一个相互融合、交互作用、有机统一的整体，必须同向发力、一体推进，但是谋求全区各级党委（党组）、各部门、各单位、各机关以及全社会力量并形成"三不"合力的局面并不容易。对于光明区来说，落实一体推进"三不"及全面从严治党的各责任主体依然存在落实主体责任不到位的问题，光明区在由表及里、打通三者之间联系上的工作尚有不足，总体上在一体推进"三不"方面做的工作还比较基础，系统性一体推进机制方面有待加强。

为此，光明区一方面应充分利用落实全面从严治党主体责任实施办法，明确责任主体，强化主体责任落实，汇聚各方合力；另一方面应在成立"三不"一体推进办公室、设立领导小组的基础上，加强统一领导和统筹谋划，推动建立好发展好全区委统一领导、纪委督促推进、各单位具体落实的领导体制和工作体制，推动"三不"一体推进工作制度化、规范化。在"全面推进，以点带面，重点突破"战略的指导下，光明区要加快推进主体责任落实、微腐败综合治理、廉政风险点集中排查灭租行动、"墨韵说廉"栏目等重点工作的开展，不断拓展光明区的反腐工作的发展空间。更为重要的是，在各部门同向发力推进"不敢腐"的时候，应注重挖掘和发挥"不能腐"和"不想腐"的功能作用；在推进"不能腐"的时候，注重吸收"不敢腐"和"不想腐"的有效做法；在推进"不想腐"的时候，注重"疏导"，加强人文关怀，发挥"不敢腐"的震慑和"不能腐"的约束作用。

第九章　完善一体推进不敢腐、不能腐、不想腐体制机制的政策建议

本章在前面章节的基础上，就如何克服我国在一体推进"三不"方面面临的挑战和阻力，如何真正实现三者的协调，以及如何对未来的深化发展提出政策建议。首先，笔者将讨论如何深挖"三不"的契合点，充分挖掘和利用"不敢腐""不能腐""不想腐"之间的内在联系。其次，讨论统筹一体推进"三不"的对象，并提出应该把反腐败放在国家治理社会治理的大格局中考虑，因而"三不"的对象应覆盖全社会的观点。最后，提出一体推进"三不"应注重评估腐败风险，并实施分级管理。

第一节　深挖"三不"的契合点

习近平总书记在十九届中央纪委四次全会上强调，"一体推进不敢腐、不能腐、不想腐，不仅是反腐败斗争的基本方针，也是新时代全面从严治党的重要方略"。[1] "三不"是一个有机整体，不是三个阶

---

[1] 《中国共产党第十九届中央纪律委员会第四次全体会议》，2020 年 1 月 15 日。

段的划分，也不是三个环节的割裂。一体推进"三不"应厘清"三不"之间的内在逻辑，打通三者间的内在联系，增强反腐败工作的系统性、整体性、协同性。然而，当前很多有关一体推进"三不"的做法，大多只是单一推进不敢、不能和不想，还是在单兵作战，并未真正找到"三不"之间的内在联系。因此，有必要深挖"三不"之间的契合点，联合作战。本节首先阐述"三不"之间的协同关系，接着分析实践中三者的契合点，再以贵州省针对茅台集团以酒谋取私利问题开展的专项整治为案例，剖析实践中如何系统发挥"三不"的协同作用。

一、"三不"之间的协同关系

一体推进"三不"中，"不敢腐"重在惩治和震慑，是"不能腐""不想腐"的前提和条件；"不能腐"重在制度和约束，为"不敢腐""不想腐"提供保障和防线；"不想腐"重在认知和觉悟，是"不敢腐""不能腐"的目标和升华（见图9-1）。

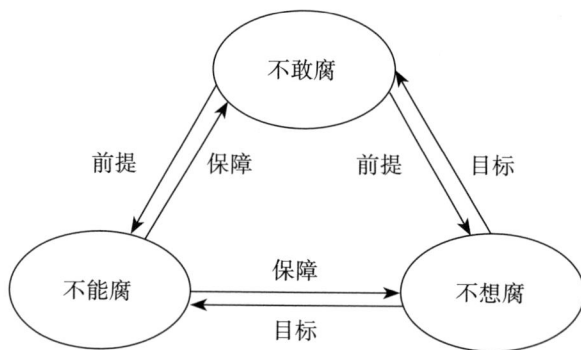

图9-1　"三不"的协同关系

"不敢腐"的关键在于提高腐败的成本，同时形成震慑作用。通过"无禁区、全覆盖、零容忍"的态度坚决打击腐败行为，使人们普遍认识到制度的权威性，并严格遵守制度；此外，高压反腐能够形成强烈震慑，使潜在的腐败分子不再心存侥幸。

"不能腐"的关键在于制度约束。科学的反腐败制度为打击腐败，实现"不敢腐"提供制度保障，减少腐败机会。同时为廉洁教育提供依据，只有明确了何为合规，何为违法，才能更有效地教育广大民众规制自己的行为。

"不想腐"的关键在于"思想教育"。"不敢腐""不能腐"是刚性措施，是他律、是外因，重在从客观上打击腐败行为，减少腐败现象。而"不想腐"是柔性措施，是自律、是内因，旨在让人从主观上放弃腐败动机。"不想腐"为"不敢腐""不能腐"提供目标引领和价值导向。

在具体实践中，应该做到以下几个方面：

首先，在严厉惩治腐败的基础上，注重"以案促改，以案促教"。"以案促改"结合了"不敢腐"与"不能腐"。通过对典型案件的深刻剖析，找准一个地方、行业的突出问题，明确监督的主攻方向，督促有关部门和地方完善制度和监管措施，提升制度的针对性和可操作性。近年来，各地高度重视"以案促改"工作。如天津市建立"六书两报告两建议"制度，[①] 由被调查对象对所在单位提出修改完善制度的建议。因为违纪违法者最了解本单位制度漏洞所在，所以他们的反思和提出的建议具有较强的针对性和可操作性。河南省推动"一案两同步三警示四整改"[②]，并推动"以案促改"制度化、常态化，以

---

① 王小明：《天津运用典型案例深化以案促改：强警示、抓整改、堵漏洞》，《中国纪检监察报》2020年10月22日。

② 中央纪委国家监委网站：《河南用好典型案例深化以案促改》，2020年5月12日，见http://www.ccdi.gov.cn/yaowen/202005/t20200519_217544.html。

形成长效机制。

"以案促教"结合了"不敢腐"与"不想腐"。通过开展常态化的警示教育、主题教育等，切实发挥好典型案例的震慑教育作用。由于受教育者可能与被调查对象长期共事、打过交道，或者层级相同、岗位相似，用身边人、身边事做案例会让受教育者产生代入感，比泛泛地说教更有针对性和说服力。因此，可以达到"查处一人、警示一批、教育一方"的效果。我国部分地区已进行了相关的尝试，如江西省开展"三会一书两公开"[①]的警示教育模式，细化分解动作，形成整体合力；重庆推行"以案说纪、以案说法、以案说德、以案说责"的警示教育，多维度剖析案件，用身边事教育身边人；宁波市建立"一案五必须"制度，[②]对每个典型案件都进行案件通报、查摆剖析、警示教育、整改建制、督促案发单位与一反三、完善制度等。这些针对性的警示教育也发挥了积极的作用，部分地区的问题干部"扎堆"投案，形成了"主动投案潮"。

其次，做好巡视巡察的"后半篇文章"。习近平总书记在十九届中央纪委三次全会上明确提出，要"高质量推进巡视巡察全覆盖"。深化推进巡视巡察工作，并做好巡视巡察"后半篇文章"，体现了一体推进"三不"的理念。开展巡视巡察工作，持续发挥利剑作用，就是推进"不敢腐"；而强化巡视巡察整改和成果运用，改革体制机制、健全规章制度，就是实现"不能腐"；通过整改落实严肃党内政治生

---

　　① 李伟、熊飞云：《江西省探索开展"三会一书两公开"警示教育——一体推进不敢腐不能腐不想腐》，《中国纪检监察》2019 年第 7 期。
　　② 申晚香、刘一霖、颜新文：《统筹谋划 一体推进"三不"：浙江把反腐败作为系统工程，多措并举标本兼治》，《中国纪检监察报》2019 年 7 月 19 日。

活，净化党内政治生态，就是促进"不想腐"。

最后，充分利用监督执纪"四种形态"。监督执纪"四种形态"贯通规、纪、法，囊括教育感化、制度约束、惩戒挽救和惩治震慑功能，是一个环环相扣、严密完整的逻辑体系，体现了综合施治、宽严相济，依规依纪依法治理腐败的思想，是一体推进"三不"的重要载体。

二、案例分析：贵州省专项整治、协同推进"三不"

2019年5月22日，中国贵州茅台酒厂（集团）有限责任公司原董事长袁仁国涉嫌严重违纪违法，被开除党籍、开除公职处分，并送检察机关依法处理。经查，袁仁国在担任茅台集团领导期间，把茅台酒各项审批权牢牢抓在手中，在专卖店审批、经销商审批、拆分经营权、批条卖酒等化解中以权谋私。他还将茅台酒经营权作为拉拢关系、利益交换的工具，进行政治攀附，捞取政治资本。大搞权权、权钱交易，大肆为不法经销商违规从事茅台酒经营提供便利，严重破坏茅台酒营销环境，不少一线职工也以跟袁仁国沾亲带故为荣，以能够打招呼、批条子为荣，无心生产经营。[1]

袁仁国被通报"双开"的消息一经发布，即引发舆论关注。此后，茅台集团及其子公司至少13名高管被查处，严重影响了茅台集团的企业形象。中央第四巡视组向贵州省委反馈巡视情况时，一针见血地指出了用茅台酒谋取私利等问题。

贵州省在中央巡视组反馈意见整改工作基础上，在全省范围内开

---

[1] 邱杰、任廷会：《贵州专项整治领导干部利用茅台酒谋取私利问题：以案促改斩断利益输送链条》，《中国纪检监察报》2020年1月21日。

展了领导干部利用茅台酒谋取私利问题专项整治。全省针对领导干部全面深入地开展自查清理，组织党员干部向所在党组织如实报告违规插手、参与茅台酒经营活动等行为。对违规违纪违法购酒、贩酒、批酒、收酒、用酒等问题，坚持发现一起查处一起，形成强大震慑。在专项整治过程中，贵州省严厉惩治问题干部，并以此典型案例切入，以案促改、以案促教，发挥了一体推进"三不"的协同作用。

首先，发挥"不敢腐"的惩治效应。贵州省省纪委监委突出重点地区、重点领域，对全省党员、干部参与茅台酒经营、收送茅台酒等问题线索大起底。2019年，贵州省纪委监委对不如实申报插手、参与茅台酒经营的60人作出严肃处理，严肃查处利用茅台酒谋取私利问题397起，处理379人，党纪政务处分284人，移送司法机关80人，督促取消通过违规违纪违法手段获得的茅台酒经营权。

其次，加大"不能腐"的制度建设力度。针对专项整治中发现的突出问题和茅台酒营销过程中易于滋生腐败的关键环节，贵州省研究制定了多项制度，包括《贵州省公务活动全面禁酒的规定》《关于严禁领导干部利用茅台酒谋取私利的规定》等禁止性规定，严禁全省领导干部违规插手参与茅台酒经营、违规审批茅台酒经营权、违规收送使用茅台酒等行为。在茅台集团建立领导干部插手茅台酒经营活动打招呼登记备案制度，实行"凡过问必登记""凡打招呼必登记"，从体制机制上杜绝"特权店""后门酒"。在此基础上，该省还研究制定《贵州省党员领导干部利用茅台酒谋取私利行为纪律处分规定》，列出"负面清单"，细化行为性质，明确处分档次。与此同时，贵州坚持把改革规范作为深化标本兼治的重要一环，推动茅台集团深化系统改革，全面停止审批新增茅台酒专卖店、特约经销商、总经销商，全面停止内部批条零售，依法取消违规违纪违法取得的经营权，封堵利益输送漏洞。

最后，强化"不想腐"的震慑效应。贵州省委高度重视"以案促教"工作，在全省召开专题警示教育大会，通报袁仁国严重违纪违法案等典型案例，并对查处的 38 个典型案例进行深入剖析，汇编成册以案释纪。同时要求凡是有领导干部因倒卖、收受茅台酒被审查调查的单位，都必须开展"一案一警示""一案一整改"，深入查摆问题。

贵州省利用茅台酒谋取私利问题开展的专项整治，结合"不敢腐"的惩戒效应，"不能腐"的防范效应和"不想腐"的震慑效应，促进了茅台集团更加健康平稳地发展，也使得贵州的政治生态更加风清气正，其效果得到了贵州广大干部群众的认可。贵州省的专项整治工作也得到习近平总书记批示肯定，中央办公厅向全党通报其做法和经验，中央组织部将此编入贯彻习近平新时代中国特色社会主义思想在改革发展稳定中攻坚克难案例，中央纪委机关和中央主题教育领导小组向全党通报袁仁国严重违纪违法案件，赵乐际同志在十九届中央纪委四次全会的工作报告中予以肯定。

第二节　统筹一体推进"三不"的对象

党的十八届三中全会提出，把"推进国家治理体系和治理能力现代化"，作为全面深化改革的总目标。根据治理理论，国家治理应打破传统的"政府是绝对权力主体"的模式，治理主体应是多元化的，公共部门、私人部门、公民等都是治理的主体，多主体相互协作、互动。构建"三不"的腐败治理体系是国家治理体系中的重要组成部分，应将腐败治理在国家治理的大格局中考虑。世界各国普遍接受的腐败的定义应当从"滥用公权力以谋取私利"扩展到"滥用委托权力以谋取私利",那么任何具有委托权力的人都可能腐败。因此,有效治理腐败不应只针对行使公权力的公职人员,私营部门及其工作人员,以及社会大众都应纳入腐败治理体系之中。相应地,一体推进"三不"也应统筹各类主体。本节将首先梳理当前我国"不敢腐""不能腐""不想腐"针对的对象,并分别从制度与机构角度论述"三不"如何对各类主体全覆盖,以推进廉洁社会建设。

一、"不敢腐"对象的全覆盖

我国与惩处腐败相关的制度规范分散在各类法律法规、党内法规中,各制度对监督对象的规定都有侧重,对于腐败犯罪的执法机构,也由执法对象的身份不同而归属于不同部门。本节认为,应统筹反腐败相关的各项制度以及执法机构,为实现廉洁社会提供充分的保障。

(一)统筹相关制度规范,实现监督对象全覆盖

在制度规范方面,当前我国多项党内法规、《监察法》及《刑法》的有关规定都涉及对腐败行为的惩处。

党的十八大以来,党中央陆续修改和颁布了多项党内监督法规,包括新修订的《中国共产党巡视工作条例》《中国共产党纪律处分条例》《中国共产党问责条例》和《中国共产党党内监督条例》等,这些制度为党内监督提供了强大的制度保障,而它们都是以中共党员为监督对象,未能覆盖非党员。

《监察法》中规定国家监察委员会对"对所有行使公权力的公职

人员"进行监督，具体包括六类对象，即刑法类法律规定的"国家工作人员"、国有企事业单位的管理人员、基层群众性自治组织中从事管理的人员及其他履行公职的人员。[①]由法律规定可知，《监察法》的监察对象不包括国有企事业单位及基层群众性自治组织中的一般人员，也将私营部门的人员，如民营企业、跨国公司，民间团体等排除在外。

（二）统筹惩治腐败机构，实现机构全覆盖

国家监察委员会是我国专门的反腐败工作机构，其监察对象为"所有行使公权力的公职人员"，未能覆盖私营部门。而对于私营部门的腐败，我国主要由公安机关担负着调查和打击一切破坏社会主义市场的经济犯罪，其中包括相关的商业贿赂犯罪。中国人口总数超过14亿，治理腐败的复杂程度和难度远高于任何国家或地区，很难实现单独依靠一个机构实现监督全社会。近几年的监察体制改革，监察委员会的监察对象较改革前都有大幅度扩展，监察委员会工作人员普遍存在超负荷工作的情况，"5+2""白＋黑"现象是常态。而目前监察委员会的监督对象与全社会相比，只是很少一部分。因此，建立一个统一的机构来协调全社会的反腐败工作已是当务之急。

二、"不能腐"对象的全覆盖

"不能腐"的关键就是防止不健全的制度被腐败者利用。党的十八大以来，我国重要领域和关键环节大批制度密集出台，党内制度不断完善，制度的笼子愈扎愈牢，执政党运用法律和制度手段治理腐

---

① 任建明：《监察对象：法律规定、存在问题与解决思路》，《广州大学学报》（社会科学版）2019年第2期。

败的能力显著增强。然而，制度预防腐败的对象不应只局限于共产党党内或者公共部门，也应包括私营部门。只有构建好覆盖全社会的反腐败制度体系，保障各部门的制度质量，才能够全面、有效地预防腐败。具体地讲，可以通过以下三方面的举措来实现：

第一，统筹协调各部门预防腐败机构，形成整体合力。覆盖全社会的预防腐败体系需要专门的组织协调，保障实施。可以借鉴中国香港廉政公署设立专门的内设机构，负责审查各部门的制度，预防腐败发生。监察委员会作为我国专门的反腐败机构，可以作为组织机构统筹内外部力量。一方面，监察委员会内部可以整合预防腐败相关的力量，承担预防腐败的工作，在监察委员会内部形成统筹机制。另一方面，监察委员会也可以与其他部门，如党政部门、司法机关及私营部门中的预防腐败机构形成协调机制，综合各方面资源，形成整体合力。

第二，完善制度建设，构建覆盖全社会的预防腐败制度体系。全面实现"不能腐"，应推动社会各层级、各领域、各行业、各部门建立和完善权力监督和制约的制度，形成覆盖全社会的预防腐败制度体系。预防腐败制度体系应包括两方面（见图 9-2）：一是在各行业、各部门、各领域具有普遍激励和约束功能的一般性制度，如信息公开透明制度、财产申报制度、防止利益冲突制度等。二是针对工作效率低下、腐败高发的重点领域、环节、人群的特殊制度。①如建筑领域的工程招投标制度、教育领域的阳光招生制度、医疗卫生领域的医药器械采购制度、商业领域的反商业贿赂制度等。

---

① 胡杨：《预防腐败的制度体系及其建设路径》，《中国行政管理》2011 年第 8 期。

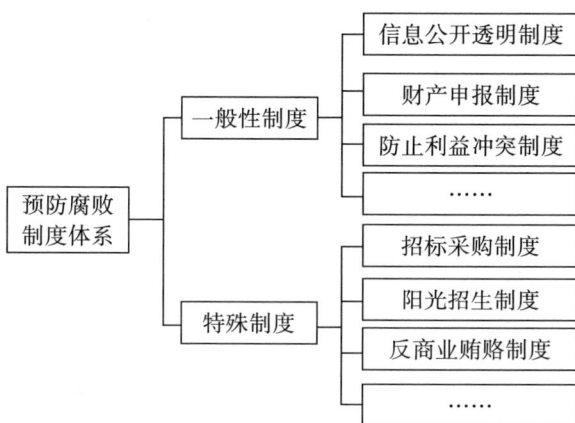

图 9-2　预防腐败制度体系

第三，开展制度廉洁性审查，提升公、私部门制度质量。制度建设对于预防腐败具有全局性、根本性、长期性和稳定性的作用，而影响制度有效性的关键因素是制度的质量，是否符合廉洁性要求，是否存在漏洞等。因此，对于公私部门现有的制度开展廉洁性审查，并针对管理工作中的廉洁风险点，有针对性地加以防控，显得至关重要。

建议由各级监察委员会组织协调对本级政府、公共机构及私营部门的工作制度和程序开展廉洁性审查，审查的重点包括：第一，制度体系是否完备，是否符合廉洁性要求；第二，制度规定的布置环节是否体现了廉洁性要求；第三，制度是否是包括自我监督和反馈在内的闭环系统；第四，制度关于廉洁性要求的执行是否具有可操作性；第五，制度关于执行程序上的规定是否符合廉洁性要求。

三、"不想腐"对象的全覆盖

习近平总书记强调，"在全社会培育清正廉洁的价值理念，使清风正气得到弘扬"①。廉洁教育不应只针对党员干部，也应该包括对所有公众的廉洁教育。只有全社会普遍意识到腐败的危害，形成反腐败的意识、观念和价值观，形成崇廉耻贪、风清气正的社会风气，才能从根本上治理腐败。推行廉洁教育以实现"不想腐"，应当兼顾重点性与广泛性、专业性、多样性和创新性、科学性、系统性和长期性。

（一）重点性与广泛性

我国有 14 亿多人口，如果针对全体人民都推行同样的廉洁教育需要投入大量的资源。因此应当兼顾重点性与广泛性，将那些廉洁教育影响深远或者腐败风险高的人列为重点人群，如公职人员、企业管理人员以及青少年等，针对重点人群倾斜更多的资源，并根据其特点实施有针对性、具体的、专业性的廉洁教育。而对于普通社会公众，则可以依托机关、社区、学校、农村、企业、家庭等（即"六进"），②结合社会、职业、家庭等道德建设，向社会大众普及廉洁知识、树立反腐倡廉价值观等，形成"大宣教"格局。

（二）专业性

廉洁教育是一项复杂的、专业性很强的工作，推行廉洁教育的专业性体现在三方面：

首先，专业的机构和人员保障实施。廉洁教育是一项公共服务，应当由党和国家的专门机构提供，纪委和监委作为专门的反腐败机构，应当承担起廉洁教育的主体责任，并动员其他社会团体积极参

---

① 《习近平总书记论廉洁文化》，《中国纪检监察》2022 年第 5 期。
② 2010 年，中央纪委等六部委联合下发《关于加强廉政文化建设的意见》，提出推动"廉政文化进机关、社区、学校、农村、企业、家庭（简称'六进'）"。

与。因此，可以在监委设置专门的机构，并且有专门的人员策划实行，并给予专门的预算保障。

其次，对廉洁教育师资的专业化培训。廉洁教育的内容有较强的专业性，包括腐败的定义、相关的法律法规、腐败在不同行业中的具体表现和社会危害，以及社会公众可以参与反腐败的方式等。这些涉及法学、社会学、管理学、教育学等多学科内容，对从事廉洁教育的师资有很高要求。因此，需要政府部门在廉洁教育师资的选拔、培养、管理等给予支持。

此外，还可以引入专业的社会团体的参与。近年来，随着廉政文化建设的开展，廉政研究机构和研究队伍不断壮大。目前我国已有一百多所高等学校设立了专门的廉政研究机构，专职研究人员过千人，这些研究人员有较强的反腐倡廉方面的专业知识能力，分布在全国各地，因此应该通过政府相关政策支持发挥这些专职研究人员的作用，支持各地的廉洁教育。

（三）多样性和创新性

大众的接受度应是廉洁教育的重要的评判标准。"照本宣科""陈词滥调"式的教育难以被大众接受，应当开发一些形式丰富、内容多样的廉洁文化产品。如2017年播出的反腐电视剧《人民的名义》，就引起了社会公众的广泛关注。再比如，香港廉政公署社区关系处通过新闻、广告、电视剧三种方式宣传反腐败信息，取得了很好的效果。为加强与新闻界的联系，社会关系处每天向新闻界公布廉政公署的新闻和廉政公署的信息，通过电台及电视节目宣传廉政公署为促进社会教育和预防腐败而筹办的活动。社区关系处也通过报纸、广播、电视等媒体广泛报道关于公职人员滥用职权和私营部门人员违法的消息。

社区关系处还制作了电视广告和宣传短片，以提高公众对腐败问题的认识，并威慑可能腐败的人。

此外，应充分发挥互联网的作用。截至 2021 年 6 月，中国网民总数达到 10.11 亿，互联网普及率达 71.6%，其中使用手机上网的比例为 99.6%。[①] 廉洁教育如果能充分发挥互联网尤其是手机网络的作用，将更有助于实现全覆盖的目标。建议官方利用微信、微博、短视频平台等向公众传播廉洁知识、普及参与治理腐败的技能等，运用大数据、云计算等技术使宣传教育更加精准、有效，且有针对性，并形成即时性的沟通和互动，让社会公众能够随时随地了解廉洁知识，提升廉洁意识。

（四）科学性

廉洁教育也应当注重目标导向和结果导向，应建立科学的评估机制，定期调查和测量社会公众对于腐败和廉洁的认知和态度。这方面，中国香港廉政公署的做法值得借鉴。廉政公署从 1992 年起每年都会开展居民抽样调查，调查的问题涉及居民对腐败的态度、容忍度、举报意愿及举报方式等。构建一套科学合理、操作性强的廉洁教育绩效评价机制，正确指引政府、纪委监委等的工作方向，客观评价其工作绩效，及时发现其薄弱环节，从而提升廉洁教育的整体效果。

（五）系统性和长期性

廉洁教育的目的是在全党全社会普遍形成崇廉耻贪的意识和价值观，而人的观念形成往往是一个渐进过程，难以做到立竿见影，因

---

① 数据来源：第 48 次《中国互联网络发展状况统计报告》。

此廉洁教育应该是系统的、持之以恒的，应践行终身教育。我们尤其要重视对青少年的廉洁教育。目前我国有 3 亿多 18 岁以下未成年人，对广大青少年开展廉洁教育，让他们从小树立崇廉耻贪的价值观，事关国家的前途和未来。廉洁教育应该有系统的教育内容，针对不同年龄阶段的对象设置相应的内容。学校应当发挥主要作用，通过教材建设、课程建设、课外宣传教育活动等方式建设校园廉政文化。家庭与社会也应积极配合学校，以形成教育合力。可以借鉴廉政公署的做法，中国香港廉政公署一直将青少年列为廉洁教育的工作重点，社区关系处采取"全校路径"，通过学校系统和专业教师对青少年开展廉洁教育。其具体措施包括六方面：一是针对不同年级的学生制作相应的课堂教学资料；二是制作非课堂时间使用的视频、图片等资料；三是与各区校长协会经常联络，组织辩论、展览、游戏、海报设计等课外活动；四是制作面向家长的计划包，帮助家长对孩子的德育教育；五是出版教师参考资料；六是面向教师开展德育培训计划等。①

第三节　评估腐败风险实施分级管理

腐败风险评估是指运用数字治理技术和风险管理方法，对潜在的腐败风险进行识别分析、评估分级及趋势预测，从而实时掌握腐败发生发展的状况，进行及时的惩治、预防和挽救。腐败风险的分级管理

---

① 卢铁荣、李莉：《德育先驱：香港廉政公署基于青少年的廉洁教育》，《青少年犯罪问题》2016 年第 1 期。

是指根据腐败风险的来源、发展阶段、危害程度等进行定量分析并分级，根据不同的风险等级有针对性地选择相应的政策工具进行管理。实施腐败风险评估及分级管理，可以为一体推进"三不"提供依据和参考。本节将针对加强数据治理以及腐败风险评估管理提出措施建议。

一、加速推进数据治理

随着信息技术的发展，互联网、大数据、云计算、物联网、区块链等技术也被引入政府治理。腐败风险管理也应当不断吸收这些新技术，以保证其有效性。数字治理技术在腐败风险评估和管理中的应用包括以下三方面：

首先，建立反腐败大数据平台。只有积累了庞大的数据量，才能实现对腐败风险的全方位的精确评估和管理。然而，目前信息资源零散地分布于不同部门之中，大多处于封闭状态，且数据的统计口径各异，存在数字鸿沟或信息孤岛现象。因此，应着力建设各行业、各部门的数据库，统一数据收集、存储的标准和规范，整合各部门的数据资源，建立反腐败大数据平台，形成协同效应。这包括纵向数据整合和横向数据整合。纵向数据整合，即在党政机关上下层级之间数据联动。横向数据整合，即同一层级纪检监察、检察院、审计、公安等部门之间的数据共享，以及官方与民间数据整合——党机关统计的数据与企业、金融机构、媒体以及民间反腐平台的数据链接。

值得注意的是，大数据平台的建立有助于管理腐败风险，但也可能带来泄露个人信息、侵犯个人隐私等风险。因此，应完善配套制度以保障数据安全，包括数据采集与处理的工作规范、数据权限设置、隐私保护、网络信息公开条例等方面的管理制度。

其次，建立基于大数据的腐败风险识别、评估及预警机制。大数据技术可以实时监测，并分析数据背后隐藏的信息，发出预警提示，具有整体性、及时性、精准性、动态性等特征。一是通过整体分析一个单位的各项业务的流程，找出腐败风险较高的部门、业务、环节。二是通过数据挖掘及信息的分析和提炼，总结腐败行为在日常生活、工作中呈现的异常特征，并通过程序的设定，使得涉嫌腐败行为的指标一旦出现，就可以及时、精确地进行预警和阻断。三是通过机器学习等技术，对不断更新的海量数据进行聚类分析，以发现腐败的新特点、新情况、新形式。

最后，实时监控网络舆情，降低腐败风险的负面影响。在网络时代，每一个人都是信息的发现者和传播者，网络信息传播迅速，且可以海量储存，应运用大数据技术对网络舆情进行实时监控。第一，广大网民的监督，可以第一时间为反腐败机构提供线索，极大地降低腐败发现的成本。第二，反腐败部门能够及时搜集证据、调查核实，避免打草惊蛇，引起涉腐人员的警觉而提前销毁证据。第三，精确把握网络舆情动向并进行及时的引导和管控，还可以降低网络舆情给政府、企业等机构的形象带来的负面影响。

二、腐败风险的评估与分级

（一）腐败风险的评估

影响腐败风险大小的因素很多，评估腐败风险应首先对这些因素进行科学的分类，并根据各因素的情况分析和评估腐败风险的大小。

具体地，可以按照腐败风险的来源，腐败风险形成和发展阶段，腐败风险发生概率、危害的大小、涉事人员权力大小等因素分析。

依据腐败风险的来源，分为思想道德风险、岗位职责风险、业务流程风险、[①]制度机制风险、外部环境风险。[②]思想道德风险是由于个人为满足私欲、私利而产生个人行为失范，职业操守偏移，滥用权力，以权谋私，由此带来的腐败风险。岗位职责风险是由于工作岗位缺乏监督，导致在岗人员不正确履职、失职渎职或不作为，由此带来的腐败风险。业务流程风险是由于工作业务流程不规范、不完善，未形成有效监督和制约，导致在岗人员不作为、慢作为、乱作为、选择性作为等，由此带来的腐败风险。制度机制风险是由于制度机制不完善、不健全，存在自由裁量权过大，缺乏有效监督与制约，由此带来的腐败风险。外部环境风险是由于工作人员所在的工作环境、社交圈、生活圈等对工作人员施加利益诱惑等非正常影响，由此带来的腐败风险。

依据腐败风险形成和发展的阶段，分为腐败风险的生成期、积聚期和爆发期。[③]腐败风险的生成期，是指腐败风险产生和形成于日常工作和生活中的阶段，具有苗头性和倾向性，腐败行为偶然发生，常表现为个案，未造成较大的社会影响。腐败风险的积聚期，是指腐败风险在系统或组织内逐步放大和演变，并逐渐向系统外传播的阶段。在这一阶段，腐败风险涉及的范围和规模不断扩大，造成的负面影响

---

① 李晓光：《实施廉政风险防范管理，完善预防腐败长效工作机制》，《前线》2008年第1期。

② 郭兴全：《关于完善廉政风险防控管理机制的思考》，《中州学刊》2012年第4期。

③ 刘超、江军：《廉政风险及其形成演化机理》，《广州大学学报》（社会科学版）2014年第12期。

不断加重，腐败风险不断提高。腐败风险的爆发期，是指随着腐败风险逐渐积聚，出现由量变到质变，腐败风险带来的严重的经济社会后果，引起媒体及大众的普遍关注，影响相关部门的正面形象和声誉，这一阶段的腐败风险最高。

除了上述因素，腐败风险发生的概率、危害的严重程度、涉事人员权力大小等都会影响腐败风险大小。腐败风险的发生概率是指腐败风险发生的可能性，以及其产生多种关联性后果的可能性，发生概率越高，则腐败风险越高。危害的大小，是指腐败行为产生的直接后果，及其对其他工作的负面影响，危害越大，则腐败风险越高。涉事人员职权越大、自由裁量权越大，则腐败风险越高。

（二）腐败风险的分级

腐败风险的分级可以采取风险矩阵图法，通过风险发生的可能性和危害的严重程度两个维度展开对风险大小的判断，再通过多维思考、逐步分解，根据腐败风险的不同影响因素进行组合，依次进行赋值，具体流程如下：

第一，对本单位的腐败风险点进行系统梳理，列出风险清单，并对各风险场景进行较详细的描述。第二，分析风险发生的可能性，通过参考，将腐败风险发生的可能性分为极不可能、不太可能、可能、非常可能和几乎肯定（见表9-1）。第三，根据本单位的特点，分析腐败风险的来源、形成和发展的阶段、危害的大小、涉事人员权力大小等因素对腐败风险损失的影响，并合理地赋值。第四，综合腐败风险的可能性和严重性，确定风险值，在此基础上，确定临界值并对腐败风险分级。腐败风险可以分为四级，即低、中、高、极高。

表 9-1　腐败风险矩阵

腐败发生的可能性	腐败风险损失的严重程度				
	很大（5）	大（4）	一般（3）	小（2）	很小（1）
几乎肯定（5）	10	9	8	7	6
非常可能（4）	9	8	7	6	5
可能（3）	8	7	6	5	4
不太可能（2）	7	6	5	4	3
极不可能（1）	6	5	4	3	2

三、腐败风险管理

（一）腐败风险管理的原则

腐败风险管理是在科学评估风险的基础上，合理地、有针对性地选取政策工具、管理手段等应对腐败风险，从而有效控制腐败风险，降低其负面影响。腐败风险管理应遵循四个原则，即及时性、科学性、动态性和可操作性。及时性是指应该在腐败风险形成初期、尚未造成严重后果时及时识别风险，相关部门应迅速采取措施来控制腐败风险。科学性是指在腐败风险的识别、评估指标和方法的选取，应对风险的政策工具选择应符合现代管理理念，做到标准化、规范化、科学化。动态性是指腐败风险的管理不是一成不变的，而应根据反腐败工作的形势以及经济社会发展中的新情况、新问题及时调整。可操作性是指识别和评估腐败风险的指标选取应遵循数据可获得、指标易理解，评估方法要尽量简捷、易于付诸实践，腐败风险的应对工具选取应有具体的指标和规范。

（二）腐败风险管理工具

由于资源的稀缺性，应根据腐败风险的级别，把有限的资源优化配置，从而减少时间成本和人力成本，提高管理效率。针对腐败风险由低到高，可以采取的管理工具包括预防型工具、控制型工具、惩处型工具以及司法型工具。

预防型工具适于腐败风险较低的情形，在风险尚在潜伏阶段，或腐败行为仅有偶然发生之时主动防范风险，最大限度地降低腐败行为发生的可能。具体地讲，预防型工具包括推行廉洁警示教育，制定权力清单，规范工作流程，推行防止利益冲突机制，加强公开，实行财产申报制度等。对于党员干部，预防型工具还包括"第一种形态"中的批评教育，咬耳扯袖、红脸出汗等手段。

控制型工具适于腐败风险为中风险的情形，对正在发生的腐败风险进行动态监测，及时发现苗头性、倾向性问题，控制腐败风险负面影响，防止腐败风险进一步蔓延。可以结合本单位的业务内容，对相关人员进行预警、提醒，并阻断其进一步操作。对于党员干部，控制型工具还包括"第二种形态"中的党纪轻处分，如警告、严重警告，及轻度职务调整等手段。

惩处型工具适于腐败风险较高的情形，对于腐败风险已经发生，且造成一定负面影响的情况，通过对涉嫌腐败人员进行处罚和制裁，以纠正偏差，防止腐败风险进一步提高，属于事后措施。对于党员干部，惩处型工具还包括"第三种形态"中的党纪重处分，如留党察看、开除党籍，以及重大职务调整等手段。

司法型工具适于腐败风险极高，涉嫌违法的情形，单位将个人和有关证据移交司法。对于党员干部，司法型工具对应"第四种形态"中的立案审查手段。

（三）腐败风险管理过程

腐败风险的管理可以依据风险管理理论的要求，引入 PDCA 循环管理办法，即设定一段时间为一个工作周期（如年度、半年度、季度等），在一个周期内，将腐败风险管理分为四个主要的环节，即计划（Plan）、执行（Do）、考核（Check）以及修正（Action），经过周而复始的循环，不断完善腐败风险管理过程。

计划阶段的任务是查找腐败风险点，制定腐败风险评估办法，以及编制腐败风险应对预案，从而构建腐败风险防控体系。查找腐败风险点，应尽量全面地梳理单位和个人存在的腐败风险，以及腐败风险的来源、后果、表现形式、识别方法等。制定腐败评估办法，应根据腐败风险的特征制定腐败风险评估分级、发展趋势预测等办法。编制腐败风险应对预案，是根据不同级别的腐败风险，制订详细的应对方案，包括如何明确责任，调动各相关职能部门，调配所需资源并采取合理的政策工具等。

执行阶段的任务是针对实际工作中不同的腐败风险，按照预先的计划，实施具体的应对措施。

考核阶段的任务是制定腐败风险管理效果的评价指标体系，对腐败风险防控体系的落实情况，防控效果进行考核评价，并系统分析存在的差距和问题。

修正阶段的任务是根据考核结果奖优惩劣，对存在的问题进行风险复盘，提出改进措施，完善腐败风险防控体系，并启动下一个循环周期。

（四）腐败风险管理对一体推进"三不"的促进作用

腐败风险分级管理是一体推进"三不"的重要组成部分，管理过程始终贯穿着一体推进"三不"的思想。

廉政风险管理有助于推进"不敢腐"。廉政风险管理通过综合运用制度规范与信息技术、互联网、大数据等科技手段，实现对腐败风险的实时监控，及时掌握腐败人员的行为特征、时间、形式、腐败危害程度等情况，这对潜在的腐败者有较强的威慑作用。此外，针对腐败风险较高的情形，对涉腐人员运用惩处型工具及司法型工具，使得腐败行为一旦发生，就有较大概率被发现，并且受到相应的惩罚，也有利于打击腐败行为。

廉政风险管理有助于促进"不能腐"。一方面，廉政风险管理工作，建立在单位和个人梳理权力清单，查找廉政风险点的基础上，这一过程可以明确行使公权力的各个主体的工作流程和责任分工，规范公权力的运行，使之得到有效的监督和制约。另一方面，通过对腐败风险较高的领域和环节进行全过程监督，一旦发生苗头性、倾向性问题及时预警、阻断，可以在事前减少腐败发生的可能，降低腐败的危害。

廉政风险管理还有助于实现"不想腐"。一方面，通过梳理单位和个人的廉政风险点，可以使得行使公权力的各主体更明确自身工作的权力边界，提高风险意识。另一方面，通过对广大群众开展廉政警示教育，以及对于有轻微错误的单位和个人进行预警教育，可以弱化腐败动机，降低思想道德风险。

参考文献

党的文献、经典作家文献集

《党的十八大文件汇编》，党建读物出版社 2012 年版。

《邓小平文选》第二卷，人民出版社 1994 年版。

《邓小平文选》第三卷，人民出版社 1993 年版。

《江泽民文选》第三卷，人民出版社 2006 年版。

《决胜全面建成小康社会　夺取新时代中国特色社会主义伟大胜利——在中国共产党第十九次全国代表大会上的报告》，人民出版社 2017 年版。

《列宁选集》第四卷，人民出版社 1995 年版。

《毛泽东选集》第三卷，人民出版社 1991 年版。

《十八大以来重要文献选编（上）》，中央文献出版社 2014 年版。

《十八大以来重要文献选编（中）》，中央文献出版社 2016 年版。

《习近平关于党风廉政建设和反腐败斗争论述摘编》，中央文献出版社 2015 年版。

习近平：《在庆祝中国共产党成立 95 周年大会上的讲话》，人民出版社 2016 年版。

《中共中央关于坚持和完善中国特色社会主义制度　推进国家治理

体系和治理能力现代化若干重大问题的决定》，人民出版社 2019 年版。

《中国的反腐败和廉政建设》白皮书，中国方正出版社 2010 年版。

《中国共产党第十九次全国代表大会文件汇编》，人民出版社 2017 年版。

《中国共产党章程汇编（从一大——十七大）》，中共中央党校出版社 2006 年版。

中译本文献

［英］阿克顿：《自由与权力》，译林出版社 2011 年版。

［英］哈特：《法律的概念》，许家馨、李冠宜译，法律出版社 2011 年版。

［德］柯武刚、史漫飞：《制度经济学：社会秩序与公共政策》，韩朝华译，商务印书馆 2000 年版。

［法］孟德斯鸠：《论法的精神（上册）》，商务印书馆 1961 年版。

［美］魏德安：《双重悖论》，中信出版社 2014 年版。

中文文献

本刊编辑部：《深化国家监察体制改革的科学指引》，《求是》 2019 年第 5 期。

蔡宝刚：《论制度功能与制度反腐》，《扬州大学学报》（人文社会科学版）2020 年第 2 期。

曹建明：《最高人民检察院关于反贪污贿赂工作情况的报告》，见 http://www.npc.gov.cn/npc/xinwen/2013−10/22/content_1810629.htm。

陈国权等：《权力制约监督论》，浙江大学出版社 2013 年版。

陈洪连、李慧玲:《防止利益冲突制度建设的价值意蕴与实现路径》,《北京航空航天大学学报》(社会科学版)2017 年第 1 期。

陈健鹏:《"打、堵、疏"结合,走出惩治"微腐败"新路子》,《南方杂志》2018 年第 21 期。

陈伟、刘金政:《监察权运行中的多元监督制约机制探究》,《贵州师范大学学报》(社会科学版)2021 年第 2 期。

程文浩:《国家治理过程的"可视化"如何实现——权力清单制度的内涵、意义和推进策略》,《人民论坛·学术前沿》2014 年第 5 期。

邓联繁:《一体推进不敢腐不能腐不想腐的深刻内涵》,《人民论坛》2020 年第 Z2 期。

邓清波:《反腐要从"不敢、不易、不能"到"不愿"》,《新华每日电讯》2013 年 8 月 29 日。

董林、魏剑等:《一体推进"三不"的中原实践——河南持续深化以案促改工作的调查思考》,《河南日报》2020 年 10 月 19 日。

董亚明等:《党风廉政建设中党委"主体责任"和纪检"监督责任"的落实》,《中共云南省委党校学报》2014 年第 4 期。

董瑛:《巩固发展反腐败斗争压倒性胜利 一体推进"三不"》,《人民日报》2019 年 8 月 20 日。

董瑛:《努力构建不敢腐、不能腐、不想腐的体制机制》,《马克思主义研究》2018 年第 10 期。

杜治洲、常金萍:《大数据时代中国反腐败面临的机遇和挑战》,《北京航空航天大学学报》(社会科学版)2015 年第 4 期。

杜治洲、刘姝君:《一体推进"三不"与监委的职能履行方式创新》,《廉政文化研究》2020 年第 11 期。

杜治洲、吴新华:《走出反腐困境》,新华出版社 2014 年版。

杜治洲:《电子政务在预防和惩治腐败中的作用》,《信息化建设》2007 年第 7 期。

杜治洲:《坚持使命引领和问题导向相统一》,《人民日报》2018 年 11 月 13 日。

杜治洲:《中国特色国家监察的制度创新与运行机制》,《河南社会科学》2019 年第 11 期。

龚祥瑞:《比较宪法与行政法》,法律出版社 2003 年版。

郭兴全:《关于完善廉政风险防控管理机制的思考》,《中州学刊》2012 年第 4 期。

过勇:《十八大之后的腐败形势:三个维度的评价》,《政治学研究》2017 年第 6 期。

何韬:《一体推进不敢腐不能腐不想腐是新时代全面从严治党重要方略》,《中国纪检监察报》2020 年 3 月 13 日。

何永红:《"五反"运动研究》,中共党史出版社 2006 年版。

何增科:《中国政治监督 40 年来的变迁、成绩与问题》,《中国人民大学学报》2018 年第 7 期。

赫健茹、王宜楠:《寓教于"游"多层次推进廉政文化教育》,《河南日报》2018 年 7 月 13 日。

侯远长、姚巧华、刘晖:《让权力行使者不敢腐不能腐不易腐》,《光明日报》2013 年 4 月 2 日。

胡洪彬:《"三不腐"机制下廉政问责程序的全面嵌入性运作——一个走向反腐败"治本"目标的分析理路》,《宁夏社会科学》2016 年第 3 期。

胡杨:《预防腐败的制度体系及其建设路径》,《中国行政管理》2011 年第 8 期。

黄红平、王明华:《新时代一体推进不敢腐、不能腐、不想腐的理论思考》,《廉政文化研究》2019 年第 6 期。

黄建军:《国家治理视域下制度反腐的路径选择》,《延安大学学报》(社会科学版) 2015 年第 5 期。

菅从进:《权利制约权力论》, 山东人民出版社 2008 年版。

江国华、何盼盼:《国家监察纪法贯通保障机制研究》,《中国高校社会科学》2019 年第 1 期。

江琳:《纪检监察机关深化标本兼治, 一体推进不敢腐、不能腐、不想腐——巩固发展反腐败压倒性胜利》,《人民日报》2020 年 1 月 13 日。

江小燕、李斌雄:《实现不想腐的理论依据、障碍因素和路径探讨》,《思想政治教育研究》2017 年第 1 期。

姜洁:《党的各方面事业取得辉煌成就》,《人民日报》2021 年 6 月 2 日。

蒋来用:《一体推进"不敢腐、不能腐、不想腐"状况研究——基于某国有公司问卷调查的分析》,《行政管理改革》2020 年第 4 期。

蒋卓庆:《深化标本兼治 一体推进不敢腐不能腐不想腐》,《党建研究》2019 年第 5 期。

金波:《新加坡的制度反腐经验》,《国际关系学院学报》2009 年第 4 期。

金太军、许开轶:《香港廉政公署制度与廉政建设》,《中国行政管理》2002 年第 9 期。

李斌雄、王飞：《价值观教育反腐倡廉的蕴涵、依据和策略探讨》，《学校党建与思想教育》2016 年第 1 期。

李斌雄、徐芳琳：《反腐败斗争取得压倒性胜利的形势与对策分析》，《廉政文化研究》2019 年第 6 期。

李斌雄：《筑牢"不想腐"的社会主义公私观防线》，《学习月刊》2015 年第 3 期。

李德顺：《价值论：一种主体性的研究》，中国人民大学出版社2013 年版。

李庚：《为什么要赋予监察机关相应的监察权限——确保惩治腐败的有效性和威慑力》，《中国纪检监察》2018 年第 6 期。

李国杰：《大数据成为信息科技新关注点》，2012 年 6 月 27 日，见 http://www.cas.cn/xw/zjsd/201206/t20120627_3605350.shtml。

李辉：《贪污受贿案金额的结构特征——基于司法判决书数据的初步分析》，《复旦学报》（社会科学版）2018 年第 5 期。

李伟、熊飞云：《江西省探索开展"三会一书两公开"警示教育——一体推进不敢腐不能腐不想腐》，《中国纪检监察》2019 年第 7 期。

李晓光：《实施廉政风险防范管理，完善预防腐败长效工作机制》，《前线》2008 年第 1 期。

李雪勤：《把"清廉中国"建设作为反腐败国家战略》，《检察日报》2018 年 11 月 6 日。

李延英：《让干部不想腐、不能腐、不敢腐》，《实践（思想理论版）》2010 年第 2 期。

林孝双：《浙江：发挥巡视在一体推进不敢腐不能腐不想腐中的作用》，《中国纪检监察报》2020 年 3 月 26 日。

刘步健：《芬兰反腐保廉的制度化解读》，《群众》2011年第7期。

刘超、江军：《廉政风险及其形成演化机理》，《广州大学学报》（社会科学版）2014年第12期。

刘大北、贾一苇：《日本〈大数据时代的人才培养〉倡议：制定背景、研究方向、计划及举措》，《电子政务》2015年第10期。

刘家明：《廉政体制外监督：空间、机理与演化》，《理论导刊》2016年第1期。

刘金程：《依规治党：从"不敢腐"到"不能腐"》，《人民论坛》2017年第2期。

刘诗林：《"不敢腐、不能腐、不想腐"视角下的腐败治理成效与对策建议》，《学校党建与思想教育》2020年第9期。

刘廷飞：《加强党对反腐败工作的集中统一领导》，《中国纪检监察报》2018年12月18日。

卢铁荣、李莉：《德育先驱：香港廉政公署基于青少年的廉洁教育》，《青少年犯罪问题》2016年第1期。

吕永祥、王立峰：《以问责机制推动"三不腐"建设：作用机理、现实梗阻与发展进路》，《求实》2018年第6期。

马宝成：《政治权力制约监督的理论基础与运作机制》，《国家行政学院学报》2015年第S1期。

毛昭晖：《廉政新常态与反腐法治化》，《河南社会科学》2015年第6期。

苗庆旺：《构建一体推进不敢腐、不能腐、不想腐体制机制》，《党建研究》2019年第11期。

南方+客户端：《光明区出台建设廉洁先行示范城区行动方案》，

2020 年 7 月 2 日，见 http://static.nfapp.southcn.com/content/202007/02/c3720650.html。

倪慧：《新加坡廉政文化建设的启迪》，《知与行》2018 年第 6 期。

庞德：《通过法律的社会控制、法律的任务》，商务印书馆 1984 年版。

朴林：《一体推进"不敢腐、不能腐、不想腐"的理论思考》，《理论探讨》2020 年第 5 期。

邱杰、任廷会：《贵州专项整治领导干部利用茅台酒谋取私利问题：以案促改斩断利益输送链条》，《中国纪检监察报》2020 年 1 月 21 日。

人民论坛课题组：《"不敢腐""不能腐""不想腐"实现程度如何？公众怎么看？》，《人民论坛》2017 年第 6 期。

人民网：《深圳光明区保持高压态势一体推进"三不"机制》，2020 年 3 月 8 日，见 http://sz.people.com.cn/n2/2020/0327/c202846-33907661.html。

任建明、杜治洲：《腐败与反腐败：理论、模型和方法》，清华大学出版社 2009 年版。

任建明、张劲：《渐进逻辑下推进"不能腐"的问题与对策》，《北京航空航天大学学报》（社会科学版）2019 年第 3 期。

任建明：《监察对象：法律规定、存在问题与解决思路》，《广州大学学报》（社会科学版）2019 年第 2 期。

任仲平：《筑牢从严治党的政治根基》，《人民日报》2016 年 10 月 24 日。

邵景均：《新中国反腐简史》，中共党史出版社 2009 年版。

申晚香、刘一霖、颜新文:《统筹谋划 一体推进"三不":浙江把反腐败作为系统工程,多措并举标本兼治》,《中国纪检监察报》2019 年 7 月 19 日。

石铭、张红艳、卢松:《河南:"以案促改"助力"三不"机制一体推进》,《中国纪检监察》2018 年第 16 期。

史旺成:《宋初对官吏贪污受贿的惩处》,《中州学刊》1985 年第 2 期。

宋伟、邵景均:《反腐败国际合作的中国经验》,《红旗文稿》2021 年第 5 期。

谭红辉、李晨薇:《一人一表排查廉政风险》,《中国纪检监察报》2020 年 12 月 11 日。

田湘波、李媛:《法治反腐的内涵、要素和优势》,《检察日报》2014 年 12 月 2 日。

田芸:《新加坡廉政文化建设及其启示》,《经济研究导刊》2014 年第 32 期。

汪松明:《制度反腐:历史的回顾与理论分析》,《理论探索》2006 年第 5 期。

王保红、姚文胜、郭实华:《即知即改扩大巡察效果》,《中国纪检监察报》2019 年 11 月 21 日。

王昌顺:《"三不"一体推进深化国企全面从严治党》,《中国纪检监察》2019 年第 18 期。

王冠、任建明:《中国特色反腐败模式的探索与创新:从"运动"到"运动 + 制度"》,《河南社会科学》2020 年第 12 期。

王剑:《法治反腐的价值体现及路径探析》,《云南行政学院学报》

2015 年第 2 期。

王京清、孙壮志：《中国反腐倡廉建设报告 NO.8》，社会科学文献出版社 2018 年版。

王梅枝：《论法治反腐的路径选择》，《长江论坛》2015 年第 2 期。

王秀梅：《定罪"门槛低"罚款"底儿掉"芬兰高标准推进公务员廉政建设》，《劳动保障世界》2018 年第 13 期。

王世谊：《新时代全面从严管理干部制度体系研究》，《毛泽东邓小平理论研究》2021 年第 8 期。

魏宏森、曾国屏：《系统论的基本规律》，《自然辩证法研究》1995 年第 4 期。

吴建雄、夏彩亮：《中国特色社会主义监督体系的优势》，《红旗文稿》2019 年第 17 期。

习近平：《决胜全面建成小康社会 夺取新时代中国特色社会主义伟大胜利——在中国共产党第十九次全国代表大会上的报告》，人民出版社 2017 年版。

习近平：《充分发挥全面从严治党引领保障作用 确保"十四五"时期目标任务落到实处》，《人民日报》2021 年 1 月 23 日。

习近平：《更加科学有效地防治腐败 坚定不移把反腐倡廉建设引向深入》，《人民日报》2013 年 1 月 23 日。

习近平：《坚持全面从严治党依规治党 创新体制机制强化党内监督》，《人民日报》2016 年 1 月 13 日。

习近平：《决胜全面建成小康社会 夺取新时代中国特色社会主义伟大胜利——在中国共产党第十九次全国代表大会上的报告》，《人民日报》2017 年 10 月 28 日。

习近平：《领导干部要认认真真学习　老老实实做人　干干净净做事》，《学习时报》2008年5月26日。

习近平：《领导干部要做尊法学法守法用法的模范　带动全党全国共同全面推进依法治国》，《人民检察》2015年第4期。

习近平：《取得全面从严治党更大战略性成果　巩固发展反腐败斗争压倒性胜利》，《人民日报》2019年1月12日。

习近平：《人民对美好生活的向往　就是我们的奋斗目标》，《十八大以来重要文献选编（上）》，中央文献出版社2014年版。

《习近平总书记论廉洁文化》，《中国纪检监察》2022年第5期。

习近平：《在庆祝全国人民代表大会成立六十周年大会上的讲话》，《光明日报》2014年9月6日。

习近平：《在全国党校工作会议上的讲话》，人民出版社2015年版。

习近平：《在新的起点上深化国家监察体制改革》，《求是》2019年第5期。

辛宇：《制度反腐的核心是什么》，《党政干部参考》2010年第3期。

徐功献、尧凡：《新时代加强党的长期执政能力建设探析》，《理论研究》2018年第3期。

徐国冲：《新加坡反腐模式的祛魅与启示》，《中国行政管理》2020年第7期。

徐汉明：《国家监察权的属性探究》，《法学评论》2018年第1期。

徐雷：《马克思恩格斯眼中的无产阶级政党纯洁性》，《学习时报》2018年7月11日。

徐喜林、徐栋：《法治反腐：中国反腐新常态》，《中州学刊》2015年第2期。

颜新文、金强锋:《集中交线索 限期要结果 浙江多措并举做好巡视"后半篇文章"》,《中国纪检监察报》2018 年 4 月 7 日。

颜新文、汪志建:《浙江省委坚持问题导向——增强巡视监督震慑力》,《中国纪检监察报》2017 年 7 月 11 日。

颜新文、杨文虎、王璐怡:《打造权威高效党内监督和国家监察体系——2019 年我省全面深化"三项改革"综述》,《浙江日报》2020 年 1 月 7 日。

姚文胜:《一体推进不敢腐不能腐不想腐的探索思考》,《中国纪检监察报》2020 年 8 月 20 日。

于文轩、吴进进:《反腐败政策的奇迹:新加坡经验及对中国的启示》,《公共行政评论》2014 年第 7 期第 5 版。

余志涛:《反腐败要形成"不敢腐、不能腐、不易腐"机制》,《人才资源开发》2014 年第 24 期。

张桂林:《国家廉政体系的基本认知与构建中国特色监督体系》,《政治学研究》2019 年第 5 期。

张红春、邓剑伟、邱艳萍:《大数据驱动的透明政府建设——媒介选择与政民互动重构》,《北京理工大学学报》(社会科学版)2020 年第 4 期。

张瑞:《持续推进全面从严治党向纵深发展》,《人民政协报》2019 年 1 月 24 日。

张元元:《浅谈对香港廉政公署的质疑及其解决方式》,《郑州航空工业管理学院学报》(社会科学版)2014 年第 3 期。

张源、陈氚等:《制度反腐与国家治理现代化》,《科学社会主义》2015 年第 4 期。

赵兵：《今年反腐重点：重大工程 重点领域 关键岗位》，《人民日报》2019 年 2 月 12 日。

赵秉志：《开启法治反腐新时代》，《光明日报》2015 年 3 月 15 日。

赵红军、杜其航、胡敏：《丹麦反腐败制度体系、政策和行为准则对中国的启示》，《学习与探索》2016 年第 12 期。

赵乐际：《推动新时代纪检监察工作高质量发展　以优异成绩庆祝中国共产党成立 100 周年——在中国共产党第十九届中央纪律检查委员会第五次全体会议上的工作报告》，中央纪委国家监委网站，见 http://www.ccdi.gov.cn/special/sjj5cqh/sjj5cqh_yw/202103/t20210316_237958.html。

赵乐际：《中国共产党第十九届中央纪律检查委员会第四次全体会议上的工作报告》，2020 年 1 月 13 日，见 http://www.ccdi.gov.cn/xxgk/hyzl/202002/t20200224_212152.html。

赵乐际：《忠实履行党章和宪法赋予的职责　努力实现新时代纪检监察工作高质量发展》，《人民日报》2019 年 2 月 21 日。

浙江省纪委监委课题组：《"三不"一体推进的浙江溯源和实践》，《中国纪检监察》2020 年第 4 期。

郑永年：《运动型反腐败符合政治理性》，《当代社科视野》2014 年第 9 期。

中共中央党史研究室：《中国共产党历史第二卷（1949—1978）》上册，中共党史出版社 2011 年版。

中共中央纪律检查委员会、中共中央文献研究室：《习近平关于党风廉政建设和反腐败斗争论述摘编》，中央文献出版社、中国方正出版社 2015 年版。

中共中央纪律检查委员会、中共中央文献研究室:《习近平关于严明党的纪律和规矩论述摘编》,中央文献出版社、中国方正出版社2016年版。

中共中央纪律检查委员会办公厅:《中国共产党党风廉政建设文献选编(1921—2000)》第8卷,中国方正出版社2001年版。

中共中央文献研究室:《十七大以来重要文献选编》(上),中央文献出版社2009年版。

中共中央文献研究室:《习近平关于全面从严治党论述摘编》,中央文献出版社2016年版。

中共中央文献研究室:《习近平关于协调推进"四个全面"战略布局论述摘编》,中央文献出版社2015年版。

中央纪委国家监委网站:《河南用好典型案例深化以案促改》,2020年5月12日,见http://www.ccdi.gov.cn/yaowen/202005/t20200519_217544.html。

中央纪委监察部网站:《中央第五巡视组向浙江省反馈巡视情况》,2014年11月4日,见http://www.ccdi.gov.cn/special/zyxszt/2014del_zyxs/fkqk_2014del_zyxs/201411/t20141117_30659.html。

中央纪委宣传部:《深化国家监察体制改革 健全党和国家监督体系》,《求是》2018年第9期。

周焕祥:《统筹发力整治微腐败》,《中国纪检监察报》2020年7月2日。

周口市纪委监委:《淮阳县:全县村村响起廉政"好声音"》,2019年3月15日,见http://www.hnsjct.gov.cn/sitesources/hnsjct/page_pc/gzdt/jcfc/article48b4069d7d194e7da4a7c99cb599e5dd.html。

周淑真:《十八大以来党内法规建设的脉络》,《学习时报》2016年11月24日。

朱基钗、罗宇凡:《天网恢恢　虽远必追——我国反腐败国际合作和追逃追赃成果纪实》,2016年12月9日,见 http://www.gov.cn/xinwen/2016-12/09/content_5145763.htm。

朱建峰、杜玲玲:《"一案五必须"治标更治本》,《中国纪检监察报》2020年2月5日。

祝福恩、石银、杨恩泽:《一体推进"三不机制"巩固发展反腐败斗争压倒性胜利的对策》,《理论探讨》2019年第3期。

庄德水:《利益冲突:一个廉政问题的分析框架》,《上海行政学院学报》2010年第11期。

邹东升、陈昶:《一体推进"三不腐"体制机制的现实意蕴与实践面向》,《重庆行政》2019年第4期。

左卫民、唐清宇:《制约模式:监察机关与检察机关的关系模式思考》,《现代法学》2018年第7期。

《把握反腐败国际合作的时和势》,《中国纪检监察报》2020年4月16日。

《白云区精准发力治理"私车公养"》,2019年3月21日,见 http://gz.people.com.cn/gb/n2/2019/0321/c194849-32761100.html。

《大数据"透视"推进"不能腐"》,2019年6月29日,见 https://baijiahao.baidu.com/s?id=1637633723326095423&wfr=spider&for=pc。

《反腐倡廉蓝皮书:超8成城乡居民认为近一年腐败现象有所减少》,见 https://www.thepaper.cn/newsDetail_forward_12874696。

《光明区:丰富廉政教育载体 筑牢"不想腐"的堤坝》,2021年1

月 6 日，见 http://www.ljsz.gov.cn/jcfc/content/post_58797.html。

《广州：构建一体推进"三不"体制机制》，2020 年 3 月 14 日，见 http://jjjc.gzhu.edu.cn/info/1059/2676.htm。

《贵阳：大数据让腐败无所遁形，转引自贵阳网》，2019 年 5 月 31 日，见 http://www.gywb.cn/content/2019-05/31/content_6133981.htm。

《贵州省：加强政府网站集约化　实现政府数据"聚通用"》，2017 年 7 月 6 日，见 http://www.gaxq.gov.cn/xwdt/jrtt/201812/t20181211_1965108.html。

《海南抓好审查调查"后半篇文章"，一体推进"三不"——多方同向发力 促进标本兼治》，2019 年 10 月 29 日，见 http://dongfang.hainan.gov.cn/qldf/yw/201910/t20191031_2693600.html。

《IDC：2025 年全球数据总量将达 175ZB　近半数据存储于公有云》，2018 年 12 月 14 日，见 http://www.fjii.com/kj/jsc/2018/1214/198131.shtml。

《坚定反腐决心　经验值得借鉴——国际社会高度评价中国制度反腐取得显著成效》，中央纪委国家监委网站，见 https://www.ccdi.gov.cn/yaowen/202001/t20200114_207743.html。

《警惕腐败手段智能化》，见 http://roll.sohu.com/20130821/n384666971.shtml。

《科学家进沈阳纪委　用大数据揪出贪腐苍蝇》，2019 年 6 月 28 日，见 https://www.jfdaily.com/news/detail?id=160180。

《辽宁沈阳市综合运用大数据推进正风肃纪监督》，见 https://xw.qq.com/cmsid/20191023A05KQZ00?f=newdc。

《人大常委会组织参观沈阳正风肃纪大数据监督警示教育展示馆》，

见 https://syzfsjjd.gov.cn/#/newsDetails?id=7d96198b45714046baae29803 cc16e2d&types=4。

《沈阳：正风肃纪用上大数据》，2019 年 3 月 25 日，见 http:// news.syd.com.cn/system/2019/03/25/011735577.shtml。

《十八届中央纪律检查委员会向中国共产党第十九次全国代表大会的工作报告》，《人民日报》2017 年 10 月 30 日。

《十九届中央巡视工作专题》，中央纪委国家监委网站，见 https:// www.ccdi.gov.cn/special/19zyxsgz/index.html。

《疏通堵点衔接断点　贯通协同形成合力——宝鸡开展推动"两个责任"贯通联动一体落实改革试点工作纪实》，2020 年 12 月 17 日，见 http://www.baojinews.com/p/346391.html。

《数据铁笼方案介绍》，见 http://www.zcreate.com.cn/service/datacage。

《"数据铁笼"覆盖贵阳市政府所有组成部门》，2016 年 3 月 22 日，见 http://hhht.nmgbb.gov.cn/hmq/ywgzhm/201603/t20160322_50917.html。

《统筹结合　系统谋划　标本兼治 | 贵州一体推进"三不"工作综述》，2020 年 9 月 13 日，见 http://www.ddcpc.cn/news/202009/t20200913_1081151.shtml。

《现代汉语词典》，商务印书馆 2016 年版。

《一体推进"不敢腐不能腐不想腐"持续营造风清气正政治生态》，2019 年 1 月 18 日，见 http://www.gzdis.gov.cn/xwhc/mtjj/201902/t20190207_2245255.html。

《中共中央关于全面推进依法治国若干重大问题的决定》，《求是》2014 年第 21 期。

《中共中央关于制定国民经济和社会发展第十三个五年规划的建

议》,《光明日报》2015 年 11 月 4 日。

《中国共产党第十八届中央纪律检查委员会第三次全体会议公报》,
2014 年 1 月 15 日, 见 http://www.ccdi.gov.cn/xxgk/hyzl/201401/t20140116_114168.
html。

《中国共产党第十八届中央委员会第六次全体会议公报》, 2016 年 10
月 27 日, 见 http://cpc.people.com.cn/n1/2016/1027/c64094-28814120.html。

《中国共产党第十九届中央纪律检查委员会第三次全体会议公报》,
2019 年 1 月 13 日, 见 http://www.ccdi.gov.cn/toutiao/201901/t20190113_187014.
html。

《中国共产党第十九届中央纪律检查委员会第四次全体会议公
报》,《人民日报》2020 年 1 月 16 日。

《中央纪委国家监委通报 2018 年全国纪检监察机关监督检查、
审查调查情况》, 中央纪委国家监委网站, 见 http://www.ccdi.gov.cn/
toutiao/201901/t20190108_186570.html。

《中央纪委国家监委通报 2019 年全国纪检监察机关监督检查、
审查调查情况》, 中央纪委国家监委网站, 见 http://www.ccdi.gov.cn/
toutiao/202001/t20200117_207914.html。

《中央纪委国家监委通报 2020 年全国纪检监察机关监督检查、
审查调查情况》, 中央纪委国家监委网站, 见 http://www.ccdi.gov.cn/
toutiao/202101/t20210125_234753.html。

《筑牢全面从严治党根基 2020 年浙江省一体推进"三不"机制综述》,
2021 年 1 月 24 日, 见 https://news.hangzhou.com.cn/zjnews/content/2021-01-24/
content_7898685_2.html。

外文文献

"The Results of a Comprehensive Sociological Study of Corruption in the Volgograd Region in 2018", Available : http://ag.volgograd.ru/about/korrup/docs/social/.

Astafurova, O.A., Borisova, A.S., Golomanchuk, E.V., Omelchenko, T.A., "Anti-corruption Education of Public Officers Using Digital Technologies", *International Journal of Information and Education Technology*, 2020.

Bahn í k, Š., Vranka, M.A., "Experimental Test of the Effects of Punishment Probability and Size on the Decision to Take a Bribe", 2020, Available: https://doi.org/10.31234/osf.io/ew436.

Basu K., Basu K., Cordella T., "Asymmetric Punishment as an Instrument of Corruption Control", *Journal of Public Economic Theory*, 2016.

Hamilton-Hart, N., "Anti-corruption Strategies in Indonesia", *Bulletin of Indonesian Economic Studies*, 2001.

Kelman, H.C., "Some Reflections on Authority, Corruption, and Punishment: The Social-psychological Context of Watergate", *Psychiatry-interpersonal & Biological Processes*, 1976.

Kokom, K., Didin, S., "Integration of Anti-Corruption Education in School's Activities", *American Journal of Applied Sciences*, 2015.

Koller, T., Clarke, D., Vian, T., "Promoting Anti-corruption, Transparency and Accountability to Achieve Universal Health Coverage", *Global Health Action*, 2020.

Kumar, P., "Anti-corruption Measures in India: A Democratic

Assessment", *Asian Journal of Public Affairs*, 2019.

Lacatus, C., Sedelmeier, U., "Does Monitoring without Enforcement Make a Difference? The European Union and Anti-corruption Police in Bulgaria and Romania after Accession", *Journal of European Public Policy*, 2020.

Manion, M., *Corruption by Design*, Harvard University Press, Cambridge, Massachusetts and London, 2004.

Oyamada, E., "Anti-corruption Measures the Japanese Way: Prevention Matters", *Asian Education & Development Studies*, 2015.

Rawanoko, E.S., Alrakhman, R., Arpannudin, I., "Building an Anti-corruption Civilization through Education", *2nd Annual Civic Education Conference (ACEC 2019)*, 2020.

Rijckeghem, V.C., Weder, B., "Bureaucratic Corruption and the Rate of Temptation: Do Wages in the Civil Service Affect Corruption, and by how much?", *Journal of Development Economics*, 2001.

Salihu, H.A., Jafari, A., "Corruption and Anti-corruption Strategies in Iran: An Overview of the Preventive, Detective and Punitive Measures", *Journal of Money Laundering Control*, 2020.

Sarmini, Sawanda, I.M., Nadiroh, U., "The Importance of Anti-corruption Education Teaching Materials for the Young Generation", *Journal of Physics: Conference Series*, 2018.

Weiss R., Zgorski L., Obama Administration Unveils, "Big Data" Initiative: Announces $200 Million in New R&D Investments, 2012, Available: https://bigdatawg.nist.gov/pdf/WhiteHouse_big_data_press_release.pdf.

后　记

本书始于国家支持的研究项目，形成于业内专家和研究团队的集体智慧，同时得到了各方面的大力支持。本书能最终出版，要感谢这个伟大的时代给予的机会，也要感谢各方参与者贡献的智慧。

杜治洲负责全书写作框架和写作思路的确定，并撰写了本书的第一章、第二章和第六章，撰稿人吴国斌（第三、四章）、陈洪连（第五章）、齐敏（第七章）、刘姝君（第八章）、牛朝辉（第九章）深度参与了讨论与写作。杜治洲最后对全书进行了内容梳理和文字审校。

在写作过程中，我们多次向本专业领域的知名专家请教。中共中央党校（国家行政学院）汪玉凯教授、北京航空航天大学胡象明教授和任建明教授、清华大学过勇教授、北京大学庄德水副教授、中国政法大学李莉副教授等专家学者，对本书的写作提出了极为宝贵的建议，对书稿的最终完成发挥了关键作用。在此向各位专家表示衷心的感谢。本书的出版，还要感谢人民出版社的大力支持，感谢吴焰东编辑在出版工作中付出的辛勤劳动。

本书只是对一体推进不敢腐、不能腐、不想腐的初步探索，因水平所限，难免有诸多不成熟甚至不准确之处，敬请广大读者批评指正。

杜治洲

2022 年 3 月 20 日

责任编辑:吴炤东

封面设计:王欢欢

图书在版编目(CIP)数据

一体推进不敢腐、不能腐、不想腐研究/杜治洲 著. —北京:人民出版社,
　2022.5

ISBN 978－7－01－024671－0

Ⅰ.①一… Ⅱ.①杜… Ⅲ.①反腐倡廉-研究-中国 Ⅳ.①D630.9

中国版本图书馆 CIP 数据核字(2022)第 078098 号

一体推进不敢腐、不能腐、不想腐研究
YITI TUIJIN BUGANFU BUNENGFU BUXIANGFU YANJIU

杜治洲　著

人 民 出 版 社 出版发行
(100706　北京市东城区隆福寺街 99 号)

北京中科印刷有限公司印刷　新华书店经销

2022 年 5 月第 1 版　2022 年 5 月北京第 1 次印刷
开本:710 毫米×1000 毫米 1/16　印张:18.25
字数:220 千字

ISBN 978－7－01－024671－0　定价:80.00 元

邮购地址 100706　北京市东城区隆福寺街 99 号
人民东方图书销售中心　电话 (010)65250042　65289539